www.tredition.de

AF215080

Jürgen Cronauer

Ein Pfälzer entdeckt

Berlin

**Reise-Erlebnis-Geschichten
mit persönlichen Tipps**

www.tredition.de

© 2017 Jürgen Cronauer

Verlag und Druck: tredition GmbH, Halenreie 42, 22359 Hamburg

ISBN
Paperback: 978-3-7439-4175-5
Hardcover: 978-3-7439-4176-2
e-Book: 978-3-7439-4177-9

Fotos: alle Fotos vom Autor, außer dem Portrait auf der Rückseite (Timo Blöß) und dem Motiv „Berlin neon sign on brick wall background" (Bildquelle: www.fotolia.com, Datei: 137854048, Urheber: ibreakstock)

Coverumsetzung: Corina Witte-Pflanz, www.ooografik.de

Das Werk, einschließlich seiner Teile, ist urheberrechtlich geschützt. Jede Verwertung ist ohne Zustimmung des Verlages und des Autors unzulässig. Dies gilt insbesondere für die elektronische oder sonstige Vervielfältigung, Übersetzung, Verbreitung und öffentliche Zugänglichmachung.

Ein kurzer *Check-in*

4.15 Uhr, Weitersweiler, 528 Einwohner, gemütlicher Ort in der Nordpfalz. 8.30 Uhr, Berlin, 3,4 Millionen Einwohner. Bundeshauptstadt, Weltmetropole. Dazwischen liegen nicht nur 630 Kilometer. Dazwischen liegen Welten.

Wie ist das nun, wenn ein Mensch aus einem Dorf plötzlich vor dem Brandenburger Tor steht? Welcher Film spielt sich da vor den Augen des entdeckungswilligen Stadtreisenden ab? Ich habe mich gut vorbereitet, Reiseführer studiert, alles Wissenswerte in meinem Berlin-Notizbuch zusammengetragen und mich mehrmals in das Abenteuer Berlin gestürzt. Meine Eindrücke habe ich in kurzen Geschichten und mehreren tausend Fotos festgehalten.

In diesem Berlin-Reisebuch habe ich eine Auswahl dieser Erzählungen für Sie zusammengestellt. Sie führen Sie zu reizvollen Straßen, sehenswerten Einrichtungen und kulturellen Veranstaltungen. Ich lasse Sie teilhaben an spannenden Erlebnissen und interessanten, ja überwältigen Beobachtungen im Alltag einer einzigartigen Weltmetropole. Denn Berlin bietet nicht nur Geschichte in Hülle und Fülle, sondern vor allem Geschichten über Menschen, über die Stadt und das Leben. Und wie das bei einem Pfälzer so ist, gehen wir auch mal Essen.

Bei unzähligen Erkundungsgängen konnte ich Berlin Stück für Stück kennenlernen, habe ich mir Berlin häppchenweise Straße für Straße beziehungsweise Kiez für Kiez vorgenommen. Ich springe also nicht von Sehenswürdigkeit zu Sehenswürdigkeit, sondern spaziere durch Straßen, in denen ich mir alles Interessante anschaue. Der Vorzug: In manchen Straßen reihen sich ein Museum, ein Café, ein Kaufhaus, eine Kirche, eine architektonisch spannende Fassade, ein Schokoladengeschäft, ein

Denkmal, ein typischer Berliner Hinterhof und eine Kneipe nahtlos aneinander. Das bringt Abwechslung in die Tour und vermittelt vor allem ganz andere Eindrücke von Berlin als das bloße Abfahren der Berliner Highlights.

Man singt so gerne „Das ist die Berliner Luft". Doch den Duft, den Rhythmus dieser Stadt können Sie nur aufnehmen, wenn Sie zu Fuß unterwegs sind. Gut, ein kleiner Teil des Duftes wird geprägt von dem besonderen Luftgemisch in den U- und S-Bahnhöfen. Doch das echte Berlin atme ich am liebsten in der zweiten Reihe, in den weniger touristischen Straßen, wo die Menschen ihren ganz normalen Alltag leben.

Gerne lasse ich Sie an meinen Entdeckungen teilhaben. Dieses Buch soll Sie erzählend darüber informieren, wie spannend und abwechslungsreich Berlin ist. Und dabei erhalten Sie jede Menge Tipps für Ihren eigenen Berlinbesuch.

Anna Blume

So kann der Tag beginnen

Kulinarische und Floristische Spezialitäten – so steht es auf der
Hauswand und auf dem Kuchenteller geschrieben. Vier Worte
bringen das Konzept auf den Punkt.

Leckere Einkehr bei Anna Blume

Es ist ein Mittwoch im März, gegen 11 Uhr, die Kollwitzstraße
ist weitgehend menschenleer. Auf meiner Prenzlauerberg-Tour
erreiche ich das Anna Blume. Hier hat sich die Inhaberin gleich
zwei Träume erfüllt: Sie hat einen Blumenladen und eine Art
Kaffeehaus kombiniert. Beide Läden sind über einen gemein-
samen Eingang erreichbar. Als ich die Tür öffne, kommt mir ein
junger Kellner im türkisfarbenen T-Shirt und mit einer Kurz-
haarfrisur entgegen, begrüßt mich mit einem freundlichen
„Hi".

War es draußen noch ruhig, wird es jetzt laut. Der nicht sehr
große Gastraum ist brechend voll. Menschen, die schlemmen
und erzählen, erzählen und schlemmen. Alle Tische scheinen
besetzt. Ich schlängele mich an der Theke entlang, inspiziere

9

die verführerisch aussehenden Torten in der Kühltheke, gehe ein paar Schritte weiter und entdecke einen freien Platz neben einer Gruppe von vier jungen Frauen. Auf Nachfrage bekomme ich die Erlaubnis, mich dort niederlassen zu dürfen.

Der Raum hat Charme und Flair, könnte teilweise in den Jugendstil eingereiht werden. Die eher kleinen Tische sind aus dunklem Holz mit einer hellen Marmorplatte. Als Sitzgelegenheit dienen braune Stühle mit einem braunen Lederbezug und rote Kunstledersofas mit extra hohen Rückenlehnen. Genau die Accessoires, die für mich zu einem gemütlichen Kaffeehaus gehören. Natürlich darf bei einem Café mit Floristikabteilung auf dem Tisch eine frische Blume in einem Glasväschen nicht fehlen. Der Gastraum endet mit einer Art Séparée, ganz in Rot gehalten.

Die Gäste betreiben hier das Frühstücken als Genuss-Sport. Überall stehen Körbe mit knusprigen Brötchen und Brot. Die Teller sind mit Wurst, Eier, Krabbencocktail, Käse in verschiedenen Variationen gefüllt. Es sieht lecker aus. Alle Generationen sitzen eng beim Schlemmen vereint. Die Mädels neben mir stammen aus einem südeuropäischen Land, wo man schnell spricht. Drei von ihnen bekommen kurz darauf einen Frühstücksteller, üppig und appetitlich angerichtet mit den oben bereits erwähnten Zutaten. Sie haben sich zu Recht nur drei solcher Teller für vier junge Damen bestellt. Als ich später gehe, sitzen sie immer noch an ihren Portionen.

Das junge Fräulein, das mich bedient, ist überaus freundlich. Ich ordere eine Jumbotasse heiße Schokolade und ein Stück Milchreistorte. Als Liebhaber dieser Leckerei bin ich begeistert: Tortenboden, ein hohe Schicht Milchreis, eine fruchtige Lage ähnlich wie Johannisbeergrütze und schließlich eine Sahnelage.

Ich registriere einen recht hohen Sprachgeräuschpegel, Englisch und etwas Osteuropäisches sind auf jeden Fall dabei. Die Bude ist voll, doch es kommen immer weitere Leute, die zu

Anna Blume wollen. Daher füllen sich recht zügig auch die Tische im Freien auf dem breiten Bürgersteig. Wie bereits erwähnt, es ist März, und lass´ es mal zehn Grad Celsius sein. Ein Rentner, den ich durch das bodentiefe Fenster direkt im Visier habe, zieht seine Jack-Wolfskin-Jacke fest zu und freut sich sicher über den Schutz seiner Heinz-Becker-Mütze.

Ist bei Ihnen alles gut? fragt die nette Bedienung im Vorbeigehen. Ja, alles ist bestens. Ich fühle mich hier wohl. Die heiße Schokolade schmeckt mir, die Milchreistorte trifft genau meinen Geschmack. Ich habe eine neue gute Adresse in Berlin entdeckt. Eines Tages komme ich mit meiner Frau nochmal hierher. Dann bestellen wir die Etagere, die dem amerikanische Paar an einem der Nebentische gerade serviert wird. Hier türmen sich die Köstlichkeiten wie Trauben, Ananas, Melone, Wurst, Käse, Gürkchen und so weiter. Diese Etagere ist eine Spezialität bei Anna Blume.

Es hat sich gelohnt, bei Anna Blume einzukehren. Nichts Abgehobenes, einfach nur gemütlich und lecker. Ich frage mich, ob meine nette Kellnerin bereit wäre, ein Erinnerungsfoto von mir zu machen. Auch das ist in diesem Haus kein Problem. Sie setzt sogar dreimal an, weil sie mit den ersten beiden Fotos nicht zufrieden ist. Service rundum. Den Namen der jungen hilfsbereiten Bedienung kann ich Ihnen leider nicht weitervermitteln. Aber ich habe wenigstens ihre Nummer. Laut Kassenbeleg die Bedienerin Nummer 21.

Admiralspalast

Die faire Lady

Der Eingang des Admiralspalasts liegt im Innenhof

„Neuaufnahme My fair Lady" – diese Werbung blinkte mir überall in der Stadt auf Plakaten entgegen. Klingt gut, denke ich, der Admiralspalast soll noch so ein Theater im alten Stil mit einem gemütlichen Interieur sein. Das Musical habe ich noch nie live gesehen. Das passt. Am späten Vormittag stehe ich an der Theaterkasse im Foyer in der kurzen Schlange. Ich begnüge mich mit der günstigsten Preiskategorie für 26 Euro auf dem Balkon.

Der Admiralspalast liegt unmittelbar nördlich des S-Bahnhofs Friedrichstraße in einem Hinterhof. Als ich gegen 19.45 Uhr die Toreinfahrt durchquere, ist die historische, 2006 restaurierte sehenswerte Stuckfassade bunt angestrahlt. Zwei Jugendliche haben ihren Spaß daran, die im Hof aufgestellten überdimensionalen Sitzbänke zu erklimmen. Der junge Kartenabreißer schickt mich eine Etage höher. Die Garderobe für meine Jacke kostet 1,50 Euro. Der Vorraum ist sehr schlicht gehalten. Dafür ist der Zuschauerraum umso heimeliger. Das geschwungene Oval mit zwei Balkonen und goldfarbenen Brüstungen, die mit rotem Stoff überzogenen Sessel sowie der riesige rote Bühnenvorhang erzeugen das Ambiente, das für mich ein typisches Theater ausmacht, das mir vom alten Pfalztheater in Kaiserslautern noch in wehmütiger Erinnerung ist.

Ich sitze auf dem Balkon, Reihe 9, Platz 7. Im Vergleich zu anderen Häusern ist die günstigste Preiskategorie tatsächlich einfach geraten. Beim nächsten Besuch im Admiralspalast werde ich doch eine höherwertige Eintrittskarte erwerben. Aber dann! Circa zwei Minuten vor dem dritten Gong erscheint eine Mitarbeiterin des Hauses, geht schnurstracks auf uns Hinterbänkler zu und sagt, in einem Ton, der dem bekannten Berliner rauhen Charme gerecht wird: „Und Sie, Sie rücken jetzt alle mal ein paar Reihen vor!" Hey, mehr kriege ich nicht gedacht, denn schon spritzen rund um mich her die Leute auf und strömen ein paar Reihen nach vorne. Massenhysterienhaft schließe ich mich ohne lange zu überlegen der Sitzflucht an. Als ich dann doch ein wenig nachdenke, frage ich mich: Wenn schon nach vorne, dann richtig, oder? Ich erspähe die freien Reihen auf dem seitlichen Balkon mit freiem Blick auf die Bühne und spurte nach vorne in die erste Reihe. Wie ich im Nachhinein errechnete, war ich von der Preiskategorie 5 zur Kategorie 1 aufgestiegen, der Wert meiner Eintrittskarte hatte sich innerhalb einer Minute von 26 Euro auf 59 Euro erhöht. Auch das ist Berlin. Jeder sagt, die Berliner sind rau, aber wie so oft erlebe ich wieder einmal ihre herzliche Seite. Denn ein solches Angebot an die „billigen Plätze" habe ich in einem Theater noch selten erlebt. Eine faire Lady.

So sehr das Ambiente stilvoll nostalgisch, ja traditionell anmutet, so sehr lassen die Sitten der Besucher doch zu wünschen übrig. Längst hat ein Theater den Touch eines besonderen

Erlebnisses verloren. Davon zeugen die Kleider, die die Gäste tragen. Vom schulterfreien Cocktailkleid bis zu den Werktagjeans und dem Mann, der seine Baseballkappe auch während der Vorstellung aufbehält, reicht das Spektrum der Garderobe, die bei vielen Leuten meines Erachtens nicht mehr der Etikette eines Theaterbesuchs entspricht. Im Zuschauerraum werden die Jacken über freie Stühle gehängt oder unter den Sitz auf den Boden gelegt - nur um die Gebühr von 1,50 Euro zu sparen? Dass die Dame, nein besser, die Frau im roten Kleid neben mir nach der Pause ihr noch halb volles Bierglas mit in die Vorstellung bringt und es auf den Boden stellt, gibt mir ebenfalls zu denken und warnt mich zur Vorsicht, das Glas nicht irgendwann umzutreten.

Dass bei einer Frau eine Reihe hinter mir etwa zehn Minuten nach Vorstellungsbeginn das Handy vibriert und sie zum Lesen der SMS fast in ihre große Shoppingtasche kriecht, verzeihe ich ihr. Denn das selbe Procedere wiederholt sich zu Beginn der zweiten Hälfte. Hektisch ergreift sie ihre Jacke und verlässt den Balkon. Hier ist wohl zu Hause etwas schief gelaufen, da sie bestimmt nicht freiwillig den wunderbaren Kulturabend abgebrochen hat.

Das Orchester setzt sich aus sieben Personen zusammen. Dieser Klangkörper ist keinesfalls zu vergleichen mit den mächtigen Orchestern in großen Musicalhäusern. Doch das Team mit dem Dirigenten am Flügel holt enorm viel aus den Instrumenten heraus. Überhaupt ist die Ausstattung der Bühne und der Schauspieler nicht so üppig, wie man das von opulenten Aufführungen kennt. Doch im Rahmen der sicherlich begrenzten finanziellen Möglichkeiten hat der Produzent eine ansehnliche, keineswegs zu spartanische Inszenierung auf die Bühne gebracht. Die Kulisse setzt die Geschichte passend in Szene. Auf jeden Fall fühlte ich mich zweieinhalb Stunden lang gut unterhalten, die Akteure haben einen guten Job gemacht und das Musical überzeugend präsentiert.

Nach der Vorstellung genieße ich noch ein wenig die Atmosphäre des Hauses und bin sicher, dass ich mir für den Admiralspalast irgendwann einmal wieder ein Ticket besorgen werde. Vielleicht fange ich ja dann wieder mit der günstigsten Preiskategorie an.

Gendarmenmarkt
Premiumplatz mit zwei Domen

„Der schönste Platz Berlins! Der schönste Platz Deutschlands! Der schönste Platz Europas!" Die Autoren der Reiseführer überschlagen sich förmlich, wenn sie den Gendarmenmarkt in Mitte beschreiben. Das klingt für mich wie ein Fotodate mit der amtierenden Miss Germany. Dementsprechend groß ist die Spannung, der Akku in meiner Kamera ist bis zum Anschlag aufgeladen. Meine Vorfreude steigt, als sich die U2 der U-Bahn-Station Französische Straße nähert. Auf der Französischen Straße, seitlich entlang der Galeries Lafayette, spaziere ich Richtung Osten bis zur Kreuzung Markgrafenstraße, biege rechts ab und sehe schon bald, wie sich der Gendarmenmarkt in seiner vollen Pracht vor mir ausbreitet.

Der Gendarmenmarkt besteht aus genau vier Sehenswürdigkeiten, die ihm als Ensemble sein Gesicht geben: dem Konzerthaus, zwei Domen und dem Schillerdenkmal. Ich lasse die vielgelobte Atmosphäre einige Minuten auf mich wirken, halte meine ersten Eindrücke in zahlreichen Fotos fest, ehe ich den Platz anhand meiner Notizensammlung Stück für Stück seziere. Das prägende Gebäude ist zweifelsohne das Konzerthaus mit der monumentalen Freitreppe, heute mit einem roten Teppich garniert, dessen Zweck mir zwar unbekannt ist, der aber den Fotos einen netten Farbtupfer verleiht.

Konzerthaus am Gendarmenmarkt

Ich brauche eine Weile, um die unzähligen Verzierungen in den Giebeln, den Vorbau mit den sechs Säulen und den Panther und den Löwen auf den seitlichen Mauern im Detail wahrzunehmen. Musikgeschichte weht mir um die Ohren. Denn auf der Bühne agierten u.a. Niccolo Paganini, Felix Mendelssohn Bartholdy, Franz Liszt, Richard Wagner und Leonard Bernstein. Webers Oper „Der Freischütz" erlebte hier ihre Uraufführung. Als W.A. Mozart 1789 die Aufführung einer seiner Opern besuchte, erlebte er noch den Vorgängerbau, der 1817 einem Feuer zum Opfer fiel. Die heutige äußerliche klassizistische Architektur stammt von Baumeister Schinkel aus dem Jahr 1821.

Die monumentale Freitreppe lädt mich geradezu ein, die Stufen erhaben nach oben zu schreiten und damit meinen Blickwinkel zu erhöhen. Ich lasse mich auf einer Stufe nieder und genieße den Platz vor mir. An diesem Vormittag im Mai sind nur wenige Passanten zu sehen, es ist ruhig, keine Hektik, keine wuselnde Menschenmenge, wie man sie sonst auf zentralen Plätzen in den Städten gewohnt ist. Ein Plätzchen zum Entspannen.

Als ich ein paar Monate später eine Veranstaltung im Konzerthaus besuche, wird mir erst bewusst, dass die gewaltige Freitreppe gar nicht zum Eingang führt. Dieser befindet sich unter der Treppe. Ich mache mich schlau und erfahre, dass unser pfiffiger Herr Schinkel, der Berliner Star-Architekt im 19. Jahrhundert, den Treppenaufgang alleine deshalb eingeplant hat, um das architektonische Gesamtbild des Konzerthauses und des Platzes abzurunden. Solche Finten für so viel Knete finde ich halt nur in Berlin. Jedem pfälzischen Bürgermeister wäre dafür das Geld zu schade. Bei uns würde man das Gebäude garantiert über die breiten Treppenstufen betreten.

Quizfrage: Welche Bischöfe residieren in den Domen?

Um es gleich zu verraten: Einen Bischof gibt es weder im Französischen noch im Deutschen Dom. Die Erklärung ist einfach. Nur um die Optik des Platzes aufzuwerten, ließ Friedrich II. 1785 neben der für die Hugenotten erbauten französischen Kirche (1705) und neben der lutherischen Kirche (1708) zwei identische, 55 Meter hohe Kuppeltürme errichten. Inspiriert von dem französischen Wort „dome" für die architektonische Form einer Kuppel sprach man fortan von den Domen.

Noch eine wichtige Frage: Wie kann man die beiden Dome unterscheiden? Ich schaue stets auf die Kuppelspitzen: Die Figur auf der Kuppel des französischen Doms hebt den rechten Arm in die Höhe und hat eine Fahne in der Hand. Auf dem deutschen Dom geht der Arm der „Siegenden Tugend" nach unten. Die einfache Variante geht so: Der Kirchenanbau mit dem roten Dach gehört zum Französischen Dom, das deutsche Pendant ist grau bedeckt.

Schillerdenkmal und Französischer Dom

Ich scheue keine Mühe und mache mich auf den Weg, für drei Euro Eintritt die Aussichtsplattform auf dem Turm des Französischen Doms zu erobern. 254 Stufen! Sie sind für einen Nicht-Schwindelfreien wie ich es bin sicher und bequem zu bewältigen. Doch der Aufstieg lohnt sich nicht wirklich. Man kann zwar weit sehen und viele Sehenswürdigkeiten ausmachen. Ich blicke jedoch hauptsächlich auf Dächer. Außerdem behindern das hohe Steingeländer und der daran angebrachte Sicherheitszaun die Aussicht. Für mich als Hobby-Fotograf ist der umlaufende Aussichtsbalkon daher keine ergiebige Expedition. Allerdings kann ich aus luftiger Höhe erkennen, wie schachbrettartig die Oberfläche des Gendarmenmarkts gestaltet ist. Und die Übersicht über das Ganze bestätigt mir erneut, wie ruhig und gediegen dieser Platz ist. Offensichtlich nehmen nur architektur- und kulturinteressierte Touristen den Weg zum Gendarmenmarkt auf sich.

Zurück auf der Erde betrete ich im Deutschen Dom die Dauer-
ausstellung des Deutschen Bundestags „Wege, Irrwege, Um-
wege – die Entwicklung der parlamentarischen Demokratie in
Deutschland". Dieses Erlebnis kostet mich nichts, ist aber dann
doch eher ein Ziel für den pseudopolitischen Part einer Klassenfahrt

Ausgelöst von den Feierlichkeiten in ganz Deutschland zum
100. Geburtstag von Friedrich Schiller (1859) entstand in Berlin
die Idee für ein Denkmal. Den Wettbewerb unter 25 Künstlern
gewann Reinhold Begas. 1871 stand Schiller schließlich auf
seinem Sockel, ihm zu Füßen die figurenhafte Darstellung seiner Haupttätigkeiten nämlich Drama, Geschichte, Lyrik und
Philosophie. Und jetzt steht er da, einsam in der Mitte des
Platzes, das Konzerthaus im Rücken und wundert sich sicherlich über das Treiben auf dem Gendarmenmarkt.

Benannt ist der Platz übrigens nach dem Regiment der Gens
d´Armes, deren Stallungen sich von 1736 bis 1773 an dieser
Stelle befanden. Im Sommer gibt es Kaffee oder ein frisches
Weizenbier im Freien, was natürlich an dieser Stelle etwas
teurer ist als sonst wo in Berlin. Ein Glas Sekt kostet im Freiluft-
Bistro schon mal fünf Euro, statt 1,50 Euro wie bei unseren
Festen in Weitersweiler. Rund um den Gendarmenmarkt sind
viele bekannte Läden und Restaurants von gehobenem Niveau
zu finden. Ein Abstecher lohnt sich auf jeden Fall zu Rausch,
einem extravaganten Schokoladengeschäft an der Ecke Char-
lotten-/Mohrenstraße.

Um noch einmal auf die Überschrift zurück zu kommen kann
ich zum Schluss festhalten: Der Gendarmenmarkt ist prächtig
und zu einem Großteil auch Kulisse. Aber halt eine prächtige
Kulisse, die den Rang einer Hauptsehenswürdigkeit in Berlin
absolut rechtfertigt. Der Platz ist nicht nur ein Muss für Foto-
sammler. Er wird gerne für meist klassische Open-Air-Konzerte

genutzt und im Advent für einen Weihnachtsmarkt mit einem ganz besonderen Flair.

Wiener Brot

Ist das nicht Sarah Wiener?

An diesem Tag bediente die Chefin selbst

Diese Frage wird mir häufig gestellt, wenn jemand dieses Fotos sieht. Ja, das ist Sarah Wiener. Und ich habe sie in Berlin zufällig getroffen. Auf dem Weg vom Hotel zu einer Sitzung in der Rosenthaler Straße kam ich durch die Tucholskystraße und entdeckte den Laden „Wiener Brot – Holzofenbäckerei". Vor dem Eingang standen zwei rot gestrichene Ruhebänke, ein kleiner Klapptisch mit einer Serviette und einer Topfpflanze. Dieses Arrangement machte mich neugierig. Ich gesellte mich in die kurze Warteschlange bei einer freundlich wirkenden älteren Verkäuferin. Mein Blick schweifte zur zweiten Verkäuferin und ich dachte: Hallo? Diese Frau sieht aus wie Sarah Wiener, die Köchin und Restaurantbesitzerin, die häufig im Fernsehen zu Gange ist.

Meinen Sie, dass Ihre Chefin etwas dagegen hat, wenn ich ein Foto mache?", wendete ich mich an die ältere Verkäuferin. Sie meinte, fragen Sie sie doch. Das tat ich. „Gerne", war ihre Antwort. Sarah Wiener stellte sich spontan vor die Regale und lächelte in die Kamera. Nachdem ich zweimal geklickt hatte, rief sie mir zu: „So, jetzt machen wir aber noch ein gemeinsames Foto". Sie kam hinter der Theke hervor, drückte meine Kamera einem Amerikaner in die Hand, stellte sich eng neben mich und los ging´s. So unkompliziert war die Begegnung mit Sarah Wiener. Natürlich deckte ich mich mit Proviant ein, der wirklich lecker schmeckte. Die Produkte kosten ein paar Cent mehr wie in anderen Bäckereien, aber es lohnt sich, eine Stulle mit hausgemachtem Holzofenbrot oder österreichische Spezialitäten wie die Buchteln zu probieren.

Deutscher Bundestag
Eine Runde auf dem Reichstag

Nun wird es Zeit für einen Besuch des Reichtags. Ich meine, kein Gebäude in Berlin hat von der Wende und der Wiedervereinigung dermaßen profitiert wie der Reichstag. Einst im Schatten der Mauer fast verkommen, ist er heute architektonisch, touristisch und natürlich politisch das Herz Berlins.

Um 8.50 Uhr komme ich am altehrwürdige Sitz des Deutschen Bundestags an. Wie viele andere Besucher laufe ich zuerst einmal sechzig oder siebzig Meter über die gepflegte Rasenfläche des Platzes der Republik, um das historische Gebäude von vorne in seiner vollen Breite bewundern und fotografieren zu können. Die Sonne bildet ein Gegenlicht, ein solches Foto ließe sich am Nachmittag besser aufnehmen.

Der Reichstag am Platz der Republik

Dann aber stelle ich mich in die Reihe der Menschen, die am Treppenaufgang auf Einlass warten. Das Tolle ist ja, dass man für den Besuch des Reichstags keinen Eintritt zahlt. Ich muss lediglich eine bestimmte Wartezeit in Kauf nehmen. Mein Plan, morgens ganz früh da zu sein, geht auf. Vor mir wartet nur noch eine große Gruppe Oberstufler. Um die Wartezeit sinnvoll zu überbrücken, erklärt der gut aussehende Lehrer den meist desinteressierten jungen Damen und Herren die Abläufe im Bundestag. Lediglich einige der 17- und 18-jährigen in der ersten Reihe hören anstandshalber zu.

Nach circa einer viertel Stunde öffnet sich die breite Glasschiebetür für schätzungsweise 40 bis 50 Personen. Es folgt eine Sicherheitskontrolle, die genauso abläuft wie am Flughafen. Alles Metallische und die Taschen kommen auf das kurze Förderband, um durchleuchtet zu werden. Wir Besucher durchschreiten den mannshohen Scanner, der wie eine Umkleidekabine ohne Vorhänge aussieht. Einige Schüler werden von den Sicherheitsleuten in den dunkelblauen Anzügen mit Weste und Krawatte zusätzlich mit einem Handscanner gecheckt. Ich habe Glück und komme ohne Leibeskontrolle durch. Kurz darauf besteigen wir den Aufzug, der bis zu 48 Personen auf einmal nach oben zur Aussichtsterrasse bringt. Ein Tipp: An der Sicherheitskontrolle liegen Faltblätter mit dem Titel „Ausblicke" mit einem Panoramafoto, auf dem eingezeichnet ist, welche besonderen Bauwerke man von der Kuppel des Reichstags aus erkennen kann. Wer möchte, kann sich am Eingang der Besucherterrasse einen Audioführer kostenfrei ausleihen und damit Erläuterungen zum Gebäude mit einer Art Kassettenrekorder abhören.

Von meiner Ankunft am Platz der Republik bis zum Betreten der Plattform auf dem Flachdach des Hauses sind 25 Minuten vergangen. Eine sensationell gute Zeit. Ich biege gleich nach links. Der Blick schweift über den vor mir liegenden Platz der Republik weit hinüber in den Westteil der Stadt. Ich kann das Europacenter mit dem Mercedes-Stern erkennen, den Turm der Gedächtniskirche, das moderne Hochhaus am Kranzlereck, die Siegessäule und den Glockenturm „Carillion" im Tiergarten, das geschwungene Dach des Hauses der Kulturen und natürlich in seiner ganzen Ausbreitung das Kanzleramt. Bei diesem Blick wird mir durchaus bewusst, wie weit West-Berlin von Ost-Berlin entfernt ist und wie weit sich das Stadtgebiet insgesamt ausbreitet. Der Blick sagt mir aber auch: Hey, du stehst gerade dort, wo unser Land regiert wird, wo die Schlagzeilen entstehen, über die die Tagesschau jeden Abend berichtet. Das Kanzleramt, der Reichstag, ich wippe mit meinen Füßen sozusagen auf der Hauptschlagader unseres Landes. Damit kann ich dem Moment ein erhabenes Gefühl abgewinnen.

Nach dem Westblick folgt an der nächsten Seite der Aussichtsterrasse naturgemäß der Blick nach Norden. Dieser beginnt mit dem Hauptbahnhof und dem Sozialgericht in der Invalidenstraße. Noch immer sind eine Reihe von Baukränen zu sehen, die seit 1989 überall in Berlin ebenso zum Stadtbild gehören wie der Fernsehturm. Ich sichte das Hochhaus des Klinikums Charité, die Flutlichtmasten eines Fußballstadions und ganz rechts die goldene Kuppel der Synagoge in der Oranienburger Straße.

Diese ist auch von der nächsten Seite, dem Ost-Blick, zu erkennen. Vor mir fließt die Spree, links begrenzt vom Lüders-Haus. Am rechten Ufer weiter vorne das rote Gebäude des ARD-Hauptstadtstudios. Unübersehbar ragen das Hochhaus mit dem weißen Rand der Internationalen Handelskammer in der Friedrichstraße und der Fernsehturm am Alexanderplatz in den Himmel. Der Berliner Dom und der Turm des Roten Rathauses sind deutlicher auszumachen als die Turmspitzen der Dome am Gendarmenmarkt.

Ich vervollständige meine Aussichtstour rund um die Terrasse mit der Südseite. Allerdings blendet die Morgensonne von Südost sehr stark, so dass es schwierig ist, in Richtung Brandenburger Tor oder Potsdamer Platz zu fotografieren. Dennoch erblicke ich das grüne Kupferdach des Hotel Adlon links vom Brandenburger Tor. Sehr gut zu erkennen ist das Areal rund um den Potsdamer Platz mit dem Hochhaus der Deutschen Bahn und dem Sony-Center mit der außergewöhnlichen Dachkonstruktion. Rechts davon breitet sich das Kulturforum aus, bei dem die Philharmonie mit ihrer gelben Fassade hervorsticht und auch die St. Matthäuskirche noch zu erkennen ist. Bis hierhin ist bereits eine halbe Stunde vergangen. so viel gibt es von der Aussichtsterrasse des Reichstags zu entdecken.

Die Kuppel

Nun aber vorwärts in die Kuppel. Doch ich schaffe es nicht sofort zum Aufstieg. Ich drehe zuerst eine Runde in der Basis der Kuppel. Zahlreiche Bilder und Infotafeln erzählen die Geschichte des Reichstagsgebäudes. Sie sind in der Mitte in einem Kreis um den Kern des Kegels angebracht. Faszinierend empfinde ich den Blick in die Spiegelwelt, die so geschickt konstruiert ist, dass sie das Tageslicht ins Innere des Plenarsaals weiterleitet. Nach jedem Schritt finde ich eine andere Perspektive vor. Ebenso beeindruckt mich der Blick aus der Kuppel heraus, der strahlend blaue Himmel bildet den idealen Hintergrund. Eine Einladung zum Fotografieren. Ich sehe wieder die Oberstufenklasse mit ihrem engagierten Lehrer, der abermals seine Schäfchen um sich versammelt hat, um ihnen etwas über den Bundestag zu erzählen.

Die Kuppel, das Markenzeichen des „neuen" Reichstags

Dann geht es endlich auf die Rampe, die hinauf zum Gipfel der Kuppel führt. In dieser Minute ist um mich herum die ganze Welt versammelt. Unzählige Nationen sind im deutschen Bundestag friedlich unterwegs, Schüler, Soldaten, Nonnen, Touristengruppen, Kinder und Erwachsene sind überwältigt von der Architektur des Reichstags. Meine Ohren fangen eine Menge fremde Sprachen auf, Fotoapparate klicken ohne Unterbrechung. Die Rampe schwingt ganz sanft unter meinen Füßen. An manchen Stellen bilden sich kleine Grüppchen, bleiben auffällig viele Leute stehen. Sie alle tragen einen Kopfhörer, was mir signalisiert, dass die Stimme im Audioführer empfiehlt, hier kurz inne zu halten, weil es etwas Interessantes zu erklären gibt.

Mein Weg führt weiter nach oben, aber nicht geradewegs, denn viel zu oft bleibe ich stehen, um einen erneuten Blick auf die Stadt zu erhaschen. Die Fenster sind teilweise vom Tau der Nacht noch beschlagen. Ein junges Mädchen philosophiert laut mit ihrem Vater „Man denkt, man müsste diesen Weg auch wieder runter laufen". „Ist aber nicht", freut sich der Vater über die Erkenntnis seiner klugen Tochter. In rund zehn Minuten schafft man gemütlich die Ersteigung der Reichstagskuppel, vorausgesetzt, man erliegt nicht der Verlockung, ständig nach draußen zu gucken oder zu fotografieren. Denn neue Motive begegnen mir alle paar Meter.

Am Gipfel der Kuppel bietet eine Bank aus Holz und Edelmetall Platz zum Ausruhen oder Verweilen. Allerdings ist in dieser Sekunde an Ruhe kaum zu denken. Kurz vor mir hat eine Grundschulklasse den Gipfel erstürmt. Wie die Wanzen wetzen sie auf der Plattform hin und her, hüpfen auf die Bank, rutschen wieder runter, spielen Fangen und sorgen so für lebhafte Stimmung am Vormittag. Als sie mit ihren Lehrerinnen davon ziehen, kehrt für einige Augenblicke hörbare Ruhe ein. Doch an den Geräuschen erkenne ich, dass eine weitere Gruppe junger Bürger unterwegs ist, um den höchsten Punkt der deutschen Demokratie zu erstürmen. Wesentlich ruhiger geht es bei den Soldaten in Uniform zu, die sich gegenseitig fotografieren.

Auf der gegenüber liegenden Seite beginnt der Abstieg, the way down. Erst als ich die Rampe abwärts gehe, fällt mir auf, dass die abgeflachte Spitze der Kuppel geöffnet ist, die Kuppel bei dem heutigen schönen Wetter zum Cabrio geworden ist. Es ist schon eine ausgeklügelte Konstruktion, die dafür sorgt, dass sich aufsteigende und absteigende Besucher nicht begegnen. Die Gehrampen sind versetzt in unterschiedlichen Höhen angebracht. Das hat der stolze Vater seiner gewitzten Tochter sicherlich ausführlich erklärt.

Was ich jedoch nicht wirklich sehen konnte war der Plenarsaal des Bundestags. Waren es zu viele Spiegelungen? War der Raum - da ungenutzt - nicht hell genug beleuchtet, um sichtbar zu sein? Erst beim Verlassen des Aufzugs gelingt mir ebenerdig ein Blick in den Plenarsaal, vorbei an dem Gesicht eines bekannten Schauspielers aus Polizeiruf 110, der von einer dunkelblonden Mitarbeiterin des Bundestags ganz offensichtlich eine Privatführung erhält.

Gegen 10.35 Uhr verlasse ich das Gebäude über die gewaltige Treppe mit Blick auf das Bundeskanzleramt. Die Schlange steht bei etwa einer Stunde Wartezeit. Aber auch diese Stunde wird sich lohnen, zumal bei freiem Eintritt. Der Reichstag ist ein wahnsinnig faszinierendes Gebäude, ich bin froh, meinen Tag mit einem Abstecher hierher begonnen zu haben.

Nikolaiviertel
Hier entstand die Stadt Berlin

Meine Freunde Kirsten und Klaus haben mir mal erzählt, sie hätten während einer Berlinreise eine halbe Stunde lang nach dem Nikolaiviertel gesucht. Das kann ich gut verstehen, denn es ist nicht einfach, die berühmte Ecke zu finden. Das Gelände rund um die Nikolaikirche, gerne auch als die Keimzelle Berlins bezeichnet, liegt zwischen der Spree, dem Berliner Rathaus und dem Mühlendamm.

Im 12. Jahrhundert ließen sich hier an der Spree die ersten Kaufleute nieder. Aus dieser Ansiedlung und aus der Gemeinde Cölln auf dem gegenüber liegenden Spreeufer entwickelte sich die heutige Stadt Berlin. Allerdings wurde das Viertel im Zweiten Weltkrieg fast komplett zerstört und erst zur 750-Jahr-Feier Berlins im Jahre 1987 von der damaligen DDR-Regierung wieder aufgebaut. Deshalb könnte ich boshaft behaupten, ich spaziere durch ein Stück Disneyland.

Romantische Ecke am Nikolaikirchplatz

Viele Gebäude sind erst in den 1980er Jahren neu erbaut oder von anderer Stelle hierher verpflanzt worden. Doch möchte ich die Bemühungen, dem Ursprung Berlins ein architektonisches Gesicht zu geben – nicht herabwürdigen. Schließlich hat das Viertel etwas von einer historischen Filmkulisse und einige wenige Gebäude sind ja tatsächlich echt. Der Berlinkenner Arnt Cobbers beschreibt das Viertel in seinem Reiseführer so: „Eine Mischung aus Neuem, Restauriertem und Rekonstruiertem, aus originalgetreuen und phantasievollen Adaptionen Alt-Berliner Bürgerhäuser". Daher rührt also die etwas künstlich anmutende Altstadtatmosphäre. Alte Häuser wurden mit neuen Materialien nachgebaut. Zum Teil wirken die Gebäude nicht Berlin-typisch, sondern sehen eher wie Häuser aus norddeutschen Hafenstädten aus. Trotzdem hat man das Gefühl, in einem Stück Alt-Berlin spazieren zu gehen. Über 20 Geschäfte und gut 15 Kneipen laden dazu ein. Diese Einladung wird vor allem von Touristen gerne angenommen.

Wie wären Kirsten und Klaus also am schnellsten ins Nikolaiviertel gekommen? Zum Beispiel, wenn sie mit der U-Bahn zur Station Klosterstraße gefahren wären. Ich nehme den Ausgang „Nikolaiviertel", laufe wenige Schritte geradeaus bis zur Stralauer Straße und weiter Richtung Spree. Ich sehe bereits die spitzen Kirchtürme der Nikolaikirche. Das ist die Richtung und das Ziel. Am Haus Mühlendamm 3 überquere ich die breite Straße, der Parkplatz auf dem Mittelstreifen dient als Zwischenstation. Ich peile das architektonisch herausragende Eckhaus mit dem goldenen Balkongeländer an, das Ephraimpalais.

Es gehört zu den bereits erwähnten Berliner „Wanderhäusern". Die Erklärung ist ganz einfach. Das Haus stammt aus dem Jahr 1700. Hofjuwelier Veitel Ephraim ließ es 1766 umbauen. 1936 brauchten die Berliner Platz, um den Mühlendamm, die Straße über die Spree, verbreitern zu können. Das Gebäude wurde kurzerhand abgetragen und (im späteren West-Berlin) eingelagert. Nach Verhandlungen zwischen West- und Ost-Berlin konnte das Ephraimpalais 1987 zum Stadtjubiläum etwa 12 Meter entfernt vom ursprünglichen Standort in Ost-Berlin wieder aufgebaut werden. Und die Wiedererbauer setzten noch eins drauf. Denn die außergewöhnliche Stuckdecke im Innern stammt aus dem Palais Wartenberg, das 1889 abgerissen wurde. Das Palais mit der auffällig abgerundeten Eckfassade und dem von toskanischen Säulen getragen Balkon gilt als schönstes Privathaus und einziges Rokoko-Bürgerhaus Berlins aus dem 18. Jahrhundert. Heute ist es eine Filiale des Stadtmuseums.

Vom Vorplatz des Ephraimpalais führt eine Treppe ins Nikolaiviertel. Im Vergleich zu den gerade noch überquerten Verkehrsstraßen wird es nun viel ruhiger. Denn das Nikolaiviertel ist eine verkehrsberuhigte Zone. Nach der Treppe biege ich links ab in die Poststraße. Das Anwesen Nr. 23 mit der blass rosafarbenen Fassade nennt sich Knoblauchhaus. Es ist eines der wirklich erhaltenen historischen Gebäude des Nikolaiviertels, gilt als das älteste Bürgerhaus. 1789 eröffnete die jüdische Familie Karl Friedrich Knoblauch im Erdgeschoß eine Seidenhandlung. Hier wohnten sie bis 1928. Sieben Räume im ersten Obergeschoß beherbergen ein Museum. Die Räume sind seit 1859 unverändert und demonstrieren damit ein Stück Wohngeschichte der Berliner Biedermeierzeit.

Gewaltig türmt sich vor mir die Nikolaikirche auf. Sie ist die älteste Kirche Berlins, eventuell sogar das älteste Gebäude der Stadt. Die Kirche geht vermutlich auf die Zeit um 1230 zurück. Sie war 1945 stark beschädigt und zum Stadtjubiläum 1987 nach historischem Vorbild wieder aufgebaut worden. 1991 traf sich hier der erste frei gewählte Berliner Senat zu seiner konstituierenden Sitzung

Als ich die Kirche betrete, höre ich Orgelspiel und meine, eine typische Kircheneinrichtung vor mir zu sehen. Etwas irritiert frage ich einen Mitarbeiter, ob die Kirche noch für Gottesdienste genutzt wird. Er verneint. Die letzte Messe habe 1939 stattgefunden. Die Bestuhlung sei für Konzerte vorhanden. Aha, deshalb die Orgelprobe.

Links und rechts neben dem reiferen Herrn ist der Weg durch einen dicken Strick versperrt. Ich erkundige mich, ob ich in der Kirche rumlaufen dürfe. „Ab hier" und er zeigt mit beiden Händen auf seine Füße und den Boden, „kostet es Eintritt. Hier und hier", er deutet wie eine Stewardess bei der Notfallinformation mit beiden Armen gleichzeitig in je eine Richtung, „dürfen Sie sich gerne auch so umsehen". Wenn einer so nett ist wie er traue ich mich noch weiter zu fragen. Wie es denn mit dem Fotografieren stehe? Er verweist erneut auf die Kordelabsperrung: „Von hier aus dürfen Sie gerne fotografieren". Das sind doch klare Ansagen. Ich schieße ein paar Bilder, bestaune von den seitlichen Gängen die Ausstattung der Nikolaikirche. Dazu gehören laut Reiseführer einige interessante Grabsteine, eine barocke Grabkapelle (1725), ein Zinntaufbecken (1563), das Denkmal „Todespforte" von Andreas Schlüter sowie gleich drei Orgeln. Beim Verlassen der Kirche hinterlasse ich in der Spendenkasse einen kleinen Obolus, ein Trinkgeld sozusagen für den freundlichen Service.

Meine Expedition Nikolaiviertel geht weiter. Zwischen Kirche und Knoblauchhaus durchquere ich eine kleine Parkanlage und erreiche den Nikolauskirchplatz. Ich folge der Kopfsteinpflasterstraße in ihrem Verlauf nach links. Jedes der drei kleinen Häuser, von deren Fassaden Zunftschilder in die Straße hereinragen, hat eine besondere Funktion oder eine Geschichte vorzuweisen.

Die Gedenkbibliothek (Nr. 5) ist 1990 zu Ehren der Opfer des Kommunismus in Berlin eingerichtet worden. Mit einer umfangreichen Bibliothek und regelmäßigen Vorträgen ist sie ein wichtiger Standort für die politische Bildung in Berlin. Im Theater im Nikolaiviertel (Nr. 6) wird die Berliner Schnauze hochgehalten. Heute steht „Zille sein Milljö" auf dem Spielplan. Auf einem weißen Zettel hat jemand handschriftlich vermerkt: „Restkarten vorhanden ab 18 Uhr". Man erkennt, dass hier Theater-Leute mit Leidenschaft am Werke sind. Denn das Haus verfügt lediglich über 60 Sitzplätze.

In dem rekonstruierten Lessing-Haus (Nr. 7) wohnte zeitweise der Schriftsteller Gotthold Ephraim Lessing. Hier soll er laut

Gedenktafel 1765 das Stück „Minna von Barnhelm" beendet haben. Allerdings bezweifelt der Autor Arnt Cobbers diese These. In seinem Berlin-Führer schreibt er, dass Lessing das Drama „Miss Sarah Simpson" hier geschrieben habe. „Minna von Barnhelm" hätte Lessing erst 10 Jahre später in einer anderen Berliner Wohnung zu Papier gebracht. Ich habe das Gefühl, den Berlinern ist das nicht so wichtig, Hauptsache Lessing hat hier mal gewohnt und geschrieben.

Das nächste Geschäft, erstaunlicherweise die Hausnummer 29, nennt sich Miniaturbücher am Nikolaikirchplatz. Des Rätsels Lösung: Die Vorderseite der Häuser grenzt an die Spandauer Straße, weshalb die Adresse dieser Häuser offiziell Spandauer Straße 27 bzw. 29 lautet.

Im Bogen links um die Kirche herum beginnt nun die Probststraße. Auf der rechten Seite sehe ich die Straße Am Nussbaum. Diese ist allerdings weniger interessant, Bekannt ist jedoch das Gasthaus „Zum Nußbaum". Das Lokal entstand 1571 in der Berliner Keimzelle Cölln. Wie es später weiter ging, darüber habe ich unterschiedliche Versionen gelesen. Einmal heißt es, das Original-Gebäude wurde in den 1980er Jahren aus Cölln ins Nikolaiviertel verpflanzt und gehört mit dem Restaurant „Zur letzten Instanz" zu den ältesten Lokalen in Berlin. Eine andere Version von Arnt Cobbers besagt, dass dieses Lokal eine Kopie der Kneipe sei, die in der Cöllner Fischerstraße stand und 1943 als ältestes Gasthaus Berlins von Bomben zerstört wurde. Schließlich soll das Lokal auch die Stammkneipe des bekannten Berliner Chronisten und Karikaturisten Heinrich Zille gewesen sein. Heinrich Zille beobachtete und skizzierte als Zeichner und Fotograf das Leben der einfachen Leute in Berlin. Im Zille-Museum in der Probststraße 11 werden seine Werke gezeigt.

Auf der Probststraße - vorbei an einigen Fachgeschäften zum Beispiel für Teddybären, Plauener Spitze, mit einem ganzjährigen Weihnachtsmarkt und dem Zille-Museum – flaniere ich vor bis zum Spreeufer. Dort befinden sich mehrere Kneipen, Restaurants, das Café „Ephraims" und das Brauhaus Georgenbräu, wo sich Berliner und Touristen zu deftiger Berliner und Bayerischer Küche gerne ein Bier vom Fass genehmigen, im Sommer im Biergarten.

Natürlich frage ich mich, wen das monumentale Denkmal am Spreeufer darstellt. Das ist der Heilige Georg. Und wenn Frau Klein, meine Lehrerin in der 3. und 4. Klasse der Volksschule im pfälzischen Leimen, Recht hatte, ist er mein Namenspatron. Sie erklärte mir, dass der Name Jürgen von Georg abgeleitet sei. Die Reiterstatue von 1849 zeigt, wie der Hl. Georg die Stadt im Kampf gegen einen Drachen verteidigt. Sie ist eines der Denkmäler, die im Rahmen der Errichtung des Nikolaiviertels 1987 aus einem anderen Berliner Bezirk hierher versetzt wurden.

Ich kehre um und laufe Richtung Nikolaikirche zurück bis zur Poststraße, biege nach links ab. Auf dem Teilstück bis zur Rathausstraße kann man ebenfalls in unterschiedlichen Restaurants einkehren, wie etwa bei „Mutter Hoppe", die sich mit einfacher bürgerlicher Küche einen guten Namen gemacht hat. Nach rechts geht´s zum Alexanderplatz, wo ich für meinen Rückweg schnell die passende U- oder S-Bahn finde. So rum wären Klaus und Kirsten ebenfalls ins Nikolaiviertel gekommen. Teilweise ist das historische Viertel vom Bahnhof Alexanderplatz aus sogar ausgeschildert. Einfach von dort Richtung Rotes Rathaus laufen.

S- und U-Bahn
Fix durch Berlin und Leute gucken

Die S-Bahn verlässt den Hauptbahnhof

Rund 2,7 Millionen Fahrgäste werden in Berlin mit öffentlichen Verkehrsmitteln befördert - und zwar im Schnitt jeden Tag! Etwa 1.400 Busse pendeln täglich quer durch die Bundeshauptstadt. Doch die meisten Fahrgäste sind mit den S- und U-Bahnen unterwegs, also bestimmt pro Tag etwa eineinhalb Millionen Leute. Mit anderen Worten: Die BVG-Bahnen transportieren jeden Tag die gesamte Pfalz durch die Stadt! Die Berliner Verkehrsbetriebe werden ulkiger Weise mit BVG abgekürzt, was wohl mit einer früheren Namensgebung dieses Unternehmens zu tun hat.

Die wichtigste U-Bahn-Linie ist die U 2. Sie nutze ich am häufigsten, da sie die meisten Sehenswürdigkeiten und die bekanntesten Einkaufsstraßen ansteuert. Sie fährt von Ruhleben im Westen aus zum Beispiel folgende U-Bahn-Stationen an:

Olympiastadion - Kaiserdamm (Messegelände) - Sophie-Charlotte-Platz (Schloss Charlottenburg) - Deutsche Oper - Zoologischer Garten (Gegend um Kurfürstendamm/City West) - Wittenbergplatz (KaDeWe) - Potsdamer Platz (Potsdamer Platz-Arkaden) - Stadtmitte (Gendarmenmarkt, Friedrichstraße) - Hausvogteiplatz - Märkisches Museum - Alexanderplatz (Shopping-Mall Alexa) - Rosa-Luxemburg-Platz - Schönhauser Allee bis nach Pankow (Sie erinnern sich an Udo Lindenberg? *Entschuldigen Sie, ist das der Sonderzug nach Pankow*).

Ich sitze also in der U 2 nach Ruhleben, die Türen schließen automatisch und der Zug fährt an. Kaum hat der Lokführer den Gashebel hochgezogen, stehen am Ende des Waggons zwei Männer auf und rufen „Fahrkartenkontrolle". Zwei Typen, sag ich euch, denen man diesen Job nie und nimmer zugetraut hätte. Es hätten brave Studenten sein können oder Auszubildende im dritten Lehrjahr im Büro einer Großhandelsfirma oder Kassierer in einem großen Kaufhaus, aber diesen Job hätte ich ihnen nicht zugetraut. Beruhigt krame ich in meinem Geldbeutel nach meiner Tageskarte. Der Rentner neben mir, beladen mit zwei ALDI-Tüten und einer BILD unterm Arm, brummelt mich an: „Wieder so zwei Bürschen, wa. Früher, da haste die Kontrolleure schon fuffzig Meter gegen den Wind erkannt, da konnste als Schwarzfahrer noch rechtzeitig aussteigen. Aber heute kann jeder Piffke Kontrolleur werden, nur damit die BVG auf ihre Kosten kommt". „Ja, wie zwei richtige Kontrolleure sehen die wirklich nicht aus," brummle ich im gleichen Tonfall wie er vor mich hin.

Dabei beobachte ich, wie ein Fahrgast statt einer Fahrkarte seine Geldbörse öffnet und dem jungen Sheriff ein paar Geldscheine hinhält. Der Mann neben mir meldet sich wieder: „Schade um die 40 Piepen, aber immer noch billiger, als das ganze Jahr die unverschämt teuren Fahrkarten zu bezahlen. Wenn´se dik im Jahr nur eenmal erwischen, machste unterm Strich noch ordentlich was gut". Doch für uns Touris kann ich nur empfehlen, die Fahrkarten korrekt einzukaufen und sie vor allem gleich nach dem Kauf am Bahnsteig in den Stempelautomaten zu entwerten. Bisher lief mir noch bei jedem Berlinbesuch einer dieser unscheinbaren Kontrolleure über die Füße. Deshalb löse ich meistens eine Tageskarte und verzichte darauf, für den Rest des Tages mir noch Gedanken über die Fahrkarte machen zu müssen.

Sprudelgirls

Zwischen Alex und Bahnhof Friedrichstraße sitzen mir zwei Mädchen gegenüber, schätzungsweise fünfzehn oder sechszehn Jahre alt. Über die Schulter tragen sie geräumige, bunte, moderne Umhängetaschen. In der Hand hält jede von ihnen eine Halbliterplastiksprudelflasche. Sie kennen das? Genau. Diese Flasche gehört in der heutigen Mädchengeneration zur Grundausstattung, ist sozusagen ein Basic. Smartphone, Lipclose und Sprudelflasche, drei Dinge, die das Girl von heute braucht. Diese Spezies der süffelnden Mädchen kenne ich jedoch von zu Hause, das ist nichts typisch Berlinerisches. In der U-Bahn habe ich jedoch Zeit, sie zu beobachten. In der Pfalz trifft man diese Mädchen immer nur in Fußgängerzonen und vermehrt vor H & M bzw. Primark. Hier kann ich nun gnadenlos eine Studie durchführen.

In den etwa acht Minuten, die sie in meinem Blickfeld sitzen, setzt das eine Mädchen die Flasche fünfmal an, im Schnitt also etwa alle eineinhalb Minuten. Dabei benetzt sie eigentlich nur die Lippen, denn es ist kein einziges Mal ein nur ansatzweise durststillender Schluck dabei. Ich philosophiere, was das bedeutet. Ist die Flasche nur die Fortführung des Schnullers, die Suche nach Geborgenheit, etwas, an dem man sich festhalten kann? Ist es das auf nichts verzichten wollen? Wenn der Kopf sagt „Durst" muss die Flasche sofort parat sein. Schließlich ist der leichte Ansatz eines Durstgefühls ja kaum auszuhalten und kann einem zarten Teenager des dritten Jahrtausends nicht zugemutet werden. Das würde ja beinahe schon an Entzug grenzen. „Nächster Halt: Bahnhof Friedrichstraße, Ausstieg in Fahrtrichtung rechts." Dort verschwinden meine Sprudelgirls, ihre Plastikflaschen fest in der Hand.

Ruhe bewahren

Zugegebenermaßen muss ich in den S- und U-Bahnhöfen bisweilen konzentriert überlegen oder suchen, um den richtigen Ausgang zu erwischen. Doch habe ich mir mittlerweile eine eigene Strategie zurechtgelegt, die meistens funktioniert: Ich schaue im Stadtplan, wo der U-Bahnhof eingezeichnet ist und in welcher Richtung dazu meine angesteuerte Sehenswürdigkeit liegt. Und wenn ich dann überlege, aus welcher Richtung die U- oder S-Bahn in den Bahnhof einfährt, weiß ich, ob ich den U-Bahnhof in Fahrtrichtung oder entgegen der Fahrtrichtung verlassen muss. Dieses Prinzip funktioniert bei den meisten Bahnhöfen. Und wenn nicht, wähle ich den nächstgelegenen Ausgang und orientiere mich an der Erdoberfläche mithilfe des Stadtplans. Insofern besteht absolut kein Grund, in einem U- oder S-Bahnhof in Panik zu geraten. Und wenn gar nichts mehr geht, frage ich mich durch, die Menschen sind freundlicher als mancher denkt und sie helfen mir, egal in welcher Sprache, den richtigen Ausgang zu finden. Zudem habe ich bisher in den meisten U- und S-Bahn-Stationen in den Glasvitrinen zwischen den Gleisen einen vergrößerten Ausschnitt aus dem Stadtplan gefunden, der die unmittelbare Umgebung des Bahnhofs zeigt. Dieser Plan ist ebenfalls eine gute Orientierungshilfe. Deshalb lautet das erste Gebot: Ruhe bewahren, überlegen, logisch denken. Wenn ich eine Anschlussbahn erreichen möchte, muss ich auch nicht hetzen, denn tagsüber kommt in circa fünf bis sieben Minuten meine nächste S- bzw. U-Bahn.

Die andere Seite

Einen Aspekt möchte ich in diesem Kapitel nicht unerwähnt lassen. Während die großen Boulevards die Städte immer von ihrer schönsten Seite präsentieren, zeigt eine Fahrt mit der S-Bahn oftmals die Kehrseite einer Stadt. Auch in Berlin gewinne ich dadurch in manchen Gegenden den Eindruck, dass viele Menschen in schlichten bis nahezu unglaublichen Verhältnissen leben. Da sehe ich verkommene Wohnwägen, zugemüllte Hinterhöfe mit deutlichen Hinweisen, dass diese bewohnt sind. Brücken, die verschmiert sind und schon fast baufällig wirken, säumen die Gleise. Entlang der S-Bahn-Strecken erkenne ich, dass in puncto Aufbau West (und Ost) noch einiges zu leisten ist. Schließlich wird mir in Berlin immer wieder aufs Neue bewusst, wie gut meine Wohnqualität zu Hause in der Pfalz ist, zum Beispiel dann, wenn der Zug an Häusern vorbeirast, deren Fenster nur wenige Meter von den Gleisen entfernt sind.

Zugkonzert

Kultur findet in Berlin auch in der S- und U-Bahn statt, wenn auch nicht unbedingt immer auf höchstem Niveau. Als Tourist aus der Provinz wird man beim ersten Mal aufschrecken, wenn der Zug gerade anfährt und jemand lauthals zu Singen anfängt oder ein Duo mit Gitarre und Akkordeon ein Stück zum Besten gibt. Sie sind im Grunde nichts anderes als die Straßenmusikanten in den Fußgängerzonen anderer Städte. Hier nutzen die meist ausländischen Musiker die Gelegenheit, dass sich in dem geschlossenen S-Bahn-Waggon bis zur nächsten Haltestelle niemand ihrer kurzen Vorstellung entziehen kann. Meist sind es nur schnell und schluderig dahin gespielte Stücke. Den Musikanten bleibt ja auch nur wenig Zeit bis zum nächsten Stopp. Also heißt es: kurz etwas spielen und danach mit einer Sammelbüchse an den Fahrgästen vorbeiziehen. Dieses kurze Schauspiel erlebte ich schon sehr häufig. Es ist ungefährlich, denn ich muss beim Sammeln nicht reagieren, dann laufen die Burschen weiter. Nur einmal habe ich einen einzelnen Kerl erlebt, der für seine grässliche Darbietung zu Recht keinen einzigen Cent einstreichen konnte und dann beim Ausstieg auf die Melodie „Live is life" anfing zu kröhlen „Geiz ist geil, na na na na na" und in seiner Heimatsprache irgendetwas schimpfte. Für die Musikanten geht es halt nur darum, zwischen zwei S- oder U-Bahn-Stationen möglichst viele Münzen zu sammeln. Das ist auch in Ordnung, wenn sie sich Mühe geben. Das habe ich allerdings bisher nur einmal erlebt. Drei junge Leute, ich tippe auf deutsche Musik-Studenten, trugen einen Popsong vor, begleiteten sich mit Gitarre und Saxophon, und spielten den Song komplett zu Ende - über drei Stationen hinweg. Es war eine Freude für die Ohren, dem perfekten zweistimmigen Gesang zu lauschen. Sie sammelten auch kein Geld, bekamen aber, was für mich auch einmalig war, vom gesamten Waggon kräftigen Applaus.

Fasziniert bin ich jedes Mal von den vielen Fahrgästen, die während der Fahrt in ein Buch vertieft sind. Sie haben jahrelange Erfahrungen darin, auch im Stehen einhändig zu lesen. Mit der anderen Hand halten sie sich an einer Stange fest und können sich im Pulk der Leute auf ihre Lektüre konzentrieren. Ich würde vermutlich mit einem Auge immer nach draußen schielen, um ja meine Ausstiegsstation nicht zu verpassen. Andere wiederum versinken im gleichen Maße in den Displays ihrer Handys und Smartphones. Ich spüre ihre Routine bei der täglichen Fahrt mit der S- oder U-Bahn.

Dior trifft Hund

Auch das ist Berlin. Ich bin mit der U2 zwischen Eberswalder Straße und Alexanderplatz unterwegs. Mit mir betritt eine etwa 50-jährige Frau in einem auffällig hochwertigen Outfit den Waggon. Alle Fahrgäste sitzen mit dem Gesicht zum Mittelgang auf den langen Sitzbänken nebeneinander. Eine Station später steigt eine jüngere Frau zu, die lautstark die Fahrgäste bittet, ihr ein Exemplar einer Obdachlosenzeitung abzukaufen. Zwei Männer und ein Hund in der Größe eines Schäferhundes begleiten sie, ganz offensichtlich ebenfalls Obdachlose.

Während ein sehr unangenehmer Körpergeruch der Zugestiegenen immer intensiver zu mir vordringt, lese ich auf dem Schal der chicen Dame den Schriftzug „Christian Dior". Ihre Handtasche stammt mit Sicherheit ebenfalls aus einer edlen Boutique. Da sitzt sie nun, Frau Christian Dior, zwei Obdachlose mit Hund stehen unmittelbar vor ihr, der schwarze Hund schnuppert feucht an ihren 500-Euro-Lederstiefeln und plackt sich dann gemütlich direkt vor ihre Füße. Ich spüre, diese Situation ist der Dior-Dame eher unangenehm, doch sie bleibt ganz ruhig. Stattdessen unterhalten sich die obdachlosen Fahrgäste mit ihren Third-Hand-Kleidern darüber, bei welchem Obdachlosenheim sie heute Abend eventuell etwas zum Essen bekommen könnten. Ihr „Stamm-Heim" hat seit drei Tagen mangels Geld die Essensausgabe eingestellt. Ja, so grass sind die Unterschiede, wenn in der S- oder U-Bahn alle Schichten und Nationalitäten, Berufstätige aus allen Branchen, Rentner, Schüler, Studenten und Touristen auf engstem Raum zusammen treffen und mindestens bis zur nächsten Station unausweichlich auf ein paar Quadratmetern zusammengepresst sind. Die gesamte soziale Struktur Berlins ist in einem Waggon versammelt.

Von Halt zu Halt ein neues Spiel

Ein Mann neben mir, etwa fünfundfünfzig Jahre alt, wirkt ein wenig ungepflegt, in alten Jeans und ausgelatschten Turnschuhen. Er hat eine große schwarze KaDeWe-Tüte zwischen seinen Beinen festgeklemmt. Mir gegenüber döst ein Mann im Halbschlaf vor sich hin. Das akustische Signal, dass die Türe jetzt automatisch geschlossen wird, ertönt laut. Da springt er auf, schnappt sein Fahrrad, bricht jedoch kurz vor der Türe ab, weil diese bereits geschlossen ist. Er flippt jedoch nicht aus. Dumm gelaufen, aber für den Berliner kein Problem. An der folgenden Station steigt er aus, die nächste U-Bahn in entgegengesetzter Richtung fährt bestimmt in wenigen Minuten.

Der schlichte KaDeWe-Kunde neben mir hat mich ebenfalls verlassen, der Platz ist frei. Aber nur für einen kurzen Moment. Eine dunkelblonde Frau, Ende Zwanzig, Marke Topmodel, mit einem roten Koffer und einer leopardenfellfarbenen Shoppingtasche, setzt sich neben mich. Die angenehme Note von Naomi Campbell verdrängt langsam die Duftmarke des vorhergehenden Sitznachbarn. Das ist U-Bahn-Fahren in Berlin: Ob „Christian Dior" oder „Obdachlos" - du weißt nie, wer nach der nächsten U-Bahn-Station neben dir sitzt oder steht.

Jedoch habe ich in all den Jahren in den S- und U-Bahnen kaum eine Situation erlebt, in der ich mich wirklich bedroht oder unwohl gefühlt habe. Sicherlich bin ich von Betrunkenen oder Durchgedrehten schon mal angesprochen worden oder sie schwankten um mich herum. Doch im Verhältnis zu den vielen hundert oder sogar tausenden von Fahrgästen, denen ich jeden Tag in einer S- und U-Bahn begegne, ist das kein Problem. Allerdings frage ich mich oft, warum es keine Regelung gibt, dass zumindest ab 20 oder 21 Uhr der erste Waggon einer S- oder U-Bahn, in dem der Fahrer sitzt, ausschließlich für Frauen zugänglich ist.

Kreuzberg-Linie

Als ich einmal im Motel One in der Prinzenstraße wohne, bin ich zwangsläufig des Öfteren mit der U 8 unterwegs. Diese Linie durchquert das Stadtviertel Kreuzberg, ist sozusagen die Kreuzberger Linie. Die Fahrgäste sind internationaler, die Kids etwas lebhafter als in anderen Gegenden und die Amtssprache in manchen Waggons türkisch. Dennoch kann ich im morgendlichen Berufsverkehr beobachten, wie zwei ältere Jugendliche aufstehen, um älteren Fahrgästen ihren Sitzplatz zu überlassen.

Bei der U 8 denke ich zwangsläufig an den U-Bahnhof Moritzplatz. Er ist ein Beispiel für die U-Bahnhöfe, die einen heruntergekommen, unangenehmen Eindruck auf die Menschen machen, die dort aussteigen. Die Mülleimer rosten vor sich hin, der Boden ist total verschmutzt. An der Plakatwand werben Poster für Veranstaltungen, die bereits vor einem Jahr stattfanden. Hier ist es ungemütlich, ich möchte möglichst schnell hier raus. Natürlich fehlt der Stadt und den Verkehrsbetrieben das Geld, um alle U- und S-Bahnhöfe auf Hochglanz zu halten. Ich suche nach einer Lösung. Meine erste Idee: Die Stadt könnte den U-Bahnhof an einen arbeitssuchenden Bürger kostenfrei verpachten. Er bekommt das Recht, einen kleinen Kiosk einzurichten, oder einen Getränkeautomaten aufzustellen, Zeitungen und Brezeln zu verkaufen und die Plakatwände zu vermieten. Dafür erklärt er oder sie sich bereit, den U-Bahnhof instand zu halten und für Sauberkeit zu sorgen. Ich meine, ein Versuch wäre es wert. Bestimmt gibt es Menschen in Berlin, die aus dem verdreckten U-Bahnhof eine ansehnliche Haltestelle gestalten würden und vielleicht viele Ideen hätten, wie sie mit pfiffigen Angeboten ihren Lebensunterhalt verdienen könnten. Angenehme Musik, der Duft eines frisch gebrühten Kaffees, selbst gebackener Kuchen, witzige Ansagen zu den abfahrenden U-Bahnen - und schon fühlen sich die Fahrgäste wohl und freuen sich auf einen kurzen Aufenthalt am Moritzplatz.

Spontane Hilfe

Bei der Ankunft mit der S 9 am Flughafen Schönefeld passiert es mir, dass die Zugtür zu früh schließt und meinen Koffer einklemmt. Ich hatte gerade meinen Rucksack abgestellt, um mich mit voller Kraft dem Problem widmen zu können. Da eilt eine etwa 17-jährige, leicht dunkelhäutige Frau herbei, greift sich mit beiden Händen einen Flügel der Tür und zieht ihn so weit zurück, bis ich meinen Koffer befreien kann. Ich bedanke mich, sie lächelt kurz zurück und ist auch schon verschwunden. Ich will damit sagen: Die Berliner Bürger sind gar nicht so rauherzig, wie oft behauptet wird. In Berlin gibt es genauso viele freundliche, hilfsbereite Leute wie in Ludwigshafen, Kaiserslautern, Pirmasens oder sonst wo in der Pfalz. Nur gibt es in der Pfalz halt weniger S- und U-Bahnen.

Meine lieben Saarländer

Ich bin auf der Fahrt mit der doppelstöckigen Regionalbahn zum Flughafen Schönefeld. Mit meinem Koffer und Rucksack kämpfe ich mich in das Obergeschoß und finde gleich vorne bei zwei Männern einen Platz. Da die Sitze zur Wagenmitte gedreht sind, kann man den Koffer gut vor sich stellen und festhalten. Einer der Männer sitzt links neben mir, der andere auf der Sitzbank gegenüber. Die beiden Männer lassen ihre heutige Sitzung Revue passieren, offensichtlich ein Seminar für Personalräte. Ich vermute, beide sind in Gewerkschaften organisiert. Vom Dialekt her tippe ich auf Saarländer. Es klingt zwar nicht wie tiefstes Saarländisch, denn es ist ein Schuss Hochdeutsch dabei, doch Saarländer sind sie allemal.

Ab und zu kann ich mich in das Gespräch der Männer einbringen. Irgendwann kommt mein Gegenüber auf Miroslav Klose zu sprechen. Das ist für mich die geeignete Vorlage, um die Landsmannschaft eindeutig zu klären. Ich schlage vor, Klose könne gerne zu uns nach Lautern kommen. Das ist der ultimative Test: Zu uns - nach Lautern. Wer den 1. FCK zu den Seinen zählt und sofort weiß, welche Stadt mit Lautern gemeint ist, kann durchaus ein Saarländer sein. Volltreffer: Statt einer

Nachfrage pflichtet mir mein Nachbar bei, ja, Klose nochmal zu Lautern (!), das würde passen. „Das wird aber das Budget des FCK sprengen", gibt mein Gegenüber zu Bedenken. „Verhandlungssache", entgegne ich. So, jetzt wissen wir alle Drei, wo wir hingehören.

Kurze Zeit später fragt mich der etwa 50-jährige neben mir ganz unvermittelt: „Zu welcher Behörde gehörsch du denn?" Ich bin verwundert. Nicht über das Du. Ein Saarländer und Gewerkschafter kann mich doch nur als Kumpel ansprechen. Die vertraute Anrede ist eine typisch saarländische Umgangsform, die ich übrigens sympathisch finde. Nein, mich überrascht die Frage nach der Behörde. Ich trage heute ausnahmsweise keinen Anzug mit Krawatte. Sieht man mir trotzdem an, dass ich im öffentlichen Dienst beschäftigt bin? „Ei, nä", rechtfertigt sich der Saarländer, der mir meine Verwunderung offensichtlich anmerkt, "ich hab' nur wisse wolle, in welcher Firma du schaffscht". Mit südwestdeutschen Gesprächsthemen vergeht die Zeit wie im Fl(Z)ug und es ist klar, dass wir nachher im selben Flieger nach Zweibrücken düsen werden. Und nicht nur das: Zufällig sitzen die beiden im Flieger wieder neben mir - nur durch den Gang getrennt. Während sich der eine auf dem Fensterplatz ein Nickerchen gönnt, komme ich mit dem anderen direkt neben mir wieder ins Gespräch. Er wohnt in Neunkirchen. Das liefert ebenfalls Gesprächsstoff, zum Beispiel, wie sich das Saarpark-Center entwickelt und welche Folgen das Einkaufszentrum für die Neunkirchener Innenstadt hat. In der Ankunftshalle in Zweibrücken sehen wir uns das letzte Mal. Ein kurzes Tschüss. Das war's.

Ribéry

„Der Trainer nervt, der hat mich rischtisch angemacht, hey". Bei diesem Satz schleiche ich mich in das Gespräch der beiden jungen Männer auf der gegenüberliegenden Sitzbank in der S-

Bahn ein. Die Jungs mit deutlich türkischer Abstammung reden offensichtlich über das letzte Fußballtraining. „Ich tue im Mittelfeld zu viel dribbeln, hey, weißt du, dabei ist das doch rischtisch gut. Keiner traut sich sonst so zu dribbeln wie ich." Während der Hauptdarsteller, der Fritz Walter des Kreuzbergs, sein Leid klagt, hört sein Kumpel nur zu. „Ich tribble escht gut. Weißt du noch, wie der Ribéry zu Bayern gekommen ist? Der dribbelt genauso wie isch. Fuck hey, und mich macht der Trainer an. Du musst dir das vorstellen, weißt du, so wie der Ribéry durchs Mittelfeld flitzt, so läuft das bei mir. Da hab ich den Ball über den halben Platz gedribbelt, dann hab´ isch dem Philipp den Ball direkt auf den Fuß gespielt, hey, und was macht der Kanacke: Er haut den Ball am Tor vorbei. Da kann ich doch nix für. Der iss doch die Lusche. Weißt du, der Ribéry wird bei den Bayern als geiler Star gefeiert, ich mach´ das genau so gut wie der und ich werd´ vom Trainer angebaggert. Das gibt´s doch nicht, oder?"

Ja, jede Fußballmetropole braucht einen Ribéry. Als Fußballfan bin ich stolz, jetzt auch den Berliner Ribéry kennen gelernt zu haben.

Schüler als Jobcenter

In der U-Bahn treffe ich am Abend auf eine Gruppe Jugendlicher, so schätzungsweise 17 bis 18 Jahre alt. Mir kommen sie leicht beschwipst vor, die Sektflasche und die Alcopops, die sie bei sich tragen, verstärken meinen Eindruck. Eine der Alcopopflaschen fällt plötzlich um, der flüssige Inhalt schwappt über den Zugboden. Der junge Mann lässt die Flasche einfach liegen.
Ein Mädchen: „Ihr seid so peinlich!"
Der Junge: „Sei nicht so pingelich".
Sie: „Und wer macht das jetzt sauber?"
Er: „Der Putzer von der Bahn".

Sie: „Der wird sich freuen".

Er: „Wieso? So schaffen wir Arbeitsplätze".

Diese Begegnung bestätigt meine Meinung. Wie oft habe ich in der S- und U-Bahn schon gedacht: Nein, mit einer Klasse von 16-, 17- oder 18-jährigen Schülern möchte ich als Lehrer nie und nimmer eine Klassenfahrt nach Berlin unternehmen. Da setzt du Stunde für Stunde deine Nerven, deinen Job und deine Pension aufs Spiel.

Ost oder West?

Wie oft stand ich schon am Bahnhof Zoo oder an der Friedrichstraße vor der S-Bahn-Anzeigetafel und fragte mich, in welche Richtung ich jetzt fahren muss. Mittlerweile habe ich den Trick erkannt. Oft erscheinen bei der Anzeige der S-Bahnen als Zwischenhalt Westkreuz oder Ostkreuz. Das ist eine gute Orientierungshilfe. Denn das Westkreuz ist ein S-Bahn-Knotenpunkt am westlichen Ende, das Ostkreuz am östlichen Ende der Innenstadt. Insofern erkenne ich an den S-Bahn-Stationen in der Innenstadt, ob die S-Bahn Richtung West-City (Westkreuz) oder Richtung City-Ost (Ostkreuz) fährt.

Die Berliner Minute

In Berlin kann sich eine Minute ganz schön ziehen. Wenn´s richtig dicke kommt, dauert die Minute schon mal 300 bis 400 Sekunden. Auf der Anzeigetafel im U-Bahnhof Wittenbergplatz kann ich deutlich lesen: U2 Richtung Ruhleben – Ankunft in 2 Minuten. Als die Anzeige von zwei auf eine Minute umspringt, kommt Bewegung in die Schar der Wartenden. Nur der Berliner bleibt gelassen sitzen.

Die Minute zieht sich wie Kaugummi. Ich schaue etwa alle dreißig Sekunden erwartungsvoll auf die Anzeigentafel über dem Bahnsteig: U2 Richtung Ruhleben - 1 Minute. Das steht dort, ohne Zweifel. Alle Blicke und Hoffnungen der Fahrgäste richten sich in den finsteren Kanal, aus dem die U-Bahn jeden Augenblick heraus schießen müsste. U2 Richtung Ruhleben - 1 Minute. Plötzlich erlischt die angezeigte Minute. Dort, wo eben noch „1 Minute" stand, ist es nun schwarz. Was geht denn jetzt ab? Ist die U-Bahn im Bermuda- beziehungsweise im Gleisdreieck vom Radar verschwunden? Wurde sie am Anhalterbahnhof angehalten? Kommt die U-Bahn vielleicht in weniger als einer Minute? Oder hat selbst der Bahnsteigansager den Glauben an die Zeit verloren? Zeit zum Nachdenken. Wie ein Wunder tauchen auf einmal zwei große, helle runde Lampen geräuschvoll aus der Tiefe der Röhre auf. Die Anzeigetafel verkündet: U 2 Richtung Ruhleben - 1 Minute. Sag´ ich doch: Manchmal ist die Berliner Minute die wahrscheinlich längste Minute der Welt.

Das „Rote" Rathaus
Monumental und offen

Heute klappt es! Kein Schild, keine wichtige Konferenz, kein Polizist hält mich davon ab, die wuchtige Tür zu öffnen und den Sitz des Regierenden Bürgermeisters von Berlin zu betreten.

Ich frage die Dame am Empfang, ob ich mich umsehen darf. *Tun Sie das, schauen Sie sich alles ganz in Ruhe an*, meint sie. Ob ich denn fotografieren dürfe? *So viel Sie wollen*. Ich sag´s doch immer wieder, wie freundlich die Berliner sind.

Mein Blick fällt auf die majestätische Treppe. Auf dem breiten roten Teppich schreite ich nach oben. Bald erreiche ich den Säulensaal. Der neun Meter hohe Raum macht richtig was her. Ein rötlich ausgemaltes Kreuzgewölbe überspannt drei Reihen von Säulen und Pfeilern.

Rathaus - hier wird Berlin regiert

Auf der Innenseite befindet sich auf halber Höhe eine Empore. Ein Infoblatt gibt Erklärungen zu dem wundervollen Raum. Einst war hier die Magistratsbibliothek untergebracht. Im Krieg zerstört, ist der Säulensaal in Anlehnung an die frühere Einrichtung wieder aufgebaut worden. Ein Raum, der für Veranstaltungen und Ausstellungen einen glanzvollen Rahmen bietet. Überall im Saal sind derzeit Gipsskulpturen zu sehen, Werke aus der Berliner Gipsformerei.

Bei meinem Rundgang kann ich auch den Wappensaal inspizieren. Allerdings ist heute leider nur der Vorraum geöffnet. Dort steht ein Modell der Stadt Berlin und man kann sich spielerisch bestimmte Sehenswürdigkeiten der Stadt anzeigen lassen. Schließlich spaziere ich im ersten Obergeschoß noch ganz gemächlich eine ganze Runde um den Treppenaufgang herum. Gezeigt wird eine Ausstellung mit Bildern eines Austauschs zwischen einer japanischen Stadt und Berlin.

Beeindruckt verlasse ich das Berliner Rathaus. Ich stehe direkt unter dem 74 Meter hohen Turm, bewundere die in der Sonne rot leuchtende Fassade. Weniger wegen der regierenden Partei, sondern vielmehr wegen der Farbe der Backsteine wird es das rote Rathaus genannt. Beim Plan für das Gebäude orientierten sich die Erbauer damals, 1870, an den Palästen und öffentlichen Gebäuden in Italien und Flandern. Eine Schulklasse hat sich vorm Eingang im Halbkreis formiert. „Wer ist als nächstes dran mit seinem Referat?" fragt ein Lehrer. Ohne weitere Aufforderung stellt sich ein Junge vor die Gruppe, hebt einen Schreibblock auf Brusthöhe und beginnt, mit lauter Stimme seinen Mitschülern die Erbauungsgeschichte des Rathauses vorzulesen. Eine gute Idee, mit der Klasse einen Stadtrundgang zu unternehmen und jeden Schüler ein bestimmtes Gebäude vorstellen zu lassen. Derweil patrouilliert ein Polizist auf dem Bürgersteig entlang, fordert einen jungen Zweiradfahrer sehr freundlich auf, seinen Roller nicht direkt vor dem Gebäude, sondern um die Ecke in einer Seitenstraße abzustellen.

Das Rathaus trägt reichlich Terrakottaschmuck. An der Brüstung des ersten Obergeschoßes ist auf 36 Terrakottatafeln die Geschichte Berlins vom 12. Jahrhundert bis 1871 dargestellt. Doch auch sonst kann ich an dem repräsentativen Gebäude viele Verzierungen und verschiedene architektonische Elemente erkennen.

Ich bin sehr oft am Rathaus vorbeigelaufen, endlich konnte ich es besichtigen. Es war schon ein außergewöhnlicher Besuch. Damit habe ich mein Berlinbild um ein weiteres wichtiges Puzzleteil erweitert.

Hekticket
Kultur zum Vorzugspreis

In Berlin ist das Angebot an kulturellen Veranstaltungen an
einem Wochentag so groß und vielfältig wie in der Pfalz in zwei
Wochen, manchmal wie in einem ganzen Monat. Ob im Internet, in einem der Berliner Stadtmagazine oder auf den Plakaten in den U-Bahnhöfen – eine Fülle von Theater-, Kabarett-,
Konzert- oder Literaturveranstaltungen werben um Besucher.

Der Ticketkiosk am Hardenbergplatz am Bahnhof Zoologischer Garten

Die richtige Wahl fällt einem da meist schwer. Deshalb habe
ich meine ganz persönliche Filtertechnik entwickelt. Ich fahre
am Nachmittag zu „Hekticket" am Bahnhof Zoo. Der kleine
Shop logiert im Foyer des Bayer-Hochhauses neben der Filiale
der Deutschen Bank. In diesem „Kulturkiosk" gibt es ab nachmittags Eintrittskarten zum reduzierten Preis. Meist ist ein
vielversprechendes Sonderangebot vorhanden und ich entscheide spontan, welchen Kulturgenuss in mir wenige Stunden
später gönnen werde.

So konnte ich tolle Kabarettisten erleben wie Rainer Krönert („Angie goes to Hollywood") oder Thomas Freitag, damals noch im Tränenpalast am Bahnhof Friedrichstraße. Der Weg führte mich in die „Bar jeder Vernunft" zu einem französischen, komödiantenhaften Saxophonquartett, zu der bekannten Doppelgängershow „Stars in Concert" im Estrell-Center. Mehrfach war ich im „Tipi am Kanzleramt", zum Beispiel zu „Cabaret" oder zu den 12 Tenören. Auch für das Musical „Die drei Musketiere" konnte ich stark verbilligte Eintrittskarten erwerben. So kam ich in das Theater des Westens. Ein weiterer Hektiket-Überraschungs-Kulturtrip führte mich ins Deutsche Theater. Dort stand das Schauspiel „Der Besuch der alten Dame" von Friedrich Dürrenmatt auf dem Programm.

Bei den Besuchen zum Beispiel im Tipi habe ich mich selbst oder wurde ich von der Platzanweiserin zu anderen Gästen an den Tisch gesetzt. Jedes Mal entwickelten sich interessante Gespräche, einmal mit dem älteren Ehepaar aus einem Berliner Außenbezirk, das andere Mal mit zwei älteren Damen aus Wuppertal, die mit einer Reisegruppe eine Urlaubswoche in Berlin verbrachten. Dazu ein gepflegtes Erdinger Weißbier. Nette Gespräche, ein unterhaltsames Bühnenprogramm, günstiger Eintritt – an solchen Abenden in Berlin geht es mir gut.

Die Auswahl an verbilligten Eintrittskarten bei Hektik ist nicht riesig, aber es ist, wie meine bisherigen Besuche zeigen, meist etwas Interessantes zu einem absolut guten Preis zu haben - für Experimentierfreudige sowieso. Auch Karten für Aufführungen im Friedrichstadtpalast kann man bisweilen günstiger ergattern. Zum regulären Preis ist die Auswahl an Tickets natürlich wesentlich größer.

Die Hekticketberaterin

An dieser Stelle muss ein Stück Nostalgie gestattet sein. Denn bei meinen ersten Besuchen bei Hekticket – damals am Alex - saß eine junge Dame in dem Kioskhäuschen. Sie war ausgesprochen hilfsbereit und geduldig, sprach Berliner Dialekt. Wenn ich unentschlossen war, schaute sie im Stadtmagazin TIP nach, was an dem Abend sonst noch so lief oder reichte mir den Veranstaltungskalender durch das kleine Fenster, damit ich selbst darin stöbern konnte. Wenn sie für eine bestimmte Aufführung keine Eintrittskarte mehr hatte, rief sie bei einem kooperierenden Ticketbüro an, ob es dort noch Tickets gab. Einfach ein toller Service.

Sie war Studentin und verdiente sich bei Hekticket etwas dazu. Ich fragte sie einmal nach ihrem Namen und ob ich für ein eventuelles Buchprojekt ein Bild von ihr im Kiosk machen dürfe. Sie zögerte, verriet mir aber, dass sie Elisa heißt. Genau wie meine Tochter, erwiderte ich, das ist doch ein schöner Name. Sie vertröstete mich auf den nächsten Tag. Für ein Bild würde sie sich gerne etwas herrichten. Ich kam wieder und durfte sie knipsen.

Wie viele andere Kunden erkundigte ich mich bei Elisa, welche Aufführungen gut und welche weniger empfehlenswert sind. Dazu dürfe sie natürlich keine Auskunft geben. Das sei ja alles Geschmackssache und durch persönliche Besuche kenne sie naturgemäß nur ein paar der angebotenen Aufführungen. Einmal, als ich völlig unsicher war und lange überlegte, wofür ich mich entscheiden sollte, fragte ich sie, welche Bühne sie besuchen würde, wenn sie am Abend mit ihrem Freund oder mit einer Freundin unterwegs wäre. Na ja, meinte sie, das dürfe sie mir dann schon verraten, welches Konzert sie persönlich besuchen würde. Damit erleichterte sie mir meine Entscheidung. Elisa war die Hilfsbereitschaft, Freundlichkeit und Geduld in einer Person.

Doch eines Tages kam ich zu Hekticket und Elisa war nicht mehr da. Ein modernes Berliner Original fehlte. Der alte Charme des Kiosks war erloschen. Es gibt immer noch Tickets für alle möglichen Veranstaltungen und Eintrittskarten zu re-

duzierten Preisen. Die jungen Leute sind immer noch freundlich, aber doch etwas „hekticker" als damals. Schade, aber
„Lewwe" ist nun mal so.

Kastanienallee
Ja, was ist das denn für eine Straße?

Es ranken sich zahlreiche Klischees und Mythen um die Kastanienallee, jeder Reiseführer weiß sie anders zu beschreiben.
Deshalb möchte ich mir ein eigenes Bild und viele Fotos von
der Kastanienallee machen. Ich starte am nördlichen Ende, an
einer sehr lebendigen Kreuzung am U-Bahnhof Eberswalder
Straße, in die etwa einen Kilometer lange Allee.

Ja, es ist eine Allee. Und wenn Straßennamen einen Sinn erge-
ben, dann bezieht sich der Name in diesem Fall auf die zahlreichen Kastanien, die einst hier gepflanzt wurden und von denen
viele heute noch vorhanden sind. Wie euch der Musterschüler
Jürgen erklären kann, kaufte Wilhelm Griebenow Anfang des
19. Jahrhunderts zahlreiche Felder und Wiesen außerhalb der
Stadtmauer. 1826 „ließ er eine lehmige Straße anlegen und
Kastanien pflanzen". Zwei Jahre später wurde die Straße ge-
pflastert. Die Ansiedlung begann.
Von Frühjahr bis Herbst spielt sich das Leben natürlich auf dem
breiten Bürgersteig ab. Überall stehen Tische, Stühle und
Bänke vor den Restaurants. Da stört es niemanden, dass neben
dem Freisitz des Cafés gerade ein Container mit Bauschutt
beladen oder ein Haus frisch verputzt wird. Bewegen tun sich
die Menschen hier mit Autos, Fahrrädern in Massen, mit der
Straßenbahn, die die Kastanienallee komplett durchfährt, und
mit Kinderwägen.

Außergewöhnliche Firmennamen findet man reichlich in der Kastanienallee, wie zum Beispiel die Kneipe „An einem Sonntag im August"

Gleich am Anfang begegne ich dem Stolz der Straße. Das ist Max Skladanowsky. Er machte am 20. August 1892 die ersten Filmaufnahmen in Deutschland, in dem er seinen Bruder bei der Gymnastik filmte. Er erfand den Filmvorführapparat. Auf der Ecke zur Schönhauser Allee ist im Bürgersteig ein längliches Mosaik eingelassen, das an den einstigen Anwohner erinnert.

Hübsch erscheint mir das Angebot bei Rosalyn. Das Café bietet auf seiner Tafel unter anderem verschiedene Frühstücksvarianten an wie Paris, Rom, Berlin oder Istanbul, wobei jedes Menü aus den landestypischen Frühstückszutaten besteht. Finde ich ganz originell.

Namen-Erfinder
In der Kastanienallee könnte man eine ganz spezielle Quizshow

durchführen. Die 50-Euro-Frage: Was für ein Geschäft ist „Locke & Glatze"? Klar, ein Friseur. Wir steigern uns. Was verkauft der „Eisdieler"? Nein, nichts Süßes, sondern modische Accessoires. Was steckt hinter dem Namen „Zartbitter"? Na? Klar, ein Kleiderladen. Und im „Nachbeben" bekommt man Getränke und Snacks. Originell ist auch der Name der Kneipe „An einem Sonntag im August".

Vor einer kleinen Boutique sitzt eine Blondine im schwarzen Minikleid auf der Treppe, raucht genüsslich eine Zigarette und plaudert mit einer anderen Frau. Ob es die Inhaberin oder eine Angestellte des Kleiderladens ist weiß ich nicht. Aber die beiden sind nicht die einzigen, die vor dem Laden auf ihre Kunden warten. Bei „fein & ripp" haben es sich zwei Vorzeigemänner auf den Stühlen vor dem Laden bequem gemacht, ich tippe, dass es die Chefs persönlich sind, die mit der Boutique für Unterwäsche ihre Geschäftsidee realisiert haben und das Leben in der Kastanienallee im Rahmen ihrer individuell definierten Ansprüche ans Leben absolut genießen.

Wie vielerorts in der Hauptstadt ist auch die Kastanienallee eine kleine Welt für sich, der typische Kiez, den die Menschen im Grunde nicht verlassen müssen, weil sie alles, was man so braucht, in ihrer Straße erwerben oder erledigen können. Zwei Buchläden, Bäckerei, Friseur, Optiker, Apotheke, kleine Lebensmittelläden. Da reicht es, einmal in der Woche in einen nahegelegenen Supermarkt zu fahren, schon ist man mit allem versorgt.

Nach einem wahren Stück alternativem Prenzlauer Berg sieht das Lichtblickkino aus. Das Gebäude, der Eingangsbereich hat sich bis heute dem Hochglanz anderer Kinotempel entgegen setzen können. Auf dem Programm steht heute der in Cannes ausgezeichnete mexikanische Film „Heli", Eintritt 6 Euro. Angeblich hat das Kino nur 32 Sitzplätze.

Kulinarisches

Das kulinarische Spektrum ist groß. Man findet in der Kastanienallee alles, was der Lifestyler gerne isst, die Speisekarten der Restaurants gleichen einer Weltkarte. Italienisch und Vietnamesisch begegnen mir mehrfach, aber auch indische, japanische und andere asiatische Gerichte stehen auf den Tafeln. Ich entdecke jedoch auch die gute deutsche Hausmannskost. Das Restaurant „Die Schule" bietet auf seiner Klapptafel auf dem Bürgersteig zum Beispiel das Wiener Schnitzel und die Käsespätzle an. So leckere Speisen wie Schweinebraten, Königsberger Klopse oder Senfeier mit Kartoffeln stehen auf der Speisekarte des Restaurants im „Prater". Natürlich kommen auch die Burgerfreaks auf ihre Kosten, jedoch nicht bei Mc oder King, sondern in der Burgerworld.

Die Castingallee

In allen Reiseführern erhält die Kastanienallee den Beinamen „Castingallee". Allerdings habe ich die unterschiedlichsten Erklärungen dafür gelesen:
- „ultimativer Catwalk der coolen Berliner Szene" (*Berlin saisonal*),
- weil sich dort so viele Filmproduktionsfirmen angesiedelt haben,
- weil so viele (Nachwuchs-)Schauspieler dort wohnen - und in den Cafés darauf warten, entdeckt zu werden,
- auffallend modisch gekleidetes Publikum (*MERIAN*),
- wegen ihrer teils exklusiven Designerboutiquen und dem entsprechendem Publikum (*Wikipedia*),
- Laufsteg der Eitlen und Eliten (*Berliner Straßen neu entdeckt*),
- weil sie fest in der Hand von coolen Applebesitzern aus der Kreativwirtschaft ist (*Treschen-Verlag, Berlin*).

Daher bin ich gespannt, welche Leute ich bei meiner Tour durch die Kastanienallee antreffen werde, zum Beispiel den Businessmann, die Shoppinggirls, den Lebenskünstler, den Aussteiger, den Intellektuellen, Künstler, Oppositionelle, Flaneure, Touristen und Schulklassen aller Nationen, junge Eltern mit Kindern, individuelle Menschen mit Tätowierungen, Studenten, Senioren, die hier alt geworden sind, Männer, die die Arbeit anderen überlassen, Szenegänger, iPhones mit ihren Herrchen und Frauchen, die schicke Lebefrau mit Hündchen? Und was soll ich sagen: Ich habe sie alle getroffen.

Für jeden Faible findet sich das passende Szene-Geschäft oder –kneipe. In der Kastanienallee erlebe ich einmal mehr, wie abgefahren und experimentierfreudig die Hauptstadt ist. Designer leben ihre Träume aus, Menschen haben eine Vision, sie pachten eine Kneipe, und werden - oft nur auf absehbare Zeit - zum Gastronom. Wenn sie Glück haben, kehrt der Trend-Stream bei ihnen ein. Aber genauso schnell, wie die Party- und Kneipenszene ein Lokal zum In-Treff macht, genauso schnell ziehen die Trendsetter weiter, in eine andere Straße oder sogar in ein anderes Viertel.

Vertriebene?

Vor dem Haus mit der Nummer 20 wirft mir eine Frau mittleren Alters einen Satz zu, der bis heute bei mir hängen blieb. Ich observiere ein mehrstöckiges Haus, weil es mir insgesamt verlassen vorkommt, ich aber in der Toreinfahrt Briefkästen entdecke, auf denen Namen drauf stehen. Zur Dokumentation fotografiere ich die Briefkästen und dann von etwas weiter weg das ganze Haus. Denn zwischen all den vorhanglosen Fenstern ist eines geöffnet und eine größere Grünpflanze ist zu sehen. Ein Zeichen dafür, dass hinter diesem Fenster tatsächlich jemand wohnt, was angesichts des Eingangsbereichs für mich schwer vorstellbar scheint. Während ich das Gebäude knipse, läuft die erwähnte Frau etwa Anfang Vierzig vor mir vorbei und sagt im Vorbeigehen zu mir: „Oma Erna und Tante Schmidt wohnen hier nicht mehr!". Sie läuft einfach weiter, ich habe keine Gelegenheit, mit ihr ins Gespräch zu kommen. Doch ihre Botschaft ist deutlich: Die Ur-Einwohner der Kastanienallee wohnen hier nicht mehr. Sie sind ausgestorben oder können sich einfach die Miete nicht mehr leisten. Ist das der Tribut, den man zollen muss, wenn eine Straße zur In-Straße wird, wenn sich Zugezogene, Besserverdienende einen traditionellen Kiez aneignen? Ich kann sie nicht fragen, aber ich habe es vielfach gelesen, dass Hiergeborene aus ihrem Reservat poe a poe vertrieben werden.

Vor Schramm´s, eigentlich ein Weinhandel, sitzt ein älterer Mann, in ein Buch vertieft. Ist er echt? Er kommt mir vor wie die Künstler, die in den Fußgängerzonen minutenlang völlig starr in einer Haltung verharren. Er könnte auch aus Madame Tussauds Wachsfigurenkabinett stammen, so denkmalsgleich sitzt er auf seinem Klappstuhl. Als ein Mann aus dem Laden kommt und ihn anspricht, reagiert er wie jemand, der aus einem Tiefschlaf gerissen wird. Entweder ist das Buch superspannend oder er hat die Gabe, sich an einer belebten Straße voll und ganz aufs Lesen zu konzentrieren.

Ich habe es bei der Bergmannstraße schon erwähnt, dass die Kiezstraßen mehr Kultur, sprich mehr Buchhandlungen vorzuweisen haben als der berühmte Kurfürstendamm oder Unter den Linden. Das finde ich immer sehr bemerkenswert. So bringt es die Kastanienallee auf zwei Buchhandlungen. Die Kiezbuchhandlung „Buchbox" gibt sich dabei überhaupt nicht kleinstädtisch. Auf Postern werden Lesungen mit Donna Leon und Martin Suter angekündigt, zwei sehr renommierten, international bekannten Autoren. Der Buchladen „Zur schwankenden Weltkugel" macht schon mal mit einem ausgefallenen Namen auf sich aufmerksam. Prima finde ich dabei, dass es hier zwei eigenständige Buchläden gibt, die nicht zu einer der marktbeherrschenden Unternehmensketten gehören.

Die Familienstraße

Ich habe mehrfach gelesen, dass sich die Kastanienallee zunehmend bei jungen Familien als Wohngegend großer Beliebtheit erfreut. Das kann ich bestätigen. Ich habe einmal in der Straße übernachtet und bin mehrfach dort entlang gelaufen bzw. mit der Straßenbahn unterwegs gewesen. Bei dieser Gelegenheit habe ich zahlreiche Schwangere, junge Mütter und Väter mit Kinderwagen oder einem auf den Bauch gewickelten Baby gesehen. Es waren übrigens mindestens genauso viele Väter wie Mütter.

Beim Warten an der Straßenbahnhaltestelle schaue ich einer Mutter mit ihrem Baby im Kinderwagen zu. Das Kind schätze ich auf ein dreiviertel Jahr. Die Frau holt eine Tupperdose aus ihrer Tasche. Das Müsli darin ist unverkennbar selbst gemacht mit frischen Trauben, Ananas und Äpfeln. Das ist wohl die typische Elterngeneration in der Kastanienallee, die selbst an der Straßenbahn ihren Kids noch ein biologisch gesundes Frühstück anbietet.

Anderntags begegne ich an der Straßenbahnhaltestelle zwei Frauen, die äußerlich einen eindeutigen orientalischen Einschlag haben. Sie unterhalten sich mit ihren Kids im Buggy - in einem astreinen Hochdeutsch. Dieser Nachwuchs lebt mindestens in der dritten, möglichweise schon in der vierten Generation in Berlin. Diese Unterhaltung zwischen Müttern und Kindern ist ein klares Zeichen für mich, dass diese Kinder im Buggy zumindest sprachlich und hoffentlich auch kulturell als Deutsche aufwachsen werden.

Am Ende der Straße sind alle glücklich

Schließlich erreiche ich das Ende der Kastanienallee, die Kreuzung zur Fehrbelliner Straße, und blicke auf „Glücklich am Park", und bin fasziniert, von dem, was ich sehe. Vor dem Haus ist mit Blumenkübeln ein Areal abgesteckt mit einem Café im Freien. Zunächst kann ich nur ganz viele Frauen ausmachen, zwischen den Tischen wuseln Kinder lachend und rufend herum, dann entdecke ich doch zwei Männer mit Kind. Das Szenario kommt mir vor wie die Außenstelle eines Kindergartens. Das ist vermutlich auch das Konzept des „Glücklich am Park". Auf einer Tafel werden Frühstück, Waffeln oder hausgemachtes Eis angeboten. Daneben ein Hinweis auf den Modefashionstore im Haus. Es gibt also alles, was Eltern und Kinder glücklich macht. Und das direkt neben einer viel befahrenen Kreuzung. In der Pfalz würden die Eltern Betonmauern um den Cafégarten hochziehen oder wenigstens massive „Kölner Teller" in den Asphalt rammen, um ihre Kids vor den Autos zu schützen. Berliner Eltern sind da lässiger, die Kinder wachsen mit den Gefahren auf. Und die Muttis schlürfen derweil im Austausch mit anderen Muttis ihren Latte Macciato.

Neues Museum
Téte-á-téte mit Nofretete

Das Neue Museum auf der Museumsinsel

Es ist ein Donnerstagnachmittag. Ich habe richtig Glück. Ich kann am Ticketcontainer in der Bodestraße ohne zu warten eine Eintrittskarte für 10 Euro erwerben und dann sofort das Museum betreten. Als ich vor einigen Wochen hier vorbei kam, betrug die Wartezeit für den nächsten Einlass über zwei Stunden. Es geht also schon gut los.

Im Foyer lasse ich mir einen der kostenfreien Audioguides aushändigen und höre mir die Einführung gleich an. Ein Infoblatt erklärt die einzelnen Abteilungen auf den vier Ebenen: Das sind das Ägyptische Museum, die Papyrussammlung, das Museum für Vor- und Frühgeschichte und die Antikensammlung. Das Ziel meines Besuchs ist also, das Alltagsleben, die Kunst und die Kultur der vor- und frühzeitlichen Völker vom Vorderen Orient bis zum Atlantik, von Nordafrika bis Skandinavien ausführlich kennen zu lernen. Ich gehe sozusagen jetzt in der Zeitrechnung ein paar tausend Jahre zurück

Mein Rundgang beginnt links vom Eingang mit Urnen und Beutekunst. Schon im ersten Raum lerne ich die Hausordnung kennen. Denn die Räume sind sehr warm. Ich ziehe mein Jacket aus und lege es über den Arm. Es dauert noch keine 20 Sekunden, bis der Aufseher neben mir steht und erklärt, dass ich die Jacke entweder wieder anziehen oder an der Garderobe abgeben soll. Ich frage ihn, ob es im ganzen Haus so warm ist. Nein, meint er, im Keller bei den Sakrophargen wäre es noch wärmer. Ich entscheide mich also für die Garderobe, die, zu meinem Erstaunen, gebührenfrei ist. Zwei junge Leute mit einem Rucksack betreten den Raum – es dauert 20 Sekunden - „bitte deponieren Sie den Rucksack an der Garderobe oder in einem Schließfach!" Man darf wohl nichts bei sich tragen, das vom Körper absteht und etwas beschädigen, verkratzen oder sogar umstoßen könnte.

Im dritten Raum fühle ich mich bereits wie ein Sträfling beim Freigang. In jeder Abteilung, die ich betrete, wartet ein Aufseher auf mich, der zwar locker wirkt, mich aber ganz fest im Visier hat.

Tausende aus Stein, Bronze, Eisen, Ton, Holz, Gold oder Silber gefertigte Gebrauchs- und Kunstgegenstände sind in den Vitrinen zu bestaunen. Alles sorgsam sortiert und beschriftet. Sofern eine Audionummer angebracht ist, habe ich die Möglichkeit, diese in meinen Audioguide einzutippen und mir Hintergrundinfos zu dem Objekt anzuhören.

Nofretete befindet sich in einem eigenen Kuppelsaal. An jedem Eingang ein Aufseher und direkt neben der Vitrine zwei Spezial-Agenten, sozusagen die Bodyguards der schönen Dame. Während ich im gesamten Museum nach Herzenslust für den Hausgebrauch fotografieren darf („Im ganzen Haus bitte ohne Blitz", lautet die freundliche Ermahnung eines Aufsehers an einen Blitzer), herrscht bei Nofretete strengstes Fotografierverbot. Es ist schon ein besonderes Gefühl, die Büste der Nofretete im Original vor sich zu sehen. Sie wirkt in ihrer Vitrine viel ansprechender als auf den vielen Fotos, die ich schon von ihr gesehen habe. Gebannt reihe ich mich in die Runde der Leute ein, die andächtig vor der Vitrine verharren.

Am Ausgang des Nofretete-Saals komme ich mit einem Oberaufseher ins Gespräch. Er und seine Leute sind ausschließlich für die Sicherheit in den Räumen zuständig. Sie dürfen den Besuchern auch keine Auskünfte zu der Ausstellung selbst geben. Ob sie immer an der gleichen Stelle Dienst schieben, frage ich. Nein, sie rollieren auf der Ebene, manchmal auch innerhalb des Hauses. Es gibt einen detaillierten Dienstplan. Aber ein Kollege würde stets an der Seite der wertvollen Büste seinen Dienst verrichten. Plötzlich wird ein junger Mann von Nofretetes Bodyguard aus dem Kuppelsaal geschoben. Der Leibwächter ruft dem Oberaufseher neben mir zu: „Der junge Mann möchte den Saal verlassen!" Ich kapiere: Er hat seinen Fotoapparat gezückt. Doch bei Nofretete verstehen die Männer keinen Spaß. Der Besucher wird des Saals verwiesen, ihm droht sogar der Rausschmiss aus dem Museum. Fotos im Umkreis der Nofretete sind absolut tabu.

Nicht nur die Exponate im Neuen Museum sind sehenswert. Die meisten Räume sind ansprechend restauriert und stellen für sich alleine ein Kunstwerk dar. Beides zusammen - Objekte und Ambiente - machen das Neue Museum zu einem gehobenen kulturellen Ziel in Berlin. Die zwei Stunden habe ich als spannend und interessant erlebt, weil auch die ganze Organisation um die Exponate herum durchaus mein Interesse geweckt hat.

Currywurst
Hier gibt´s das Original

Es geht auf 15 Uhr zu. Ich spüre den kleinen Hunger zwischendurch. Zeit und Lust zum langen Essengehen habe ich keine. Das ist in Berlin ja aber auch kein Problem. Schließlich befinde ich mich in der Heimat eines deutschen Nationalgerichts, der Currywurst.

Currywurst bei Konnopke

Kennen Sie Frau Heuwer? Ich meine <u>die</u> Herta Heuwer. Sie kennen Sie nicht? Schade. Dabei hat sie etwas erfunden, das Sie alle schon gegessen haben. Also das war so. Der Herr Heuwer, den Sie dann vermutlich auch nicht kennen, war in amerikanischer Kriegsgefangenschaft und hat dort gerne mal Spare-Ribs gegessen. Als er wieder zu Hause in Berlin war, sagte er am 4. September 1949 zu seiner Frau: Du Herta, heute hätte ich mal richtig Lust auf Spare-Ribs. Die Amis haben dazu immer so eine leckere Tomatentunke gemacht. Die Herta hatte damals einen Imbiss am Stuttgarter Platz. Sie überlegte und kam schließlich auf eine Alternative: Sie schnitt eine Bockwurst in Scheiben, rührte eine pikante Soße mit reichlich Ketchup und Curry an – und schwupps, hatte die Frau Heuwer die Currywurst erfunden. Später ließ sie sich die legendäre rote Chillup-Sauce sogar amtlich patentieren. Herta Heuwer starb 1999, doch die Currywurst ist unsterblich.

Das bekannteste deutsche Schnell-Gericht

Die Currywurst ist aus unseren Innenstädten und Fußballstadien nicht mehr wegzudenken. Generationen von Schülern, Studenten, Arbeitern, Angestellten und Rentnern ernähren sich von ihr. Deshalb, wenn ich schon in Berlin bin, dann muss ich in jedem Fall das Wurstmenü probieren. Das ist wie die Weißwurst in München oder das Kölsch in Köln, es gehört einfach zum Standardprogramm. Obwohl, wenn man die Reiseführer über die Pfalz liest, hat man ja auch den Eindruck, dass in jedem pfälzischen Haushalt mindestens einmal die Woche Saumagen oder Leberknödel auf den Tisch kommen. Das ist ja keineswegs so. Fragen Sie mal einen Pfälzer, wann er das letzte Mal Saumagen oder ein Leberwurstbrot gegessen hat. Der junge Pfälzer isst bestimmt häufiger einen Döner oder eine Currywurst als Saumagen oder „Kesselfleisch". Mit Döner und Currywurst sind wir wieder in Berlin. Apropos Döner: Angeblich wurde der Döner, wie wir ihn in Deutschland kennen, ebenfalls in Berlin erfunden.

Curry 36 in Kreuzberg

Meine erste Einkehr bei einer der klassischen Imbisse in Berlin führt mich zu „Curry 36" in Kreuzberg. Also rein in die U 6 Richtung Alt-Mariendorf. In der U-Bahnstation Mehringdamm nehme ich den Ausgang Mehringdamm. Ja und dort stehe ich nun auf dem Bürgersteig, eine breite Straße vor mir, weit und breit keine Currywurstbude. Es gibt keinen Hinweis, in welche

Richtung ich am besten gehen sollte. Nach etwa einer Minute kommt ein junger Mann vorbei. Ich frage ihn, aber er weiß nicht, wo hier eine Currywurstbude sein sollte: „Ick bin nischt aus diesem Stadtviertel". Triste Leere, keine Menschen unterwegs. Ich entscheide mich nach rechts zu gehen. Nach circa siebzig Metern kommt mir ein älterer Mann entgegen, eindeutig ein Türke. Ich spreche ihn an. Doch schon nach wenigen Worten erklärt er in einem Mischmasch aus Türkisch und gebrochenem Deutsch, dass er nix Deutsch kann. Ich sage trotzdem meinen Satz zu Ende „ .... bekannte Currywurstbude?" Er überlegt einen Augenblick. „Ah, Wurst", er zeigt in die entgegengesetzte Richtung „Haus, andere Seite, gelb, Curry". Mehr muss ich nicht wissen. Ich danke ihm ganz herzlich. Drehe um und finde tatsächlich nach kurzem Laufweg auf der gegenüber liegenden Straßenseite „Curry 36", passend zur Hausnummer Mehringdamm 36.

Die Schlange besteht aus vier Personen, es geht schnell voran. Die Frau am Bräter ist gut drauf. Ich bestelle eine Currywurst mit Pommes.
„Mit oder Ohne?" trällert sie.
Zum Glück hatte ich bei den Wurstbestellern vor mir aufgepasst und kontere: „Mit Darm!".
„Pommes groß oder klein?"
„Groß natürlich".
„Wat se trinken?"
„Apfelschorle."

Die Wurst ist knusprig gebraten, sie schmeckt lecker. Als Pfälzer erwartet man ja eher eine „Rote" im Pappteller. Doch die deutsche Hauptstadtwurst ist nun mal eine Schweine-Dampfwurst, die ich hier mit meinem Holzstäbchen an dem eckigen Metalltisch verzehre. Gegen die Schweinswurst mit Darm ist an sich auch nichts einzuwenden. Allerdings schmeckt mir die Soße zu einseitig nach Tomatenketchup oder vielmehr nach Tomatenpüree, mir fehlt die Currynote. Im Vergleich hat mir die Pirmasenser Currywurst damals besser geschmeckt. Schließlich bin ich mit dieser Currywurst groß geworden. Während meiner Schulzeit war die Bude am Exerzierplatz die zum Leibniz-Gymnasium nächstgelegene Gourmetstelle. Während meiner Ausbildung war es dann Manfreds Imbiss in der Bahnhofstraße, bei dem ich mir des Öfteren eine Currywurst mit Pommes besorgte. Die Pfälzer Currywurst war denn, wie schon erwähnt, eine gebratene Rindswurst, die mindestens schon ein paar Stunden im Bräter bruzzelte. Manfred goss zu dem Curry und dem Ketchup noch ein paar Tropfen von seiner Bratensoße dazu. In diesem Wurstdressing konnte man die Pommes wunderbar tunken. Deshalb ist diese Currywurst bis heute mein persönlicher Maßstab. Eine Currywurst, die, wie zum Beispiel in Berlin am Bahnhof Friedrichstraße, nur mit ein wenig Ketchup und Currypulver garniert wird, ist ja eigentlich eine recht trockene Angelegenheit.

Während meines Mahles beobachte ich vom Bistrotisch aus das Team eines regionalen Radiosenders, das von „Curry 36" aus live in die laufende Mittagssendung schaltet und dabei einen mir unbekannten Berliner Künstler interviewt. Vermutlich lebt diese Wurstbude vom Kultstatus, ihrem Bekanntheitsgrad und von den zahlreichen Berufstätigen, Schülern und internationalen Passanten, die auf dem Mehringdamm an Curry 36 vorbei ziehen.

Ku´damm 195: Curry und Schampus.

Mein Lieblings-Imbiss heißt Bier´s Ku´damm 195. Zum einen schmeckt das Menü super: Currywurst, Pommes und ein Fläschchen Pils. Zum anderen kann man prima Leute beobachten. Der Imbiss ist nicht überkandidelt oder ein abgehobener Laden, wie man ihn am Ku´damm vielleicht erwarten würde. Nö, rein äußerlich ein ganz normaler Schnellimbiss.

Gerne stehe ich abends gemütlich an den Stehtischen und studiere das Publikum und die Speisekarte. Es kommt ein bisschen Ku´damm-Feeling auf. Denn hier nähren sich tatsächlich alle, ob Geschäftsmann, Touri, Handwerker oder Promi. Man sagt, die Promis würden hier zur Currywurst gerne einen Champagner schlürfen. Wenn ich mir die Kühlschränke ansehe, muss ich das wohl glauben, denn es lagern dort eben so viele Sekt- und Champagnerflaschen wie Bierflaschen. Von daher lohnt der Blick auf die Getränkekarte: Mein „Stubbi" Schultheiss-Pilsener (0,33 Euro) kostet 2,10 Euro. Gerne kann ich aber auch eine Flasche Sekt (18 Euro), Champagner (ab 61 Euro) oder eine Flasche DOM Perignan rose für 510 Euro bestellen.

Die Bedienung ist flott. Meine Currywurst erhalte ich auf einem Porzellanteller mit Papierauflage, zum Aufspießen gibt es jedoch einen billigen Plastikstick dazu. Wenn auch nur mit einer „einfachen" Ketchup-Curry-Mischung gewürzt, schmeckt das Menü tatsächlich gut, die Pommes sind appetitlich knusprig.

Eine Frau um die 50 Jahre mit Kostüm, Pumps und Lederjacke nimmt den Stehtisch neben mir in Beschlag. Ihre blonde Freundin folgt kurz darauf. Gegen 23 Uhr genehmigen sie sich eine Currywurst mit Pommes und Mayo. Ein anderes Mal kann ich einem jüngeren Paar zuhören, bei dem er laut von großen Projekten und einer zweiten Filiale spricht, sie ihm zuhört, ihn bestätigt. Das Nicken hat er sich wahrscheinlich mit dem Piccolo Champagner erkauft, das er ihr zum nächtlichen Imbiss spendiert. Wesentlich ruhiger dagegen wirken die beiden Mitarbeiter einer Securityfirma, die für diesen Job eher schmächtig wirken und sich genüsslich an ihrer Flasche Bier festhalten. Ich lausche Elaiza´s „Is it right" im Hintergrund. Angeblich sollen Boris Becker, Jeanette Biedermann und mehrere andere Promis ab und zu bei diesem Imbiss vorbei schauen. Na ja, meine Wurst schmeckt auch ohne Promis. Es sind beinahe alle Stehtische belegt, der Laden läuft, bis spät in die Nacht.

Der Klassiker schlechthin: Konnopke.

„Verkehrsgünstige" Lage – Konnopke in der Schönhauser Allee

Stellen Sie sich vor, Sie hätten in Ihrer Heimatstadt in der Mitte einer vierspurigen Bundesstraße eine Bierzeltgarnitur aufgebaut – zwei Fahrbahnen rechts, zwei Fahrbahnen links. Und weil es noch nicht laut genug ist, brettert alle 10 Minuten ein Zug über diesen Platz. Würden Sie sich dort hinsetzen, um gemütlich etwas zu essen? Ich sage Ihnen: In Berlin werden Sie es tun. Denn genau an einem solchen Platz steht der Imbiss von Konnopke. Dieser Imbiss ist wohl Berlins berühmteste Currywurststation. Ich residiere gerade mitten in der Schönhauser Allee 44a in Prenzlauer Berg in einem kleinen Zelt auf einer Holzbank. Vor mir und hinter mir rasen jeweils zweispurig die Autos auf der B 96 vorbei. Über mir rattert alle paar

Minuten die U-Bahn. Ja, Sie haben schon richtig gelesen. Die Untergrundbahn 2 fährt hier ausnahmsweise als Hochbahn über der Straße.

Ich blicke auf verschiedene Läden, zum Beispiel auf „Subway", die Tutti-Bar, einen nicht ganz so eleganten Internet- und Handyladen und auf eine Kneipe. Trotzdem fühle ich mich gut und genieße mitten auf einer Bundesstraßeninsel die Currywurst mit einer großen Portion Pommes. Konnopkes Slogan „Die Wurst ist Balsam für Seele und Magen„ trifft zumindest für den Magen zu. Balsam für die Seele stelle ich mir etwas verkehrsärmer vor. Dennoch: Das Menü mit dem hausgemachten Ketchup, das seit jeher nach einem geheimen Familienrezept hergestellt wird, mundet prächtig. Die frittierten Kartoffelstreifen sind knusprig. Seit 1930 verkauft die Familie Konnopke Würste in Berlin. Die Erfahrung kann man schmecken, sie ist gut gewürzt. Nach drei Stunden Besichtigungswandern im Prenzlauer Berg ist die Currywurst die passende Stärkung,

Witty´s mit Blick aufs KaDeWe

Eines muss ich gleich vorwegstellen: Bio-Wurst + Bio-Curry + Bio-Ketchup + Bio-Pommes + Blick auf das KaDeWe = teurer = 5,60 Euro für eine Portion Currywurst mit Pommes. Die Schweinswurst mit Pelle schmeckt wirklich lecker. Ich habe das beruhigende Gefühl, Bio zu essen, ein Stück deutsche Wurst von glücklichen Schweinen und handgeerntete Kartoffeln, die ganz ohne Düngemittel groß geworden sind. Beim Geschmack kann ich jedoch keinen Unterschied erkennen zu den Würsten von Curry 36 oder Konnopke. Die Fritten sind viel größer als sonst, haben die Form von Country-Potatoes. Der Kartoffelgeschmack dringt durch. Ein Pluspunkt für die Bio-Pommes. Doch leider reicht das Ketchup nicht aus, um alle Pommes genüsslich durch das rote Mus zu ziehen.

Wie gesagt, 5,60 Euro kostet das Menü. Am Mittag habe ich in einer Kantine für das gleiche Geld Lachs im Reibekuchenmantel mit Gurkensalat und Rosmarinkartoffeln gegessen. Das nur zum Vergleich. Ich nehme meine Wurst-Pommes-Kombi in der warmen Abendsonne ein, am Bistrotisch, das KaDeWe in seiner Pracht im Visier. Bei Witty´s am Wittenbergplatz ist viel los, da viele Passanten von der U-Bahn in die Einkaufsmeile Tauentzienstraße pilgern und auch der Straßenverkehr fließt nahe an der Bude vorbei.

Aber das ist bei den Currywurstbuden in Berlin und auch sonst wo meist das gleiche. Sie sind nun mal dort platziert, wo viele Menschen unterwegs sind. Am besten Leute, die hungrig sind und auf die Schnelle gerne eine Currywurst mit Pommes wegputzen - ob Bio oder Nicht-Bio, das ist jedem Gourmet selbst überlassen. Nur ein wäre falsch: In Berlin keine Currywurst zu probieren.

Alexanderplatz
Der Menschen-Knotenpunkt

Berlin Alexanderplatz. Da denken die meisten Leser sofort an den bekannten Roman von Alfred Döblin. Darin erzählt er die Geschichte des Transportarbeiters Franz Biberkopf, der nach seiner Haft in ein ehrliches Leben zurückfinden möchte. Schauplatz des Romans ist das Berlin der 1920er Jahre. Schon damals war der „Alex" ein wichtiges Verkehrs- und Einkaufszentrum im östlichen Berlin. Es gab bereits eine S-Bahn- und eine U-Bahn-Station, das Kaufhaus Tietz war ein Käufermagnet.

Die S-Bahn hält, ich bin da. Gleich betrete ich den legendären Alexanderplatz im Bezirk Mitte. Doch der liebe Gott oder vielmehr die Bahnhofsplaner stellen mich bei meinem ersten Abstecher zum Alex vor die Herausforderung, wie ich überhaupt zum Alexanderplatz gelange. Mir ist schon klar, dass ich vom S-Bahnhof mit der Rolltreppe erst eine Etage tiefer fahren muss. Doch welchen Abgang nehme ich? Und welchen Ausgang?

Weltzeituhr und Hotel Park Inn am Alex

Mit etwas Geduld erspähe ich ein Schild „Alexanderplatz" mit einem Pfeil nach links – in entgegengesetzter Richtung zum Fernsehturm. Zwischen Galeria Kaufhof und C&A finde ich schließlich einen Zugang zum „Alex".

Ich laufe direkt zur Platzmitte. Der erste Eindruck ist enttäuschend. Rundum sehe ich nur eine trostlose, mit vielen grauen Steinen und Betonplatten ausgelegte Fläche, nichts, was dem Platz ein Gesicht, einen Charakter, etwas Anheimelndes geben könnte. Die mehrstöckigen Häuser von C&A und Sparkasse mit ihren Natursteinverkleidungen markieren den Platzrand. Das moderne Gebäude mit der auffälligen Saturn-Reklame passt jedoch kaum zu dieser Architektur.

Um mich herum bewegen sich viele, viele Leute. Der als folkloristisch bezeichnete bunte Brunnen der Völkerfreundschaft nimmt eine beachtliche Fläche ein und ist Treffpunkt für alle, wirklich alle Nationalitäten und Typen. Die Weltzeituhr, die in vielen Reiseführern als ein typisches Motiv für den „Alex" gezeigt wird, steht - durch Straßenbahnschienen abgetrennt - bescheiden am Rande des Platzes im Schatten des Sparkassengebäudes.

Na ja. Für mich als Pfälzer würde der Alexanderplatz in der Liste der urigsten deutschen Plätze nicht auftauchen. Da hat zum Beispiel der Rathausplatz in Landau weitaus mehr Atmosphäre. Das sehen Menschen, die in Berlin beziehungsweise in der ehemaligen DDR aufgewachsen sind, sicherlich ganz anders. Für sie war der „Alex" das Einkaufsmekka der gesamten DDR. Denn im dortigen Centrum-Kaufhaus gab es Waren, die sie sonst nirgends im Lande erwerben konnten. Nachfolger ist die Galeria Kaufhof am Alex. In der Rangliste der Berliner Shoppingtempel rangiert das Kaufhaus zwar hinter KaDeWe, Galeries Lafayette und den bekannten Malls. Es lässt aber zumindest an dieser Stelle eine jahrzehntelange Einkaufstradition am „Alex" weiterleben und bietet ein umfangreiches Sortiment mit vielen bekannten Modemarken.

Da der Platz samt seiner Umgebung im April 1945 weitestgehend zerstört und ab den 1960er Jahren verändert wieder aufgebaut wurde, hat der heutige Alex mit dem Alexanderplatz von Alfred Döblin sicherlich keine Gemeinsamkeit mehr. Die Menschen kommen daher nicht zum Alex, weil er interessant ist, sondern der Alex ist interessant, weil so viele Menschen hierher kommen.

Auffällig ist das Hotel Park Inn mit 37 Stockwerken. Dieses etwa 150 Meter hohe Gebäude ermöglicht aus den Zimmern in den oberen Etagen einen weiten Blick über die Stadt. Das Hotel bietet ab und zu ganz vernünftige Sonderpreise, so dass sich eine Übernachtung mit Weitblick durchaus lohnt. Ich wohnte später einmal eine Nacht im 14. Stock und hatte morgens einen erwachenden Blick auf den Alexanderplatz und natürlich weit darüber hinaus bis Unter den Linden. Es war leider ein grauer Morgen. An schönen Tag empfehle ich einen Besuch der Panorama-Terrasse im obersten Stockwerk des Park Inn. Für ein überschaubares Eintrittsgeld von drei Euro erhält man den Blick auf zahlreiche Sehenswürdigkeiten in der näheren Umgebung.

Was mir nie ganz klar geworden ist: Gehört der Fernsehturm nun zum Alexanderplatz oder nicht? Er befindet sich hinter dem S-Bahnhof und seine offizielle Adresse lautet Panorama-straße 1a. Manche Berliner reden vom Fernsehturm „auf dem Alex", andere sprechen vom Fernsehturm „am Alex". Auf jeden Fall gehört er zum Gesamtbild irgendwie dazu.

Aus meiner Sicht ist der „Alex" vor allem ein wichtiger Verkehrsknotenpunkt und eine geografische Orientierungshilfe in Berlin Mitte. Als herausragende Sehenswürdigkeit stufe ich ihn in der heutigen Zeit eher nicht mehr ein. Wie gesagt, für manche Besucher versprüht er noch den Ost-Charme. Da ich diesen besonderen Charme jedoch nie kennengelernt habe, sehe ich den Alexanderplatz nur als eine farblose Fläche an. Einzig die Straßenlaternen mit den beiden zylinderförmigen Glaskörpern tragen noch zu einer speziellen Note bei. An den Masten sind jeweils zwei Papierkörbe angebracht. Das ist genauso funktional wie die Citytoilette auf dem Platz. Lediglich die orangefarbene Leuchtreklame von SATURN in der Nord-Ost-Ecke bringt ein wenig Farbe auf den oft trüben Alex.

Aber vielleicht ändert sich ja meine Sicht-Weise. Ich setze mich eine halbe Stunde mitten auf den Alex an den Brunnen und beobachte die Leute. Ich sehe, wie man so schön sagt, alle Sorten Leute: Spielende Kinder, Punker, Obdachlose, Glücks-spieler, Musikanten, Anzug tragende Büroleute, coole Schüler,

Polizisten, Touristen mit zig verschiedenen Nationalitäten und Unzählige zur U-, S- oder Straßenbahn eilende Menschen. Immerhin steigen am Verkehrsknotenpunkt Alexanderplatz jeden Tag mehrere hunderttausend Fahrgäste in öffentliche Verkehrsmittel ein oder aus. Drei S-Bahn-, drei U-Bahn-, mehrere Straßenbahnlinien und die Regionalzüge treffen nämlich am Alex zusammen.

Eine besondere Spezies sind die Bratwurstverkäufer, lauter Ein-Mann-Unternehmen und damit die kleinsten Firmen Berlins. Sie tragen den Bräter wie einen Bauchladen vor sich her und verkaufen ihre Bratwürste direkt vom Bauch weg. Jemand, der bei jedem Wetter lieber als lebendige Bratwurstbude über den Alex tingelt statt in seiner Wohnung vor der Glotze zu sitzen und nur von der Sozialhilfe zu leben, verdient meinen vollen Respekt. Eine Wurst geht immer, bin ja Pfälzer. Deshalb ist es für mich selbstverständlich, einem dieser Männer eine Bratwurst für einen Euro abzukaufen. Während ich sie verdrücke betreibe ich weiter konzentriertes People-Seeing am Alex.

In Hörweite fällt mir eine Frau auf, in Armeekluft, mit roten Haaren, Ringen durch Lippen, Nase und Ohren. Für mich Provinzler ist sie eine ausgefallene Type. Für den Alex ist sie ein normaler Passant. Aufmerksam werde ich auf die Frau durch einen lauten Befehl, den sie ihrem deutschen Schäferhund zuruft: „Alexander - Platz!". Ich grinse. Das ist ein origineller Name für einen Rüden, mit dem sie tagein und tagaus auf Berliner Straßen und Plätzen unterwegs ist und sich vermutlich oft auch die ganze Nacht dort aufhält.

Rund um die Weltzeituhr drängeln sich Touris aus aller Welt, fotografieren oder lassen sich fotografieren. Die Japaner postieren brav und geordnet, die Kinds einer deutschen Schulklasse sind schwieriger einzufangen. Aber alle haben schließlich ihr Erinnerungsfoto im Kasten.

Einige sagen, die Menschenvielfalt macht gerade den lebendigen Reiz des Alexanderplatzes aus. Andere Leute und ich sagen: Jede Menge Typen, sonst nicht viel zu sehen. Na ja, schauen Sie selbst mal vorbei und machen Sie sich Ihr eigenes Bild vom Alex - aber bitte vor der Weltzeituhr.

PS: Bei meinem letzten Besuch empfand ich die Atmosphäre auf dem Alex irgendwie ein wenig anders. Kein Wunder, denn plötzlich ist Primark da! Reihenweise sitzen junge Leute vor dem Laden auf den meterlangen Stufen, die typischen Primarktüten als Günstig-Shoppen-Trophäen um sich herum gestapelt. So bringt ein Laden frischen Wind auf den altehrwürdigen Alexanderplatz.

Barcomi´s

Erfüllte (Kuchen-)Träume

Bei einem Kurzurlaub in Berlin wünschte sich meine Frau, den Kreuzberg kennen zu lernen. „Lass uns mit dem Bus dort schnell mal durchfahren", schlug sie vor und ich spürte ihren Respekt vor dem berüchtigten Stadtteil. „Gerne zeige ich dir den Kreuzberg", bot ich ihr an, „aber wir gehen zu Fuß". Ungläubig und mit einigem Unbehagen folgte sie mir. Und siehe da: Kein Mensch ist uns auf die Pelle gerückt, es wurde ein ganz normaler Trip durch ein lebensnahes Viertel.

Den Abstecher auf den Kreuzberg plante ich bewusst so, dass wir zur nachmittäglichen Kaffeezeit in der Bergmannstraße unterwegs waren. Ich entführte Elke in die Kaffeerösterei Barcomi´s und landete damit einen Volltreffer.

Vier kleine Stücke Torte zum Probieren – köstlich

Über das Café hatte ich schon vieles in verschiedenen Reiseführern gelesen. Doch an diesem Tag war für mich als „Nicht-Kaffeetrinker" ein guter Zeitpunkt, bei Barcomi´s einzukehren. Schließlich hatte ich eine erfahrene Kaffee- und Kuchen-Expertin an meiner Seite.

Das kleine Kaffeehaus wird immer wieder gelobt wegen seiner Backwaren im amerikanischen Stil, wie zum Beispiel Bagels, Brownies, Cookies, Cakes mit deutscher Hausmannskostqualität, und wegen seines Kaffees. Familie Barcomi röstet den Kaffee stets frisch, daher kann sie unzählige Kaffeevarianten anbieten.

Als wir den Laden betreten, fällt uns gleich die Röstmaschine im Schaufenster auf. Doch unser Blick wandert sogleich zu der Kuchentheke. Das Angebot lässt unsere Kuchenherzen höher schlagen. Die verführerischen Spezialitäten wie New York Cheesecake, Devil's Food Cake, Lemon Meringue Tarte, Classic Cream Scone, Blueberry-Muffins machen Appetit.

Zu verdanken haben wir dieses süße Erlebnis Cynthia Barcomi. Nach ihrem Studium der Philosophie und der Theaterwissenschaften an der Columbia Universität in New York und nach ihrem Job als Tänzerin kam sie nach Berlin, wo sie ihre Leidenschaft für das Backen zum Beruf machte und 1994 die Kaffeerösterei in der Kreuzberger Bergmannstraße eröffnete.

Wir können uns nicht entscheiden, welches Stück Kuchen wir bestellen sollen. Doch dann kommt die entscheidende Entdeckung: Das Café bietet einen gemischten Kuchenteller mit vier kleinen oder halben Stücken Kuchen zum Probieren an. Das ist die Lösung, der Kuchen ein Gedicht. Die Menge ist für zwei Personen mehr als reichlich bemessen, wir müssen uns anstrengen, das leckere Quartett zu bezwingen. Elke findet den Kaffee hervorragend, ich gönne mir ein großes Glas Milch.

Das Kaffeehaus hat eine eigene, ganz besondere Atmosphäre: einfache Tische zwischen schwarzen Ledersofas und Retrostühlen mit weißen Sitzschalen und schlanken hölzernen Stuhlbeinen. Die meisten Gäste plaudern angeregt miteinander, manche lesen Zeitung. Wir sehen eine Hinterhofterrasse, die im Sommer sicherlich gerne genutzt wird.

Neben den klassischen Kuchen bietet Barcomi's auch Cupcakes an - jede Woche eine andere Sorte: Red Velvet Cupcakes, Banana Chocolate Cupcakes, Black Forest Cupcakes. Wer neugierig ist, kann sich auf Facebook über die jeweils aktuelle Sorte informieren.

Alle Rezepte zum Nachbacken

Aus ihren amerikanischen Backkünsten macht Cynthia Barcomi kein Geheimnis. Denn 2007 veröffentlichte sie ihr erstes Backbuch. Diesem erfolgreichen Erstling folgten mittlerweile weitere anregende Bücher. Die in manchen Berichten als Berliner Kuchen-Queen betitelte Unternehmerin betreibt auch einen Cateringservice, der unter anderem das Hotel Adlon, verschiedene Botschaften, Filmproduktionen und Kunstgalerien beliefert. "Ich bin zum Backen und Kochen geboren", sagt Cynthia Barcomi auf ihrer Website. Und wir sagen: Gottseidank! Denn das Barcomi's war sicherlich ein kulinarisches Highlight bei unserem Bummel durch den Kreuzberger Kiez.

Die Tochter in Mitte

1997 eröffnete Cynthia Barcomi in Berlin Mitte das Barcomi´s Deli. Es ist zwischen der Sophien- und Gipsstraße in den Sophie-Gips-Höfen zu finden, ganz in der Nähe des Hackeschen Markts. In dem ganzen Trubel rund um die Hackeschen Höfe ist das Bistro der ideale Platz für eine Ruhepause, ein gemütliches Plätzchen für eine leckere Zwischenmahlzeit. Im Sommer bietet der romantische Innenhof schattige Plätze.

Doch heute mache ich es mir drinnen auf einem Ledersofa gemütlich. Die Speisekarte lockt mit den selbst gemachten Kuchen aus dem Kreuzberger Stammhaus. Zusätzlich bietet die Küche kleine Imbisse, Sandwiches und Salate, handgemachte Bagels, Gebäck, Kaffee aus der eigenen Rösterei und eine bunte Auswahl an Tees. Ich genieße das Bircher Müsli mit frischen Äpfeln, Beerenfrüchten, Joghurt und Haselmüssen. Die vielen kleinen Tische im oberen Raum, die bequemen dunklen Lederbänke und die farblich gemischten Retrostühle sorgen für die besondere Atmosphäre. Beim Gehen werfe ich noch einen Blick in die Theke, die sehr appetitlich Backwaren und Kaffee zum Mitnehmen anbietet.

Oranienstraße

Die Pulsader im wilden Kreuzberg

Legendäres Lokal in der Oranienstraße – die „Rote Harfe"

Ich bin schon ein wenig gespannt, als ich den U-Bahnhof Moritzplatz über den Ausgang Oranienstraße verlasse und damit den oft als besonders rau bezeichneten Teil Kreuzbergs betrete. Jede Straße oder Region hat ein Image, das meist von Berichten in den Medien geprägt ist. Hausbesetzungen, Straßenschlachten, Demonstrationen von Türken und anderen eingewanderten Bevölkerungsgruppen – das sind Bilder, die ich von Berlins angeblich wildestem Stadtviertel kenne. Bemalte oder besser gesagt mit Farbe verschmierte Häuserfronten bestätigen das Bild, das mir vor Augen schwebt.

Zwischen dem Heinrichplatz und dem U-Bahnhof Görlitzer Straße tobte in den 1980er Jahren die Hausbesetzer-Welle. *Die Oranienstraße ist die Hauptstraße des schlichten Teils von Kreuzberg. Als Besucher darfst du dich von nichts schocken lassen, hier ist alles möglich, hier dreht sich die Welt anders* (als in der beschaulichen Pfalz). Solche Aussagen über die Oranienstraße sind in Büchern und im Internet zu lesen. An den zahlreichen türkischen Läden zeigt sich, dass im Kreuzberg die größte türkische Gemeinde außerhalb der Türkei wohnt. Dass neben den Frauen mit Kopftuch und in langen schwarzen Mänteln auch jede Menge Punks mit bunten Haaren und junge Leute mit Piercings unterwegs sind, ist überraschend, aber nur für den Auswärtigen.

Na denn los, denke ich mir, jetzt lerns'te Berlin mal richtig kennen.

Das Spektrum an Geschäften ist so breit wie auf einem orientalischen Basar. Einfache Läden, alternative Geschäfte, alteingesessene Kneipen, stylische Boutiquen, illustre Bars, bekannte Treffpunkte für Homosexuelle, internationale Restaurants sowie ein großer Anteil von Menschen aus allen Ländern Osteuropas sorgen für ein wechselhaftes Straßenbild und, wie man hört, für ein lebendiges Nachtleben.

Die Vielfalt des Angebots überrascht mich durchaus. Natürlich werden die Waren in der Oranienstraße nicht in dem edlen Ambiente angeboten wie am Ku´damm oder in der Friedrichstraße. Doch ich entdecke einen Musikinstrumentenhändler, zähle mehrere Buchhandlungen und sogar Galerien. Das bedeutet für mich, dass es hier im tiefsten Kreuzberger Kiez mehr Kultur zu kaufen gibt als in vielen High-Society-Straßen von Berlin. Und in einem Geschäft hängen Trikots von Hertha BSC Berlin. Die Menschen identifizieren sich also mit ihrem Fußballbundesligaverein. Das sollte durchaus erwähnt werden. Denn gemeinhin geht man als Besucher des Kreuzbergs davon aus, ausschließlich die Vereinsfahnen sämtlicher Istanbuler Fußballclubs vorzufinden.

Oranienplatz

Ich mache es mir für ein paar Minuten auf einer Bank am Oranienplatz bequem. Der Brunnen wirkt sehr alltäglich, benutzt, nicht so gepflegt und auch nicht für Touristen poliert. Hier haben wir doch schon mal gesessen, meint eine feine, ältere Frau zu ihrem grauhaarigen Mann und deutet Richtung Kuchen Kaiser. Das Café/Restaurant wird in einzelnen Reiseführern für seinen guten Kuchen erwähnt. Mich zieht es jedoch in einen anderen Laden am Oranienplatz. Er nennt sich *art en chocolat*. Hier kann man nicht nur handgeschöpfte Schokolade genießen, sondern auch Espresso, Torten, Suppen, Eis und Kunst.

Ich streife weiter auf der Oranienstraße. Es duftet nach Gegrilltem, Curry liegt in der Luft. Dann schnappt meine Nase etwas Süßes auf: Vanille vielleicht? „Cassonade" heißt der Laden, der Waffeln anbietet. Oder backt hier gerade jemand Crepes? Direkt daneben Hakata mit „Japanese Food". Einige Häuser weiter bin ich mir jedoch ganz sicher: Das ist Pizza! So international wie die Läden und Imbisse ist der Duft, der über der Oranienstraße schwebt, kulinarischer Smokalarm. Manchmal zieht auch ein starker Hauch von Knoblauch an meiner Nase vorbei. Dieser Duft kommt jedoch nicht aus den Geschäften, sondern wird mir von manchen Bürgern angedeiht, die an mir vorbei laufen.

Und dann das ...

Ich bin gerade mal zwanzig Minuten in der Oranienstraße unterwegs, den Finger stets am Abzug, falls eine Horde wilder Türken über mich herfallen möchte. Und dann passiert das: Ein älterer, blinder Mann läuft an mir vorbei. Mit seinem weißen langen Stock ertastet er sich auf dem Bürgersteig seinen Weg. Er ist schon ein paar Sekunden an mir vorbei, als ich plötzlich hinter mir ein lautes Scheppern höre. Ein junger Mann, der auf mich zukommt, spurtet los. Ich drehe mich um. Was ist geschehen? Der blinde Mann hat an der Kreuzung ein Fahrrad umgeworfen. Er versucht zu ertasten, was er da tuschiert hat, vermutet wohl, dass es ein Fahrrad ist und versucht es aufzuheben. Eine junge Frau und zwei weitere Männer rennen zeitgleich zu dem Blinden hin. Sie beruhigen ihn, es sei nichts Schlimmes passiert. Sie heben das Fahrrad für ihn auf und erklären ihm, in welche Richtung er seinen Weg fortsetzen kann. Ich habe gerade ein spontanes Wettrennen der Hilfsbereitschaft miterlebt. Und das im tiefsten Kreuzberg in einer der berüchtigsten Straßen Berlins.

Übrigens: Der blinde Mann kam vermutlich von der Arbeit in der „Imaginären Manufaktur", landläufig auch Blindenanstalt genannt. Sie beherbergt eine Werkstatt mit Verkaufsraum für Produkte, die von behinderten Menschen in Handarbeit und mit hochwertigen Materialien hergestellt werden. Die Gewinne fließen in die Behindertenarbeit. Mittlerweile werden auch „Alltagsprodukte" nach Entwürfen von Designern angefertigt.

Etwa in der Mitte der Oranienstraße passiere ich den Heinrichplatz. Er galt früher als das Zentrum des radikalen Kreuzbergs. Noch heute macht er bei der jährlichen Straßenschlacht am 1. Mai Schlagzeilen. Um den Platz herum tummeln sich zahlreiche Kneipen. Zwei davon sind legendär: „Zum Elefanten" und „Rote Harfe". Hier trafen sich die rebellierenden Bewohner in den 1970er Jahren, um Pläne zu schmieden, wie man die Sanierungsvorhaben der Stadt verhindern kann. Nicht wenige Revolten und Straßenkämpfe nahmen hier ihren Ursprung.

Internationaler geht es kaum

Natürlich sind die Geschäfte und deren Auslagen auf die meist türkischen Einwohner ausgerichtet. Ich fühle mich bisweilen schon wie in einer orientalischen Straße. Mit dem Blick des Pfälzers ist es für mich erstaunlich, wie viele Schaufenster komplett in türkischer oder arabischer Sprache beschriftet sind. Gut, die Lebensmittelläden sind auch in anderen Bezirken, wie zum Beispiel am Prenzlauer Berg, auf türkische Käufer eingestellt. Doch hier werben auch nicht türkische Ladeninhaber in türkischer Sprache. In den Friseurläden sind Türken zugange, auf und hinter dem Stuhl. Die Bäckerei heißt Melek Pastanesi, der Burger- und Suppen-Imbiss Sarrumma. Ich streife auch an einer Bar vorbei, die nicht gerade einen einladenden Eindruck auf mich macht, aber sie ist in Betrieb, das Licht brennt. Ich sehe ein Café, es nennt sich Aurora. Die Sessel sind abgewetzt, doch die Kuchen in der Vitrine sehen lecker aus. Das Paar, das ich durch das geöffnete Schaufenster am ersten Tisch beobachten kann, könnte ohne weiteres aus Berlin-Mitte oder beispielsweise aus der Pfalz stammen.

Die Waren in den Schaufenstern sind Dinge des täglichen Lebens, keine Luxusgüter und meist auch keine exquisiten Markenartikel. „Zentralrad" ist ein origineller Name für einen Fahrradhändler. Lustig auch die Kneipe „Schmitz Katze". Dazwischen Lebensmittel Hillmann, der an dem heutigen Herbstnachmittag sogar Pfälzer Federweißer von Rudi Rüttger - vermutlich ein pfälzischer Winzer - anbietet. Wie der adrette Naturkostladen Kraut & Rüben am Heinrichplatz, der ebenfalls Federweißen und Zwiebelkuchen offeriert.

Und es geht noch anders: Ich finde Brandenburger Landwaren, also Bio-Lebensmittel aus der Umgebung Berlins und eine ayurvedische Feinkost-Manufaktur, die ebenfalls ihr Domizil in Kreuzberg aufgeschlagen hat. Kulinarische Globalisierung – das ist die Oranienstraße.

Wo die Post abgeht ...

Es ist für mich immer wieder spannend, in echt vor einer Einrichtung zu stehen, über die ich in verschiedenen Büchern höchst Skurriles gelesen habe. So wie zum Beispiel über das „SO 36". Es ist schwer, die Lokalität zu beschreiben. Vor Jahren ein legendärer Treffpunkt für Punker, ist das SO 36 nun offiziell eine Kultureinrichtung mit unterschiedlichen Programmen. Fakt ist: Der Live-Club ist stadtbekannt. Einerseits als legendärer Ort für Konzerte und wilde Tanz-Veranstaltungen. Anderererseits als Treffpunkt für Homosexuelle und für schwul-lesbische Partys. Einige Veranstaltungen laufen in türkischer Sprache.

Für die Oranienstraße trifft in vollem Umfang die Beschreibung eines Berliner Kiezes zu: Die Menschen finden hier alles, was sie zum Leben und für ihre unterschiedlichen Bedürfnisse brauchen. Daher ist der Kiez bzw. die Oranienstraße ein in sich geschlossener Lebensraum, den viele Bewohner nur selten verlassen.

Aber ich werde die Straße nun gleich verlassen, bin zum U-Bahnhof Moritzplatz zurückgekehrt. Diese Exkursion weit weg von dem Reiseführerberlin hat meine Sicht auf die Stadt wieder um ein gewaltiges Stück erweitert. Die Tour war ein spannendes Ereignis.. Mit zahlreichen neuen Eindrücken und ohne Blessuren kehre ich in den ruhigen, beschaulichen Westen zurück.

Grips-Theater

Linie 1 - ein sehenswertes Musical

Na, wie ein Theater sieht das von außen nicht aus. Ich verlasse die U-Bahn-Station und finde nur deshalb gleich den Weg zum Eingang, weil dort viele Menschen zu sehen sind. Ich betrete den kleinen, nüchternen Vorraum des Grips-Theaters. An der Kasse tausche ich mein Ticket von Hekticket gegen eine Eintrittskarte ein. Wieder ein Schnäppchen gemacht: Statt 22 Euro kostet mich das Vergnügen nur 12 Euro. Die ältere Dame in der Ticketkabine wünscht mir viel Spaß und erklärt: „Um 19.15 Uhr ist Einlass, es herrscht freie Platzwahl". An der Garderobe sehe ich eine Nummerierung bis 360. Ich vermute, so viele Plätze wird das Gripstheater haben.

Unmittelbar nach meiner Ankunft überfällt eine Schulklasse das Foyer. Und dann noch eine. Verstohlen schaue ich mich um, ob außer mir noch jemand älter als 25 Jahre ist. Vereinzelt entdecke ich einige Ü25-iger, die Lehrerinnen und Lehrer eingeschlossen. Zwei Männer an der kleinen Eckbar heben den Altersschnitt sprunghaft an. Die Getränkekarte in einem DIN A2-Rahmen an der Wand lädt in die GRIPS Bio-Bar ein. Da mir weder nach ZischBioHolunder, Rharbarber oder grünem Tee zu Mute ist, gönne ich mir ein fränkisches Neumarkter Lammsbräu alkoholfrei, ein Getränk aus der nachhaltigsten Brauerei der Welt. Es schmeckt recht ordentlich.

Eine Oberstufenschülerin fragt in die Runde ihrer Mitschüler: „Ist das jetzt ein Musical, eine Revue oder ein Theaterstück?" Niemand antwortet. Ein Mädchen unterbricht die ratlose Stille mit der Ankündigung „Ich glaube, das geht drei Stunden lang". Ein junger, dunkelblonder Mitschüler schlägt sich mit den flachen Händen hörbar an die Stirn und stöhnt: „Oh, nein!". Die Szene erinnert mich an Stefan in den legendären Heinz-Becker-Filmen. Er vergräbt sein Gesicht in den Händen. Ein klares Signal: Dieser Zuschauer ist nicht freiwillig hier.

Ich kaufe mir ein Programmheft, blättere darin und bin maximal überrascht. Es kostet zwei Euro. In der Broschüre wird eine Menge über das Stück und das Leben in Berlin erzählt. Sogar einige Liedertexte kann ich nachlesen. Das ist außergewöhnlich. Normalerweise steht in einem Programmheft eines Musicaltheaters für 10 Euro alles Mögliche drin, nur nichts über das Stück. Keine ausführliche Inhaltsbeschreibung, keine Hintergründe zu den Figuren und schon gar keine Liedertexte. Ich sage das laut heraus. Die junge Frau an der Kasse freut sich über das Kompliment und erwidert: „Ja, dieses Heft ist mit ganz viel Liebe gemacht". Das sehe ich – und das für nur zwei Euro. Die Dame lächelt stolz und wünscht mir ebenfalls viel Spaß im Grips-Theater.

Zehn nach Sieben. Die Menschenmenge verteilt sich taktisch im ganzen Vorraum und bewegt sich ganz dezent aber zielgerichtet auf die beiden Eingänge zu. Ach ja, freie Platzwahl. Die Eingangstür auf meiner Seite hat nichts festliches, nichts von einem Barock-, Renaissance- oder Jugendstilinterieur. Die graue Flügeltür gehört eher zur Gattung der Sicherheitstüren für Heizungskeller. Um 19.15 Uhr öffnet sie sich, die Zuschauer schieben sich schnellen Schrittes in den Raum und verteilen sich hastig auf den freien Sitzplätzen. Ich ergattere einen vernünftigen Außenplatz am Rande der sechsten Reihe. Die acht Reihen auf der Geraden und die jeweils sechs Reihen auf den Seiten sind schnell gefüllt. Es hat etwas von einer Turnhalle. Es gibt keine Bühne. Man schaut wie beim Handball auf die relativ kleine Fläche, die von der Ost-, Nord- und Westtribüne eingegrenzt wird. Ein auffällig lautes Geschnatter verbreitet sich im Saal. Meine Sitznachbarin fragt mich, ob sie mal mein Programmheft schnorren darf. „Klar". „Ich werde auch keine Buchstaben rauslesen. An dem Trick arbeite ich nämlich noch". Aha, schau an, das ist ja eine ganz Lustige.

Nun hat der junge Mann in den Jeans und im grauen T-Shirt seinen Auftritt. Um 19.30 Uhr schleicht er in den Mittelkreis unseres kleinen Handballfeldes und erklärt die Spielregeln, von wegen Handy ausschalten, nicht filmen oder fotografieren. Dann geht´s los, das Musical über die Menschen in der U-Bahn-Linie 1, über ihre Geschichten und ihre Schicksale.

Ein junges Mädchen kommt zum ersten Mal nach Berlin. Sie sucht nach einem Rockmusiker, in den sie sich verliebt hat. Auf ihrem Streifzug durch die Großstadt begegnet sie skurrilen, hoffnungslosen, abgestumpften Menschen. Durch ihre unbekümmerte Kontaktfreudigkeit eines Provinzgirls und ihre Naivität setzt sie etwas in Bewegung: Leute, die seit Jahren stumm in der U-Bahn nebeneinander sitzen, kommen plötzlich ins Gespräch, beginnen, sich füreinander zu interessieren. Dem

Zuschauer wird klar, wie einsam man mitten unter drei Millionen Menschen sein kann.

In der Pause pflege ich einen kurzen Smalltalk mit der lustigen Programmheftschnorrerin und ihrer Begleiterin. Als ich erkläre, ich komme mir vor wie in einer Schulaufführung, meint die Lustige mit der roten Brille: „Na, dann sagen wir mal nicht, was wir von Beruf sind. Aber wir sind heute Abend privat hier". Supi, denke ich, ohne Flei... kein Prei... Ich tippe ohne Telefonjoker schnurstracks auf Lehrerinnen und lande natürlich einen Volltreffer. Förderschule, viel zu große Klassen, viel zu wenig Fachkräfte. Der Kommentar der Pädagogin zur Pause: „Ick finde es dufte!".

Mit einfachen Requisiten und Effekten gelingt dem Grips-Theater eine tolle Inszenierung. Die fünfköpfige Rockband „No Ticket" sitzt erhöht über der Bühnenfläche. Sie erhält mehrfach Szenenapplaus, insbesondere bei den instrumentalen Zwischenspielen.

Wenn ich diese musikalische Revue vergleiche mit den Eintrittsgeldern von 70 Euro und mehr in den bekannten Musicaltempeln, so kriege ich hier für 22 Euro - pardon 12 Euro – eine spitzenmäßige künstlerische Leistung geboten. Das Musical hat einen Tiefgang. Der Autor hat keine Scheu, auch extremes Denken anzupacken. Er skizziert alle Typen, die einem als Tourist in Berlin begegnen könnten und mir auch schon über die Füße liefen.

Die Schülerin hatte Recht. Die „Revue" dauert tatsächlich knapp drei Stunden, die Pause nicht mitgerechnet. Ich finde es faszinierend, was die elf Darsteller auf die Beine stellen. Bis auf die Hauptdarstellerin schlüpfen alle in mehrere Rollen, die sie in Gestik und Mimik hervorragend und überzeugend präsentieren. Die Linie 1 ist für mich ein musikalisch, schauspielerisch und inhaltlich beachtenswertes Musical. Es waren drei angenehm kurzweilige Stunden. Selbst die Schüler spenden am

Ende eifrig Applaus in der großen Grips-Turnhalle. Als sich die Darsteller in der obligatorischen Menschenreihe vor den Zuschauern verbeugen, steht einer der Oberstufenschüler in der ersten Reihe auf, geht die zwei Meter auf die Hauptdarstellerin zu, schüttelt ihr mit einer leichten Verbeugung dankend die Hand und setzt sich wieder. Großes Theater.

Ich habe ein schlechtes Gewissen, dass ich mir eine solch ehrliche und aufwändige Arbeit des Ensembles für 12 Euro erschlichen habe. Deshalb kaufe ich mir nach der Vorstellung die CD für 15 Euro, gehe ein zweites Mal an die Bar und flöße mir nun doch einen ZischBioHolunder rein. Prost, auf das großartige Grips-Theater.

Hackescher Markt
Hier pulsiert das Leben

Als ich das erste Mal am S-Bahnhof Hackescher Markt ankomme, platzte ich mitten in den Wochenmarkt. Es ist um die Mittagszeit und all die Köstlichkeiten und Düfte verleiteten mich dazu, mir am Stand einer Metzgerei eine Wurst mit Bratkartoffeln und Sauerkraut zu gönnen. Ich setze mich zum Essen auf eine niedrige Mauer. Das Essen ist mäßig, aber ich kann dabei das Treiben auf dem Platz beobachten. Berliner und Touristen, Beschäftigte aus den umliegenden Büros und Läden, Ankömmlinge aus dem S-Bahnhof drängeln sich gemeinsam über das Pflaster. Und ich sehe sie, auf mich zukommen, und an mir vorbei laufen: die typische junge Frau, die überall in Berlin durch die Straßen schlendert, In der rechten Hand trägt sie einen Starbucksbecher vor sich her, in der linken das Smartphone. Gleichzeitig hängt über der linken Schulter eine Handtasche von Michael Kors, in der Beuge des rechten Arms eine größere Einkaufstüte von Mango. So federt sie in ihrem creme-

farbenen, knielangen Kleid und in ihren schwarzen Pumps mit
einem halbhohen Absatz über das Pflaster des Platzes.

Beschirmte Essgelegenheiten, der S-Bahnhof und der Fernsehturm

Hackescher Markt, das sind die bekannte S-Bahn-Station und
der angrenzende Platz mit verschiedenen Restaurants, Bistros
und Cafés. Der Name stammt von dem früheren Stadtkom-
mandanten Hans Christoph Friedrich Graf von Hacke, der den
Platz Mitte des 18. Jahrhunderts anlegen ließ. Ob dieser Herr
von Hacke mit dem kurpfälzischen Obristjägermeister Freiherr
Franz Karl Joseph von Hacke verwandt war, der 1767 im pfälzischen Trippstadt ein Schloss erbauen ließ, ist mir unbekannt.
Ist ja auch nicht ganz so wichtig, mir fällt nur die Namens-
gleichheit auf.

Der Hackesche Markt ist einer der lebhaftesten Treffpunkte im
Bezirk Mitte. Tausende von S-Bahn-Fahrgästen, eilende Rad-
fahrer, hetzende Berufstätige, schlendernde Touristen aus aller
Welt und kinderwagenschiebende Eltern bevölkern das Areal.
Wann immer es die Temperatur zulässt, sitzen die Leute mas-

senweise im Freien. Händler mit Schmuck, Accessoires, Zeichner mit „Art to Go" oder Straßenmusikanten sind nachmittags
und abends eigentlich immer vorzufinden. Auf den Terrassen
der Lokale sind unzählige Tische und Stühle aufgebaut. Überdimensionale   Gastronomie-Sonnenschirme prägen das Bild
des Platzes. Die hohen Klapptafeln vor den Restaurants preisen
Menüs unterschiedlichster Kochrichtungen an, von deftig, über
italienisch bis vegetarisch reicht die Speisekarte. Auf den nied-
rigen Mauern um die Blumenbeete sitzen viele Menschen und
lassen die Atmosphäre auf sich wirken, warten auf jemanden
oder ruhen sich einfach aus.

Seine Lage zwischen den stark frequentierten Oranienburger-/
Rosenthaler Straße und dem S-Bahnhof machen den Hack-
eschen Markt zu einem pulsierenden Ort im Bezirk Mitte. Au-
ßerdem gibt es rundherum mittlerweile einige aufsteigende
Shoppingstraßen, die vor allem junge Menschen anziehen. Und
dann sind da ja noch direkt in Sichtweite die Hackeschen Höfe.
Dieses Hofensemble zählt zu den meist besuchten Touristen-
Treffpunkten in Berlin. Deshalb werde ich die Hackeschen
Höfe in der Rosenthaler Straße jetzt auch besuchen.

Hackesche Höfe
Der Hof-Hotspot in Berlin

Es gibt Touristen-Attraktionen, die dazu gemacht werden. Aber
die Hackeschen Höfe sind ein Touristenmagnet, weil sie einfach etwas ganz Besonderes sind und ein Besuch sich jederzeit
lohnt. Den Eingang zu den Hackeschen Höfen muss man ein
klein wenig suchen. Das Gebäude steht direkt auf der Straßen-
gabelung Oranienburger und Rosenthaler Straße hinter der
dortigen Straßenbahnhaltestelle. Es ist gut zu erkennen an
seiner gelblichen Fassade mit den großen Fensterelementen
und dem wuchtigen, blaumrandeten Rundbogen.

Hof 1: Bunt gekachelte Fassaden begeistern die Besucher

Mich interessiert, wie die Höfe entstanden sind. Daher habe
ich in verschiedenen Reiseführern die Historie nachgelesen. Als
das Viertel um 1900 vom wirtschaftlichen Aufschwung Berlins
erfasst wurde, erwarb ein Mann namens Quilitz die Grundstücke Rosenthaler Straße 40 und 41 sowie Sophienstraße 6. Zunächst ließ er alle Gebäude abreißen und zwischen 1905 und
1907 einen Komplex mit acht Hinterhöfen errichten, den größten Hofkomplex in Europa. Von vorne herein war es seine
Absicht, Restaurants, Handwerker, kleine Fabriken, Geschäfte
und Wohnungen zu mischen und somit sämtliche Bedürfnisse
der Bewohner abzudecken. Sein Plan ging auf. In den Höfen
ließen sich Gewerbetreibende nieder, Kaufleute, Beamte, Un-
ternehmer mieteten die Wohnungen. Angeblich sollten nach
einem Senatsbeschluss die Läden und Lokale vom Eigentümer
geführt werden. Doch diese Vorgabe kann heute längst nicht
mehr gelten, da in den Höfen einige Geschäfte zu finden sind,
von denen es mehrere Filialen gibt oder in denen eindeutig
Angestellte bedienen.

Nach der Wende sind die Höfe originalgetreu restauriert worden. Lediglich die Fassade zum Hackeschen Markt hat man modernisiert. Der heutige rundbogige obere Abschluss entspricht nicht mehr dem früheren Bauzustand. Seit Jahren sind die Hackeschen Höfe einer der lebendigsten Orte Berlins - ob bei Tag oder Nacht. Nach wie vor stellen sie eine einmalige Mischung aus Gewerbe, Gastronomie, Kultur und Wohnungen dar. Sie gelten als der größte deutsche Wohn- und Gewerbehof.

Besonders sehenswert ist der erste Hof, ein Schmuckstück des Jugendstils. Ich bleibe einen Moment stehen. Alle Besucher blicken nach oben auf die Häuserwände, schwenken ihren Blick einmal um 360 Grad und die meisten zücken ihren Fotoapparat oder ihr Smartphone, um den ersten begeisternden Eindruck von den kräftig farbigen, kleinformatigen Fliesen an den Fassaden festzuhalten. Im Hof I beobachte ich eine muntere Mischung aus den Leuten, die gemütlich an einem der Tische sitzen und essen bzw. trinken, und den Menschen, die eben touristenmäßig vom Eingang kommend zum Hof II weiter ziehen.

Man kann unmöglich alle Geschäfte und Lokale in den Hackeschen Höfen erwähnen und beschreiben. Deshalb beschränke ich mich bei meinem Spaziergang auf einige markante Läden, die das Bild und den Ruf der Anlage prägen. Denn immer noch sind — neben namhaften Modeboutiquen - kleine Läden mit ausgefallenen Ideen und Produkten in den Höfen vertreten.

Einer der früheren Festsäle im ersten Hof wird vom „Chamäleon" für regelmäßige Vorstellungen genutzt. Das Varieté- und Kabarett-Theater bietet dem Ballsaal mit etwa 250 Plätzen außergewöhnliche Shows mit Tanz, Gesang, Artistik in einer speziellen Atmosphäre. Der Eingang liegt in der Hofeinfahrt.

Direkt an der Toreinfahrt zum ersten Hof befindet sich das Restaurant Hackescher Hof, in dem man dafür, dass es an einem der populärsten Orte in Berlin zu finden ist, zu akzeptablen Preisen vernünftig speisen kann. Das Frühstück ist autorenseits geprüft und war ok. Mit seinem Ambiente möchte das Restaurant an die alte Tradition Berliner Caféhäuser und Hallenrestaurants anknüpfen. Erkennungssymbol ist das gehende Ampelmännchen.

Das Restaurant Oxymoron entstand Mitte der 1990er Jahre als erster sogenannter Dinner Club in Berlin. Das Interieur im Salon nimmt die große Zeit der Hackeschen Höfe - die zwanziger Jahre des vorigen Jahrhunderts - atmosphärisch auf. Das Oxymoron verwandelt sich mit zunehmender Stunde: Beim Frühstück und tagsüber ein elegantes Kaffeehaus sowie ein Restaurant mit Tages- und Abendkarte der gehobenen italienisch-französischen Küche, am späten Abend mondäner Nachtclub.

Gerne weise ich auf ein Geschäft hin, das die meisten Besucher gar nicht registrieren: ASKANIA. Hier gibt es mechanische Uhren – made in Berlin. Die Uhrenmanufaktur existiert bereits seit 1871, als der Erfinder Carl Bamberg begann, Präzisionsgeräte für Marine, Observatorien, Forschung und Expeditionen herzustellen. Im 20. Jahrhundert war ASKANIA das bedeutendste deutsche Unternehmen für Luftfahrtinstrumente. In den 1920er bis 1940er Jahren gab es kaum ein Flugzeug ohne ASKANIA Bordinstrumenten. Für Piloten entwickelte man damals eine hochwertige Armband-Fliegeruhr.

Nach zahlreichen Fotos geht's endlich weiter in den zweiten Hof. Dieser wirkt mit seinen gelblichen Backsteinen im Vergleich zu Hof I zunächst sehr viel bescheidener. Doch hier sind die Geschäfte das Spannende. Gerne kehre ich bei der Galerie LUMAS ein. Sie bietet Werke von rund 120 anerkannten Künstlern im Bereich Fotografie und digitale Kunst an. Zu einem erschwinglichen Preis erhält man signierte Originalfotografien in limitierter Auflage. Mich faszinieren die Kunst-Fotos jedes

Mal aufs Neue. Die Mitarbeiter sind nett und zur Erinnerung an den Berlinbesuch nehme ich mit gerne das aktuelle, kostenfreie LUMAS-Magazin mit tollen Fotos mit.

Viel zu lange verweile ich im Laden von Promobo in Hof III. Das Motto lautet: „Designer und Manufakturen in der Box". Ausgesuchte Designer und Manufakturen können sich hier eine Box mieten und ihre handgefertigten Produkte, Unikate oder Kleinserien zum Verkauf anbieten. Dabei verwenden sie manchmal recht ausgefallene Materialien, wie beispielsweise recycelte Reifen, Kunstrasen oder Kork. Denken Sie an den nächsten Geburtstag eines Freundes. Denn in dem ausgewählten Sortiment findet man schnell mal ein originelles Geschenk.

Im Hof IV geht es weiter mit Läden, die man in Berlin oder sonst wo nicht ein zweites Mal findet. Zum Beispiel bei Perlin ist die Besitzerin selbst aktiv. In ihrem Atelier fertigt sie Schmuckunikate aus alten Handelsperlen in Kombination mit Gold-, Silber- oder Messingperlen. Auch bei Schmuckwerk fertigen die Firmengründerinnen ausschließlich Unikate aus Edelmetall, Edelsteinen und Perlen. Hoffnung Berlin spezialisiert sich auf handgefertigte Gürtel aus 40 verschiedenen Lederarten. Bestimmt bekäme ich hier endlich mal einen Gürtel nach Maß.

Die Modedesignerin Astrid Freitag firmiert unter „FREItag Mode" und zeigt ihre Kollektion im Hof V. Alle Modelle werden in dem dazugehörigen Atelier in den Hackeschen Höfen erstellt. Eine Spezialität: Fertige Lackjacken werden mit spezieller Farbe besprenkelt, erhalten dadurch ein ganz eigenes Design und werden zu einem unverwechselbaren Unikat.

Im originalen Ampelmann-Galerie-Shop treffe ich auf das legendäre Ampelmännchen, über das nach der Wende trefflich gestritten wurde. In der ehemaligen DDR sahen das grüne und das rote Männchen in den Lampen der Fußgängerampeln nämlich anders aus als ihre Kollegen in der BRD. Als die BRD alle

DDR-Ampelmännchen austauschen wollte, ging ein Sturm der Entrüstung durchs Land. Das Ost-Ampelmännchen wurde gerettet. In dem Shop sehe ich viele hundert verschiedene Variationen der kleinen roten und grünen Männchen. Spannend, was man alles mit zwei Ampelmännchen dekorieren kann.

Im Hof VI könnte ich einen Abstecher in die Rosenhöfe machen. Wenn ich wollte. Manche Besucher fühlen sich in der rosaroten Innenhofanlage richtig wohl. Für mich hat die Anlage eher einen Touch von Disneyland. Doch wer am Ende seines Rundgangs wieder zur Rosenthaler Straße zurückgehen möchte, gelangt durch die Rosenhöfe dort hin.

Was mir tatsächlich zum ersten Mal in den Hackeschen Höfen begegnet ist das Designer-Schuhgeschäft Trippen. Allein schon der Verkaufsraum ist sehenswert. Die experimentierfreudigen Inhaber entwerfen ungewöhnliche Leder- und Holzschuhe, die eine lange Lebensdauer haben sollen. Die handgemachten Trippen werden für Modeschauen (u.a. Wolfgang Joop) sowie für Film- und Theaterproduktionen in die ganze Welt geliefert.

Als Mitbringsel sind die Produkte von Golem leider zu schwer, außer man ist mit dem Transporter nach Berlin gefahren. Dennoch ist das Angebot einmalig in Europa. Das Unternehmen bietet nämlich außergewöhnliche Wand- und Bodenfliesen aus der Jahrhundertwende (um 1900) an zur Gestaltung, Restaurierung und Renovierung von Bädern, Küchen und Fluren. Die Brandenburger Manufaktur stellt solche Fliesen her und restauriert nach Originalentwürfen und -techniken des Jugendstils. Wenn Sie in der Pfalz also ein kleines Schloss oder ein historisches Weingut renovieren möchten, könnten Sie hier die passenden Fliesen finden.

In Levy´s tabularium stehen unter anderem Bildtafeln, Schrifttafeln (Bücher) und Spielbretter in den Regalen. Im Archiv werden auch Spielzeuge aus früheren Jahrzehnten angeboten, wie Holzbaukästen, Steinbaukästen, Dampfmaschinen, Blechspielzeuge, Steiffteddys, Käthe-Kruse-Puppen und Kinderbücher. Ein Schwerpunkt des "tabularium" ist das Go-Spiel, eines der ältesten und meist gespielten Spiele der Welt.

Es sind bereits fast zwei Stunden vergangen, bis ich im Hof VIII ankomme. Ganz offensichtlich schaffen nicht alle Touristen den Weg bis dorthin. Die Besucherfrequenz lässt erkennbar nach. Als erstes fällt mein Blick auf „Coy". So nennt sich eine Galerie für Hut- und Textildesign. Es handelt sich um eine Hut-Manufaktur der Designerin Cornelia Plotzki, die sowohl Unikate als auch Maß-Hüte anfertigt. Und wer schließlich alle acht Höfe durchwandert hat, kann sich mit etwas Süßem belohnen. Das Familienunternehmen Kruck Atelier Cacao verkauft hochwertige Schokoladen, Trüffel, Pralinen, Bonbons, Nougats sowie Kaffee und Trinkschokoladen aus eigener Herstellung. Ich bin am Ziel und gönne mir daher ein kleines Teilchen Ananas-Marzipan für einen Euro.

Der Besuch in den Hackeschen Höfen war erkenntnis- und abwechslungsreich. Ich kann viele neue Eindrücke und Ideen mit nach Hause nehmen und habe einige Läden gesehen, die auf ihre Art einmalig und ganz besonders sind. Ich finde es klasse, dass hier die Mainstreamshops noch keinen Einzug halten konnten. Damit bewahren sich die Höfe ihren speziellen Charakter.

Abendstimmung in den Höfen

Ein einprägsamer Besuch der anderen Art in den Hackeschen Höfen ist eine Stippvisite an einem Sommerabend nach 21 Uhr. Die Läden sind geschlossen, es ziehen nur noch wenige Passanten lautlos durch die Höfe. Ich bekomme ein ganz anderes Bild von dem Ensemble. Es ist wesentlich ruhiger, friedlicher, romantischer. Ich kann mir auf einmal vorstellen, wie es ist, in den Hackeschen Höfen zu wohnen. Ich befasse mich mehr mit der architektonischen Seite der Höfe als sonst. Der Blick ist nicht auf die Läden und deren Auslagen gerichtet, kein Aufpassen auf querende Touristen, ich kann die Höfe und ihre Anlagen bewusst bewundern. Da plätschert ein Brunnen, den ich vorher gar nicht richtig wahrgenommen hatte. Möglicherweise sprudelt der Brunnen auch nur abends exklusiv für die Anwohner?

Es ist noch hell genug, um den Versuch zu unternehmen, diesen friedlichen Augenblick im Bild festzuhalten. Allein das Fotografieren ist schon beruhigend, weil nicht laufend jemand vor die Linse läuft und das Leben in diesem Moment extrem stressfrei abläuft.

Maxim Gorki Theater

Das Leid von Bahnwärter Thiel

Das Maxim Gorki Theater in der Straße „Am Festungsgraben"

Wenn man´s weiß, ist es einfach zu finden: Ich stehe am östlichen Anfang der Straße „Unter den Linden" zwischen dem Deutschen Museum und der Neuen Wache. Durch die mit Bäumen bestandene Parkanlage laufe ich schnurstracks auf das etwas zurück versetzte Theater zu. Das Maxim Gorki, 1952 als Theater der Gegenwart in einem vorhandenen historischen Gebäude gegründet, entwickelt eigene Stücke und setzt sich gerne in aktueller, moderner Form mit klassischen Texten auseinander. Unter den Besuchern und Kritikern werden diese Aufführungen daher immer wieder kontrovers diskutiert.

Heute steht Bahnwärter Thiel auf dem Spielplan. Das ist eine passende Gelegenheit für mich, das kleine Theater kennen zu lernen. Schließlich haben wir damals in den Siebzigern im Deutschunterricht die Novelle von Gerhart Hauptmann gelesen und ausführlich besprochen. Insofern ist mir das Schicksal des Bahnwärters geläufig. Seine von ihm verehrte Frau Minna stirbt bei der Geburt ihres Sohnes Tobias. Damit der geliebte Sohn versorgt ist, heiratet Thiel ein zweites Mal. Doch Lene bevorzugt das zweite, gemeinsame Kind und misshandelt Tobias. Als Tobias ums Leben kommt, beginnt Thiels geistige Verwirrung, die dazu führt, dass er Lene und das zweite Kind ermordet.

Ich bin also gespannt. Habe mich für günstige zehn Euro in die letzte Reihe des oberen Rangs eingekauft. Das Kassenhaus versprüht noch den Charme früherer Theaterkassen. Die erste Überraschung: Als ich meine Jacke und eine Tasche an der Garderobe deponiere, kostet das nichts. Die junge Frau freut sich, dass ich diese Botschaft mit gezückter Geldbörse erstaunt zur Kenntnis nehme. Das Publikum ist sehr gemischt, wir Krawatten sind in der absoluten Minderheit. Bei den Damen liegt das Kleiderniveau etwas höher, die Absätze der Pumps reichen von einem bis bestimmt zwölf Zentimeter. Manche Gäste vermitteln einen richtigen intellektuellen Eindruck. Viele junge Erwachsene kurz vor oder kurz nach dem Abitur stehen in dem gemütlichen Foyer um mich herum. Ob Bahnwärter Thiel auch heute noch in Berliner Gymnasien auf der Lektüreliste steht?

An der Marmorbar kann man sich eine Bulette auf einem kleinen Teller erwerben. Sie wird einfach und unkompliziert mit der Hand gegessen.

Endlich dürfen wir rein. Über einen roten Teppich führt die Treppe ins erste Obergeschoß. Wenn er auch nicht mehr der Jüngste ist, hat es was, über einen roten Teppich zu spazieren. Der Theaterraum gefällt mir. Er hat sich weitgehend die Atmosphäre eines traditionellen Theaters erhalten. Die mit rotem Samt überzogenen Klappsitze geben etwas her. Nur die zahlreichen Spots an der Decke und an den Wänden bringen leichte Unruhe in den Raum. Selbst aus der letzten Reihe des Gorki habe ich eine gute Sicht auf die Bühne.

Als eine Frau anfängt, auf einem Overheadprojektor aus Hölzchen einen Namen zu formen, wird es leiser in den Rängen. Ja, ganz ruhig. Wir tauchen in den tiefblauen Hintergrund der Bühne ein. Es ist wahrlich eine moderne Inszenierung des Klassikers und es hilft mir in der Tat, dass ich den Inhalt des Stücks kenne. So kann ich der Dramaturgie der Darbietung folgen. Für Besucher ohne Vorkenntnisse ist es vermutlich schwerer.

Im Programmheft wird das so beschrieben: *„Armin Patras wird mit zwei Schauspielern und einer Tänzerin versuchen, dieser kommunikationsarmen Erzählung über den Aufstand der Gefühle bildnerisch, tänzerisch und spielerisch – das heißt emotional und performativ - möglichst nahe zu kommen"*. Das ist dem Regisseur durchaus gelungen. Es ist eine Performance, wie ich sie vom Gorki erwartet habe, nämlich eine beeindruckende Interpretation der Novelle mit modernen Kommunikationsmitteln und oft stillen, aber tief gehenden Sequenzen. Für dieses Schauspiel und das Theater waren die Zeit und die zehn Euro allemal gut investiert.

Nach der Vorstellung schlendere ich noch durch die Gänge und sehe, dass die Theaterkantine nach der Vorstellung für alle Besucher geöffnet ist. Zahlreiche Grüppchen nutzen dies, um bei einem Glas Wein oder Bier zu plaudern und vermutlich auch über das heutige Stück kontrovers zu diskutieren.

Bernauer Straße
Schicksal einer geteilten Straße

Heute spazieren die Menschen friedlich an der Mauer vorbei

Besucher, die ohne geschichtliches Hintergrundwissen nach Berlin kommen, erkennen kaum noch, dass Berlin jahrzehntelang eine geteilte Stadt war. Zum Glück ist das so. Dennoch suchen die meisten Touristen nach den Spuren der Mauer. Erstaunlich, wie groß das Interesse an einem Bauwerk ist, das die Berliner Bürger, ja ganz Deutschland und vielleicht sogar ganz Europa geißelte. Natürlich darf diese Epoche der Geschichte nie in Vergessenheit geraten. Deshalb ist es wichtig, dieses Thema in das Besichtigungsprogramm eines Berlinbesuchs einzuplanen und verschiedene Stationen wie zum Beispiel den ehemaligen Grenzübergang Checkpoint Charlie in der Friedrichstraße oder die Niederkirchner Straße anzusehen.

Den besten Eindruck vom dem ehemaligen Todesstreifen bekommt man meines Erachtens in der Bernauer Straße. Die Mauer verlief entlang der Front der Häuser, die auf Ostberliner Terrain standen und teilte die Straße in zwei Hälften. Die Menschen auf der südlichen Straßenseite waren von heute auf morgen eingesperrt. Die Bernauer Straße war bekannt geworden, weil zahlreiche Bewohner der Grenzhäuser durch die Hausfenster in den Westen sprangen. In Fernsehfilmen konnte ich sehen, wie die Bürger auf westlicher Seite für die Flüchtlinge Sprungtücher bereithielten. Wenige Tage nach dem Beginn des Mauerbaus hat die DDR-Regierung die Häuser geräumt und die Fenster zum Westen zumauern lassen. Einige Häuser wurden sogar ganz abgerissen.

In der Bernauer Straße/Ecke Ruppiner Straße entstand auch das weltbekannte Foto des Grenzpolizisten Conrad Schumann, der am 16. August 1961 mit dem Gewehr auf dem Rücken über den Stacheldrahtzaun spontan in den Westen flüchtete. Die Szene ist auf einer Häuserwand zu sehen. Weitere Bilder auf Infotafeln helfen den Besuchern, die Situation während der Teilung Berlins nachzuvollziehen.

An der Kreuzung Ackerstraße erklimme ich die Aussichtsplattform (*Montags geschlossen*) und habe den direkten Blick auf einen noch erhaltenen Abschnitt der einstigen Grenzanlage, eingefasst von zwei Edelstahlwänden. Zum Bürgersteig hin verläuft die so genannte Vordere Mauer, mit dem abgerundeten oberen Abschluss. So kenne ich die Berliner Mauer. Doch dann folgt der breite, damals meist hell beleuchtete Todesstreifen, auf dem Soldaten mit Hunden patrouillierten. Schließlich gab es meist noch die „Hintermauer". Zwischen den beiden Mauern stand in regelmäßigen Abständen ein Wachturm, wie er hier noch erhalten ist.

Beim Abgang von der Aussichtsplattform nutze ich auf mittlerer Höhe den Eingang zum Dokumentationszentrum. Filme werden abgespielt, man hört Originaltöne aus der Zeit des Mauerbaus. Anhand von Fotos, Plänen und Dokumenten erhalte ich einen kurzen Abriss zur Geschichte der Mauer.

In den Grünanlagen parallel zur Bernauer Straße sind Relikte und Fotos aus der Zeit der Berliner Mauer zu finden. Zum Beispiel Originalteile der Mauer, Gedenksteine, das Fenster des Gedenkens mit Portraits von Maueropfern, Bilder von flüchtenden Bürgern und von den Rettungsaktionen in den Tagen nach dem Mauerbau. Ich lasse mich auf die Dokumente ein, um wirklich verstehen zu können, was konkreten Auswirkungen die Teilung für die Menschen vor Ort hatte.

Direkt hinter der Mauer stand eine Kirche. Die Grenztruppen sprengten die Versöhnungskirche 1985 in die Luft. An das Gotteshaus erinnert nun an gleicher Stelle die moderne, ovale Kapelle der Versöhnung.

Am Ende der Bernauer Straße, zum Nordbahnhof hin, mache ich noch einen Abstecher in das Besucherzentrum. Interessiert betrachte ich die Postkarten mit Motiven aus der Zeit der Teilung. Ein freundlicher älterer Mitarbeiter gesellt sich zu mir und erklärt mir anhand der Kartenmotive Situationen aus dem Kalten Krieg, zum Beispiel, wie sich am Checkpoint Charlie die Panzer kampfbereit gegenüber standen. Die kurze Lehrstunde hilft mir, die Szenerie an einigen historischen Standorten in Berlin nun besser nachvollziehen zu können. Zur Erinnerung und als Dank kaufe ich einige der kommentierten Postkarten.

Die Bernauer Straße hat mich schlauer gemacht, hat mir ihre Geschichte erzählt und mir damit das Schicksal näher gebracht, das die Menschen durch den Bau der Mauer erdulden mussten.

Fluggeschichten
Begegnungen mit Saarländern und Gabriele B.

Beim Flug nach Berlin kann man Einiges sehen und erleben

Die Saarländer sind coole Typen

Es ereignet sich vor dem Rückflug von Tegel nach Saarbrücken. Die Dame in der Abfertigungshalle verkündet die schlechte Nachricht, dass sich der Abflug wegen einer Erkrankung des Piloten von 21.05 Uhr auf etwa 22.30 Uhr verspäten wird. Man bemühe sich, schnellstmöglich einen anderen Piloten in den Dienst zu holen. Als wir endlich zur Maschine gebracht werden, stehe ich im Bus neben einer Gruppe saarländischer Fluggäste. Die Dialoge sind köstlich. Heinz Becker könnte sie nicht besser erfinden:
Eine junge Frau: „Hoffentlich ist der Ersatzpilot ausgeschlafen".

Eine ältere Frau: „Unn hoffentlich hat der aach Ahnung".

Andere Frau: „Iss doch egal. Wenn ebbes passiert, do owwe iss es so kalt, bis mir unne aankomme, merkscht du nix mehr".

Ältere Frau: „Oh Gott, ich hann schunscht kä Flugangscht, aber das do!"

Vierte Frau: „Ich guck mir die Piloten immer genau an, ob ich denne traue kann." Ja und weiter, denke ich, wenn er dir nicht gefällt, fliegst du dann nicht mit oder was?

Endlich sitzen wir in der Maschine. Plötzlich steigen drei Männer in einer Uniform ein.

Junge Frau: „Sind das die Piloten?"

Mittelalter Mann: „Näh, do steht THW uff der Uniform."

Ältere Frau: „Unn was heischt das?"

Mann: „Technisches Hilfswerk."

Junge Frau: „Oh, nää, werklich, das macht mich jetzt aber richtig nervös, wenn die jetzt extra bei uns mitfliege".

Das Boarding ist schon längst completed. Ohne Näheres zu wissen steht unsere Boing fast eine viertel Stunde am Terminal. Dann meldet sich Kapitän Oliver in einem ziemlich forschen Ton: „Liebe Fluggäste, wir sind seit über zehn Minuten startklar. Doch bevor wir die Triebwerke starten können, warten wir noch auf den SCHIEBER, der die Maschine aus der Parkposition auf die Rollbahn drücken muss. Es ist angekündigt, dass er in den nächsten drei Minuten kommen soll". Kommentar eines Saarländers: „Oh jeh, der ist jetzt aber emol maximal sauer!"

Während des Flugs berichtet Kapitän Oliver, dass die für diesen Flug ursprünglich vorgesehene Crew einen medizinischen Notfall hatte. Meint die Saarländerin in der Reihe hinter mir: „Na hoffentlich hann mir einen Arzt an Bord."

Flug mit Kapitän Gabriele B.

Sie kennen das Procedere in den Fliegern. Bevor die Maschine startet, spricht die Chef-Flugbegleiterin zu den Passagieren: „Guten Morgen, meine Damen und Herrn, ich begrüße sie ganz herzlich auf dem Flug nach Berlin-Tegel...... Kapitän Gabriele B...... und die Crew wünschen Ihnen einen guten Flug". Mein Gott wie peinlich. Als die Flugbegleiterin Kapitän Gabriele B. erwähnt, geht ein deutlich hörbares Raunen durch die 28 Sitzreihen. Selbst der emanzipierten Dame, die neben mir auf der anderen Seite des Ganges sitzt und in der Zeitschrift InStyle blättert, entfährt ein gedämpfter, aber deutlich vernehmbarer Laut des Erstaunens. Ich grinse und wundere mich über so viel Misstrauen der weiblichen Fluggäste gegenüber der Dame im Cockpit.

Später meldet sich Gabriele B. sogar persönlich zu Wort: „Mein Name ist Gabriele B., ich bin ihr Kapitän auf dem Flug von Zweibrücken nach Berlin". Sie ist also unser Kapitän, nicht unsere Kapitänin? Wie auch immer. Nach einer Stunde landen wir in Berlin. Gabriele B. hat uns mit sicherer weiblicher Hand geflogen und wunderbar sanft auf die Erde zurückgebracht. Alle Seufzer waren überflüssig. Liebe Gabriele B., ich würde jederzeit wieder mit Ihnen fliegen!

Anflug auf die Pfalz

Als die Maschine spürbar im Landeanflug auf den Zweibrücker Flughafen ist, beobachte ich die junge Frau Anfang Zwanzig in der Sitzreihe vor mir, wie sie das Gesicht an das Fenster presst. Das Flugzeug schwebt über unsere Heimat. Da dreht sich die Frau um und ruft ihrer Sitznachbarin zu: „Die Palz is schon schää, gell?".

Eine Stunde offline

Wir sitzen im Flieger. Sie, um die dreißig, hat den Platz am Fenster, ich den Sitz am Gang, dazwischen ist frei. Beim Abflug tippt sie bis zum letztmöglichen Augenblick auf den Tasten ihres Handys herum, ehe sie der Aufforderung der Chef-Flugbegleiterin Folge leistet und „alle elektronischen Geräte" ausschaltet.

Wir landen, der Vogel steht noch nicht still. Sie gräbt ihr Smartphone aus der Tasche und prüft, wie viele SMSe eingetroffen sind.

„War die Stunde ohne Handy schlimm?" frage ich sie. Sie schüttelt den Kopf „Es geht schon", kann dabei aber nicht den Blick vom Display nehmen und tippt wild auf den kleinen Tasten ihres Handys herum.

Im Bus, der uns von der Rollbahn zum Terminal bringt, stelle ich erstaunt fest, dass mindestens die Hälfte der Passagiere innig mit ihrem elektronischen Kommunikationsgerät zu Gange ist. Oh je, überlege ich, eine Stunde Handyentzug, das ist schon eine schreckliche Angelegenheit.

Kühle Kontrolle

Was mich seit Jahren in Berlin wunderte und fuchste, ist mittlerweile auch nach Saarbrücken übergeschwappt. Am Flughafen Tegel in der Bundeshauptstadt wird man bei der Zoll- und Körperkontrolle am Förderband aufgefordert, sich selbst eine von den Plastikwannen zu greifen, in die man seine Jacke, Geldbörse, Schlüssel und so weiter reinlegen muss, damit das Zeug auf dem Förderband durch das Röntgengerät gezogen und dort kontrolliert werden kann.

Bei den meisten anderen Flughäfen, wie zum Beispiel Saarbrücken-Ensheim, war ich es früher gewohnt, dass einem die Kontrolleure eine Plastikwanne bereitstellten, wenn auch mit Gummihandschuhen. Danach erfolgte die freundliche Aufforderung, alle Gegenstände darin abzulegen. Das empfand ich als normalen Service, der eine menschliche Ebene zwischen Kontrolleur und Passagier herstellte. Schließlich ist es für jeden noch so unbescholtenen Bürger eine unangenehme Situation, in der Öffentlichkeit von anderen Menschen durchsucht und von einem Scanner durchleuchtet zu werden.

Nun ist es im beschaulichen Saarland auch so weit. Ein Schild fordert mich auf, mir selbst eine Plastikbox zu greifen und nach der Kontrolle diese wieder in die Reihe der anderen Plastikwannen zurück zu stellen. Schade, dass jetzt die Saarländer auch nicht mehr mit mir schwätzen wollen. Eines Tages wird mich an dem Förderband ein Roboter oder eine Computerstimme begrüßen, die mir klare Anweisungen geben: Nehmen Sie sich selbst einen der rechteckigen Plastikbehälter, legen Sie alle losen Gegenstände und Kleidungsstücke in den Behälter, positionieren Sie ihn dann mit der schmalen Seite nach vorne so auf dem Förderband, dass er ohne anzuecken das Röntgengerät durchqueren kann.

Den Roboter werde ich dann nicht mehr fragen können, ob ich den Gürtel ablegen muss oder nicht. So ist das mit den Menschen: Erst entlasten sie sich von allen Arbeiten, die ihnen lästig sind, und wundern sich dann, wenn die restliche Arbeit, die noch übrig bleibt, von einer Maschine erledigt werden kann. Erst geht der Service, dann der Mensch.

Aber Halt! Es gibt ihn noch, den humorvollen, freundlichen Gepäckkontrolleur. Es war im Wonnemonat Mai, Berlin-Tegel, Terminal C. Ein Mann begrüßt die Fluggäste in einem gebrochenen Deutsch freundlich an seinem Arbeitsplatz, dem gefürchteten Fließband. Die Frau vor mir legt ihre Armbanduhr mit einem durchaus wuchtigen Gehäuse in die graue Plastikwanne. Grinsend fragt er sie: „Junge Frau, warum müssen Sie eine Wanduhr mit sich herumtragen?". Die Dame kapiert den Scherz und lächelt zurück. Die Lage ist entspannt. Nun bin ich an der Reihe. Alle meine metallenen Gegenstände habe ich in meinem Rucksacke deponiert. Diesen lege ich in die Wanne.

Er fragt mich freundlich „Sind alle Taschen leer?"
„Ja", antworte ich.
„Und der Geldbeutel?"
Ich nicke.
„Geldbeutel auch leer?"
„Ja", lache ich, „der ist auch leer."
„Ja, ja", meint er, „Berlin ist teuer, da ist der Geldbeutel schnell leer", schiebt meine Wanne ins Röntgengerät und wünscht mir einen guten Flug.

Na also, man kann seinen Job auch mit guter Laune verrichten.

Mein jüngstes Erlebnis bestätigt meine traurige Theorie vom servicearmen Flughafen. Für den Flug von Frankfurt nach Berlin habe ich schon mal zu Hause meinen Platz reserviert und die Bordkarte ausgedruckt. Das spart der Lufthansa Personal, Papier- und Druckkosten. Im Terminal 1 schlängele ich mich durch das Labyrinth aus Absperrgittern, um zum Lufthansa-Check-In-Schalter zu gelangen. Dann stehe ich in der Poolposition und frage mich: Wo sind die Damen in den blauen Kostümen, die freundlich meinen Koffer entgegennehmen und mich abfertigen? Niemand ist zu sehen. Nur mehrere Automaten. Am Handeln anderer Fluggäste wird mir klar, dass man mir zutraut, mich an einem der Apparate selbst abzufertigen. Obwohl im Display Anweisungen angezeigt werden, stehe ich etwas hilflos in der Gegend rum. Gemäß dem Leitspruch meiner Mutter – Lerne mit den Augen – beobachte ich, wie die erfahrenen Vielflieger ihren Koffer abgeben, hangele mich den Anweisungen entlang und schaffe es, meinen Koffer nebst dem um den Griff geklebten Kofferanhänger mit dem Förderband auf die Reise zu schicken. Ich hoffe, wir sehen uns in Berlin wieder. Schon wieder habe ich der Lufthansa Personalkosten gespart. Und was mich ebenfalls wundert: Ich fliege nach Berlin, ohne dass ein menschliches Auge meinen Personalausweis kontrolliert hat. Mit meiner Bordkarte könnte jetzt jeder beliebige Mensch in die Hauptstadt flüchten.

Neue Schönhauser Straße
Gut für die Shopping-Seele

Die Gegend um den Hackeschen Markt und die Hackeschen Höfe ist sehr lebendig und sowohl von Einheimischen wie auch von Touristen stark frequentiert. Und genau dort befindet sich die Neue Schönhauser Straße. Sie wurde nicht künstlich hergerichtet oder schnell mal für die Touristen präpariert. Sie gibt sich so, wie sie sich im Laufe der vergangenen Jahrzehnte entwickelt hat. Von der Rosenthaler Straße aus kann ich weit in die Neue Schönhauser Straße hineinsehen.

Sie ist eine relativ kurze Straße, man geht sozusagen einmal kurz um die Ecke. Die Neue Schönhauser Straße könnte durchaus an einigen Ecken als Filmkulisse für einen nostalgischen Heimatfilm genutzt werden. So steht auf dem Grundstück Nummer 8 ein spätbarockes Haus, das 1770 erbaut wurde.

Die Fassade sieht in jedem Stockwerk anders aus. Im Erdgeschoß hat sie rundbogige Fenster, die mit Kopfskulpturen und Kränzen verziert sind. Im ersten Obergeschoß Fenster mit geraden Simsen, im zweiten Obergeschoß sind die Fenster einfacher und haben nur noch eine schlichte Verzierung. Aber das Highlight an diesem Haus ist, dass kürzlich Karl Lagerfeld und Liebeskind hier eingezogen sind. Die Werbung für die Boutiquen ist schlicht, passt sich dem altehrwürdigen Gebäude an. Mit diesen Geschäften steigt die Straße in eine höhere Liga. Allerdings weiß ich nicht, ob es ihr gut tut. Denn bisher kann man in der Neuen Schönhauser Straße noch gemütlich in unterschiedlichen Läden „schnusen", wie wir Pfälzer zum Shopping sagen. Eine weitere Friedrichstraße will hier keiner. Zu schnell verliert eine bodenständige Straße ihr Gesicht und ihr Publikum.

Blick in die Neue Schönhauser Straße: Bildmitte das „14 oz"

Die Straße ist lebhaft, es sind viele Leute und viele Autos unterwegs. An irgendeiner Stelle wird immer gebaut. Aber, ich bin ja bewusst in Berlin um am Leben zu schnuppern und nicht zum gemütlichen Wandern im Hochschwarzwald.

Aus der Neuen Schönhauser Straße könnten die Berliner durchaus eine schicke Fußgängerzone mit herausragenden Fassaden gestalten, wenn, ja wenn man jemanden finden würde, der die Abfallkörbe leert, die Gehwege kehrt und der sich traut, die Straße für tausende von Autos, Motorrädern und LKWs zu sperren, die täglich hier durchrattern. Interessante Läden in zum Teil historischen Häusern gäbe es genug. So aber ist die Neue Schönhauser Straße sehr verkehrsreich, laut, unzählige Mopeds und Fahrräder parken die Bürgersteige zu und in der zweiten Reihe halten die Lastwagen, die die Geschäfte beliefern. Macht aber nichts. Ich schlängele mich zwischen den Passanten und Zweirädern durch, beobachte dabei die Menschen um mich herum.

Trotz Verkehrstrubel hat die Neue Schönhauser dennoch einen hohen Unterhaltungswert. Das Angebot in den Läden ist vielseitig, man findet durchaus noch den einen oder anderen Szeneladen. Ich stöbere durch originelle Kleiderläden mit einer großen Auswahl. Wer eine Jeans sucht, findet in dieser Straße bestimmt etwas, zum Beispiel bei Pepe Jeans, Diesel oder Jeans mavi, Aber auch weitere feinere Kollektionen präsentieren sich, wie COS, Fred Perry, drykorn, „to die for" oder Made in Berlin. Es wundert mich daher nicht, wenn das Shopping-Queen-Mobil im öfter hier gesichtet wird. Denn in der Neuen Schönhauser Straße finden Frauen und Männer Kleider von internationalen und Berliner Designern. Besondere Schuhe probiert man bei Luccico oder Camper an.

Es ist ein frühlingshaft warmer Tag. Deshalb zieht es die Menschen ins Freie, vor der „AdeBar" an der Kreuzung Weinmeisterstraße sind die Stühle der Straßenterrasse weitgehend besetzt. Die Straße lebt, es wuselt auf den Trottoires und in den Geschäften.

Am anderen Ende der Neuen Schönhauser Straße, von der Rosenthaler Straße kommend, fällt mein Blick auf das mächtige Eckhaus mit der Apotheke. Mit seinen für diese Straße geradezu kräftigen Farben glänzt das Gebäude in vier roten und vier gelben Schichten wie eine Schichttorte. Wenn man über dem Apothekenschild senkrecht nach oben blickt, kann man über drei Stockwerke hinweg einen kleinen freigelegten Teil aus dem Erbauungsjahr des Hauses, nämlich 1887, erkennen.

Die Einrichtung der Apotheke soll noch aus dem Jahr 1888 stammen. Aus gegebenem Anlass gucke ich mir die Apotheke von innen an. Ich benötige eine neue Packung Reise-Kaugummis. Um mich herum sprechen alle – Pharmafachverkäuferinnen und Kunden – Englisch. Wie selbstverständlich. Ein Mann bedient mich extrem freundlich. Allerdings kosten die Dragees ein bisschen mehr wie zuletzt, als ich sie in bester Fußgängerzonenlage in Kaiserslautern gekauft habe. Dafür ist die Innenausstattung der Apotheke besonders sehenswert. Ich nehme es gelassen und betrachte den Aufschlag als eine Art Eintrittsgeld für das Apothekenmuseum.

Drei Häuser weiter, auf der gleichen Straßenseite, ein weiterer Blickfang: das ehemalige Volkskaffeehaus von 1891. Das Gebäude wurde tatsächlich von einer „Volks-Kaffee und Speisehallen-Gesellschaft" erbaut, um arme Bürger kostengünstig mit Kaffee und Essen zu versorgen. Beim genauen Blick fällt mir auf, wie unterschiedlich die vier Stockwerke gestaltet sind. Heute befindet sich hier das Kleidergeschäft „14 oz" mit einem ausgefallenen, geschmackvollen Interieur, das von Firmenmöbeln aus der Nachkriegszeit geprägt wird. Die Schreibtische und Schränke müssen aus einer alten Fabrik oder einem ehemaligen Kaufhaus stammen.

Wenn ich mir die Verkäuferinnen und Besucher so anschaue, wird mir bewusst, die Ware ist bevorzugt auf jüngeres Publikum mit kleinen bis mittleren Kleidergrößen ausgerichtet. Doch es macht Laune, hier in den Kleiderstapeln zu wühlen. Das 14 oz. ist 2009 als „Store of the Year" in der Kategorie Fashion ausgezeichnet worden. In der Laudatio hieß es: *„Das 14 oz. steht für Qualität, Authentizität, Tradition, Handwerk und Kunden-Service. Die Jury zeigte sich begeistert vom qualitätsvollen Bekleidungsportfolio, der einmaligen Shop-Atmosphäre und dem sehr engagierten Fachpersonal."* Also hat mich mein erster persönlicher Eindruck von der besonderen Atmosphäre in diesem Laden nicht getäuscht.

Beim Anwesen Nr. 20, in dem sich das Kleidergeschäft COS befindet, wage ich einen Abstecher in den Hinterhof. Denn die nach ihrem Erbauer benannten Kurt-Berndt-Höfe waren nach ihrer Fertigstellung 1912 eine typische Berliner Anlage: im vorderen Gebäude befanden sich Wohnungen, in den rückwärtigen Gebäudeteilen hatten Gewerbebetriebe ihren Sitz, wie ich an den fabriktypischen Fenstern erkennen kann. Die Kassetten-Decke im ersten Durchgang scheint noch aus der Zeit von vor hundert Jahren zu stammen. Wo früher gehandwerkelt wurde, wird heute gedacht, wie zum Beispiel im Goethe-Institut. Hammer und Schraubenzieher sind längst durch Computer ersetzt. Die Umnutzung von Handwerksräumen zu Büroräumen macht auch an diesem Beispiel den Wandel unserer Arbeitswelt deutlich.

Bei COS steht unübersehbar ein Securitymann vor der Tür. Ein Zeichen dafür, dass es in diesem Kleiderladen hochwertige Produkte und viele Kunden gibt. Bei dieser Kombination rentiert sich ganz offensichtlich ein wachsames Auge. Und selbst mit meinem Männerblick erkenne ich, dass das, was im COS auf den Kleiderstangen hängt, etwas ausgefallener ist als in den üblichen Kleidermärkten. Tage später zu Hause erklärt mir meine Tochter Elisa, dass COS die Lifestyle-Marke von H&M ist. Also, passt ja.

Gleich daneben kehren zahlreiche Passanten bei „Diesel" ein. Es zieht mich ebenfalls dort hinein, auch wenn mein Kleiderbudget und meine Kleidergröße nicht typisch Diesel sind. Doch der Laden ist stylish, wie die überwiegend junggebliebenen Kunden sagen würden.

Das leibliche Wohl kommt in der Neuen Schönhauser Straße leider etwas zu kurz. Das Caras ist eines von zwei noch vorhandenen Lokalen. Es sieht sich als „Gourmet coffee", das sich auf gesunde, natürliche Getränke und täglich frische Speisen spezialisiert hat.

Welchen Wandel die Straße erlebt hat, erkenne ich an der Tatsache, dass ich diesen Beitrag während der letzten Jahre mehrmals überarbeiten musste. Restaurants und Cafés sind gewichen, räumten den Platz für Marken-Klamotten. Aus einer spannenden Straße mit ausgefallenen Läden wird zunehmend eine Boutiquen-Meile. Ob der Einzug von Lagerfeld und Liebeskind als Ritterschlag für die Neue Schönhauser Straße zu bewerten ist oder eher als eine feindliche Übernahme und eine Degradierung zu einem kleinen Ableger von Ku´damm und Friedrichstraße, muss jeder für sich bewerten. Auf jeden Fall sind einige originelle Geschäfte verschwunden und – das ist die letzte Aktualisierung – auch Lagerfeld ist schon wieder ausgezogen!

Zweifelsohne regt die Neue Schönhauser Straße die Shoppinglust an. Und wer dann meint, och, die Straße ist ja schon zu Ende, den kann ich trösten. Spazieren Sie einfach weiter über die Kreuzung und Ihr Shopping-Event geht in der anschließenden Alten Schönhauser Straße oder rechts in der Münzstraße direkt weiter.

Kleine Shopping-Erlebnisse

Von der Neuen Schönhauser Straße habe ich ja gerade ge-
schwärmt. Nun überquere ich einfach die Kreuzung und das
Shoppen geht weiter. „Hier geht was", wie mein Freund
Thomas Busch es auszudrücken pflegt, wenn er bei etwas eine

Erfolgschance vermutet. Obwohl die Fluktuation an Geschäften und Lokalen relativ groß ist, trifft man in der Alten Schönhauser Straße abseits des großen Rummels der Hackeschen Höfe kleine auf interessante Geschäfte mit eigenen oder ausgefallenen Labels.

Zunehmend entdecken auch bekannte Marken sowie die einkaufsfreudigen Generationen XXX + YYY diese Gegend. Namen wie Herr von Eden, HOMECORE, Desigual, CLOSED, trippen, Greta + Luis, VANS oder Barbour, aber auch Marken mit pfälzischen Wurzeln wie Kennel & Schmenger haben sich niedergelassen. Wer sich traut, kleine, trendige Läden zu betreten, findet ausgefallene Teile. Doch wie bei allen Straßen gilt meine Beschreibung „ohne Gewähr". Denn morgen können die Schaufenster schon wieder ganz andere Namen tragen.

Tatsächlich sind dort Läden vorhanden, die keine Klamotten, Schuhe oder Taschen verkaufen. Einer davon ist *Hundt Hammer Stein*. Diese Buchhandlung in einem Kellergeschoß wird von Literaturkennern geführt. Sie ist in den Bereichen Biografien, Kinderbüchern, Reiseführer, Lyrik, Berlinliteratur und englische Literatur gut bestückt. Aber Vorsicht bei Betreten des Ladens: Kopf einziehen und ducken!

Extravagante Präsente und Möbel, originelle und kultige Waren verkauft *Schönhauser Design*. Der Laden bezeichnet sich als Trendstore für neue und gebrauchte Designklassiker und Wohnaccessoires. Wer also etwas Außergewöhnliches für seine Wohnung sucht, könnte hier mal stöbern. Bei Schönhauser kann man nicht nur einkaufen, Schönhauser verleiht seine Designklassiker auch für Film- und Fernsehaufnahmen, Fotoshootings und Events.

Ein Shop, das man nicht in jeder Stadt findet, ist Pro Danse. Das Fachgeschäft hat sich auf Kleider und Zubehör für die Bereiche Tanzen, Fitness, Gymnastik und Ballett spezialisiert und stattet auch Profis aus. Bei Vans lohnt sich ein Blick auf die

Ausstattung des Ladens. Denn Vans bietet seine Schuhe und freizeitorientierten Kleider im historischen, denkmalgeschützten Ambiente einer früheren Metzgerei an.

Zum Glück haben sich die etablierten Restaurants nicht – wie zum Teil in anderen Straßen - ihre Räumlichkeiten von zahlungskräftigen Modelabels abluchsen lassen. So können sich die Kulinariker immer noch auf einen Besuch beim vielgelobten *Mädchenitaliener* an der Ecke Mulackstraße freuen. Angeblich ist dies die einzige Pizzeria, die ohne Pizza auf der Speisekarte auskommt. Dafür sollen die Pastagerichte echt lecker sein, meinte jedenfalls Johanna Klum in einem Glamour-Interview. Ebenfalls eine Institution ist das vietnamesische Restaurant *Monsieur Vuong*, das seit vielen Jahren immer wieder auf sich aufmerksam macht.

Wie Sie sicherlich bemerkt haben, gibt es bei der „Alten Schönhauser" kaum etwas über Architektur und sonstige Besonderheiten zu erzählen. Das kleine Shoppingerlebnis steht nun mal im Mittelpunkt. Wie gesagt: Hier geht was!

Dussmann
Kultur-Kaufhaus bis Mitternacht

Berlin, Friedrichstraße, 23.15 Uhr. Um mich herum eine Menge interessierter Menschen, dennoch ist es angenehm ruhig. Wir alle genießen die Stunde vor Mitternacht, stöbern, blättern. Zehntausende Bücher, Musik-CDs, DVDs, warten darauf, in die Hand genommen, gelesen, gehört, gekauft zu werden. Wir sind unter uns, die Nacht gehört den Lesenden und Hörenden. Dieses Kultur-Feeling kenne ich nur von einem Ort in Deutschland, dem Kulturkaufhaus Dussmann. Hier macht Bücher lesen und CDs hören richtig Laune.

Das mehrstöckige Kaufhaus hat bis 24 Uhr geöffnet. Das ist ideal. Denn selbst nach einem Theaterbesuch oder einem Abendessen bleibt noch Zeit für einen Abstecher. Daher kann ich behaupten: Kein Berlinaufenthalt ohne einen Besuch bei Dussmann. Wie oft bin ich schon fragend angesehen worden, wenn ich mit Arbeitskollegen zum Essen unterwegs war und mich gegen halb Elf verabschiedete mit dem Hinweis, jetzt noch in eine Buchhandlung gehen zu wollen. So manchem Nachfragenden konnte ich so einen guten Tipp geben für einen sinnvollen Zeitvertreib in Berlin.

Eingang in das Musik- und Literatur-Paradies

Viele Kunden sind an diesem Abend wie ich alleine unterwegs. Ist Dussmann eine temporäre Heimstätte für alleinstehende, noch nicht müde gewordene Literaturliebhaber? Darüber müsste ich mal nachdenken.

Die Schmökerer und Probehörer verteilen sich auf die fünf Etagen, in allen Abteilungen ragt hinter den Regalen mindestens ein Kopf hervor. Die Interessen sind also gut verteilt. Begehrt sind die Sessel vor den Hörbuchregalen, um in Ruhe in Büchern blättern zu können. Ein Mann um die Dreißig, schwarze Jeans, schwarzes T-Shirt, kauert in einem der Sessel, den Mund halb geöffnet. Er schläft tief und fest. Ein Buch liegt aufgeschlagen auf der Sessellehne, mit der rechten Hand hält er es im Traum irgendwie fest. Müde von einem aufregenden Tag in Berlin ist er beim Lesen eingeschlafen. Das kann nicht jeder dreißigjährige Berlinbesucher zu Hause berichten.

Selbst in konkurrierenden Geschäften wird Dussmann geschätzt. In einem Kaufhaus hörte ich einmal mit, wie der Verkäufer seinem Kunden empfahl: „Wenn Sie diese DVD suchen, dann sollten Sie als erstes bei Dussmann nachsehen". Das Gleiche gilt sicherlich für klassische Musik oder CDs aus anderen europäischen Ländern. In diesen Segmenten ist das Kulturkaufhaus hervorragend ausgestattet. Vor allem gibt hier auch Nischen – im wahrsten Sinn des Wortes – zu entdecken. Da bleibe ich schon mal bei Ratgebern für Schriftsteller hängen, oder brauche eine halbe Stunde, um alle Fotografie-Fachbücher zu sichten. Literatur über und aus Berlin ist sehr ergiebig in den Regalen und auf den Büchertischen zu finden. Kurz gesagt: Die Auswahl ist enorm, Dussmann ist bestens sortiert.

Bei jedem Besuch beginne ich in einer anderen Ecke und komme oft gar nicht viel weiter. Bei den CDs habe ich schon einige mir bis dahin unbekannte Interpreten entdeckt, so wie damals zum Beispiel ZAZ, lange bevor sie in Deutschland richtig bekannt geworden war. Besonders erfreulich ist die Auswahl an deutschsprachiger Musik von Liedermachern, Berliner Künstlern oder Sängern, die noch nicht in den Charts gelandet sind.

Dussmann bietet regelmäßig Veranstaltungen mit namhaften Autoren an. Einmal hatte ich Glück, an jenem Abend in Berlin zu sein, als NDR-Moderatorin Bettina Tietjen ihr Buch „Unter Tränen gelacht" vorstellte. Es ist sehr ergreifend, wie sie die Auswirkungen von Alzheimer auf die Familie und den Abschied von ihrem dementen Vater schildert. Tietjen zeigte sich sehr Lesernah und stand nach der Lesung noch lange für Gespräche und Widmungen zur Verfügung. Das signierte Buch habe ich zu Hause gelesen und war beeindruckt.

Lesung mit Bettina Tietjen bei Dussmann

Es ist kurz vor Mitternacht. Ganz frisch sehen die Dussmann-Kulturberater an der Info und an der Kasse um diese Uhrzeit nicht mehr aus. Ist ja auch kein Wunder. Doch wenn ich eine Frage habe, sind sie hellwach, freundlich und stets hilfsbereit.

Vielleicht ist es ja ein klein wenig das schlechte Gewissen den Mitarbeitern gegenüber, dass ich bei jedem Besuch bei Dussmann mit einer roten Einkaufstüte rausgehe? Nein, es ist einfach das große Sortiment und die Ruhe, die ich vor Mitternacht habe, um Neues zu entdecken und die Gewissheit, manches von dem in keiner Buchhandlung in der Pfalz zu finden. Zum Glück hat Lufthansa das Gewicht meines Koffers auf 20 Kilo begrenzt. Da hält sich der Einkauf bei Dussmann dann doch in Grenzen. Aber das ist ja nur ein weiterer Grund, beim nächsten Berlinbesuch wieder hierher zu kommen und neue Entdeckungen aufzuspüren.

Auguststraße
Kunst in alltäglicher Umgebung

Wie sieht eine Straße aus, die in vielen Reiseführern als eine der Galerie-Meilen Berlins gelobt wird? Das will ich natürlich wissen.

Wer meint, die „Kunst-Boutiquen" würden sich wie Kneipen oder Souvenirläden auffällig aneinander reihen, der täuscht sich. Das wäre ja auch nicht typisch Berlin. Die Galerien und Kunsthandwerker residieren, handeln und verkaufen in „normalen" Häusern. Beinahe hätte ich einige Galerien übersehen, sie haben meist keine auffälligen Reklameschilder oder grell beleuchtete Schaufenster. Es flanieren auch keine Kunstliebhaber dicht gedrängt über den Bürgersteig oder tragen reihenweise Gemälde aus den Läden. Deshalb unterscheidet sich die Auguststraße nicht wesentlich von anderen Straßen im Bezirk Mitte. Aber, wie so oft in Berlin, man muss wohl etwas genauer hinschauen.

Von außen eher unscheinbar – das KW, eine von zahlreichen Galerien

Ich sehe sorgfältig renovierte Altbauten, daneben Plattenbauten oder abrisswürdige Häusern aus unterschiedlichen Jahrzehnten. Zum Glück sind nur noch ganz wenige Gebäude in einem erbärmlichen Zustand, wild bemalt, verlassen. Der typische Berliner Kontrast. Manche drücken es positiv aus und behaupten, in der Auguststraße findet man noch ein ursprüngliches Stück des Scheunenviertels, wie dieses Viertel wegen seiner früher hier befindlichen Lagerscheunen genannt wird. So kann man herunter gekommene Gebäude auch schönreden. Aber dennoch, und das ist das Kennzeichen der Auguststraße: Hier befinden sich auf tausend Metern mehr als 20 Galerien und Kunsteinrichtungen, in denen man Werke der verschiedensten Kunststile und Kunstgattungen, von bekannten und noch unbekannten Künstlern, bewundern und erwerben kann. Dazwischen die obligatorischen Baustellen, Kneipen und Restaurants, bei schönem Wetter natürlich mit einem Speisezimmer auf dem Bürgersteig.

Die bekannteste Kunsteinrichtung der Auguststraße ist sicherlich das „KW", das „Kunstwerk" in einer ehemaligen Margarinefabrik. Es trägt den internationalen Zusatz „Institute for Contemporary Art". Ich muss jedoch gestehen: Wenn ich nicht gelesen hätte, dass sich in dem Anwesen eines der wichtigsten Zentren zeitgenössischer Kunst in Europa befindet, wäre ich am „KW" wahrscheinlich vorbeimarschiert. Mit seinen attraktiven Ausstellungen mit Gegenwartskunst hat sich das „KW" einen Namen gemacht. Auf seinen fünf Etagen verfügt es über genügend Raum für Großinstallationen. Im gemütlichen Innenhof, wo man das beliebte Café Bravo findet, sitzen einige Gäste bei einem Plausch zusammen, zwei sind in ein Buch vertieft und ein Handytipper ist ebenfalls dabei.

Ein weiterer Kunst-Hotspot ist der Hauptsitz der Galerie Eigen + Art. Galerist Gerd Harry Lybke gilt als Entdecker vieler junger Nachwuchskünstler. Seine Sammlung ist eine gefragte Adresse der internationalen Kunstszene und eine der führenden Galerien in Deutschland. In der alten Mädchenschule hat die Galerie weitere Ausstellungsräume eingerichtet.

Ich warte an der Kreuzung Tucholskystraße auf dem Gehsteig, um die Straße zu überqueren. Plötzlich beginnt der Boden unter meinen Füßen zu vibrieren. Eine kurze Schrecksekunde. Doch nach einer spontanen Analyse ist mir klar, was ich da gerade erlebe. Das ist nichts anderes als eine S-Bahn, die unter mir gerade in den S-Bahnhof Oranienburger Straße einfährt. Ja, eine unterirdische S-Bahn. Schließlich gibt es in der Schönhauser Allee auch eine überirdische U-Bahn.

Beim Betreten des früheren Schulhofs bei der Hausnummer 21 fühle ich mich um Jahrzehnte zurückversetzt. Großformatige Bilder sind an Jahrzehnte alten Backsteinmauern angebracht. In einem solchen Ambiente sind die Kunsthändler natürlich nicht weit. Unter anderem haben sich die Galerie Weißer Elefant und die Galerie Neues Problem hier niedergelassen.

Wie der „Betze" zu Kaiserslautern, so gehört „Clärchens Ballhaus" zur Auguststraße. Das legendäre Tanzlokal besteht seit

1903. Es muss sich heute Ballhaus Mitte nennen, ist unter dem ursprünglichen Namen „Clärchens Ballhaus" bekannt. Hier tanzen Mann und Frau in uraltem Ambiente mal Foxtrott, Tango oder Salsa. Die Küche bietet einige einfache, hausgemachte Gerichte, die ordentlich schmecken. Ich kann allen Berlinbesuchern, die einmal die Atmosphäre des früheren Berlins schnuppern möchten, eine Stippvisite im Ballhaus nur empfehlen. Keine Angst, Tanzen ist keine Pflicht. Das Ballhaus steht etwa dreißig Meter zurück versetzt. Die idyllische, naturbelassene Fläche zwischen Hofeingang und Haus ist ein beliebtes Plätzchen. Gut, direkt vor der Gartenterrasse gräbt ein Bagger gerade ein Loch in den Bürgersteig. Beim Drehen könnte er mit seiner Schaufel sozusagen die Weingläser von den Tischen fegen. Doch das stört den Berliner in keiner Weise. Heute ist schönes Wetter, wir sitzen draußen, was stören uns da irgendwelche Baggergeräusche?

Jüdische Schule neu belebt

Einen erkennbaren Aufschwung erlebte die Auguststraße 2012 durch die Renovierung der ehemaligen jüdischen Mädchenschule. Das Haus war 1928 eines der letzten neuen Bauwerke der jüdischen Gemeinde vor dem Zweiten Weltkrieg. Die Eisenklinker lassen die Fassade in der engen Auguststraße düster erscheinen. Doch es kommt ja bekanntlich auf die inneren Werte an. Und die sind in der Mädchenschule hochkarätig. Gleich drei Galerien gehen freiwillig in die Schule: Michael Fuchs, CWC Gallery sowie EIGEN + ART. Die Architekten bemühten sich, die Raumaufteilung und die Aura der früheren Schule bei der Sanierung beizubehalten, so dass die Ausstellungen in früheren Schulräumen untergebracht sind. Klassische New Yorker Esskultur wie z. B. hausgemachte Fleischdelikatessen, gegrillte Sandwiches oder selbstgebackene Süßigkeiten offeriert Mogg & Melzer Delicatessen. Das Restaurant „The Cosher Classroom" serviert koschere Gerichte aus der traditionellen jüdischen Küche, aber auch mediterrane und vegane Speisen.

Wie in der Großen Hamburger Straße gibt es auch hier noch weitere Gebäude, die an die jüdische Historie erinnern. Ich stehe vor dem Haus Nummer 14 bis 16, wissend, dass sich darin einst ein jüdisches Krankenhaus befand. Wie in Berlinbüchern nachzulesen ist, sollen hier während des Nationalsozialismus etwa 15.000 Juden zusammengetrieben und in Vernichtungslager abtransportiert worden sein. Wie so oft in Berlin stehe ich mit Gänsehaut mitten in der deutschen Geschichte.

 Zwischen den Galerien entdecke ich einige wenige Geschäfte, die sich auf ihre Weise von der Masse abheben. Zum Beispiel die Milchhalle. Der Laden erinnert mich in der Tat an den Milchladen der Familie Germann in meinem Heimatort Leimen. In den 1960er/1970er Jahren schickte mich meine Mutter regelmäßig mit einer Milchkanne dorthin, um zwei Liter frische Milch zu holen. Die Gäste in und vor dem originellen Laden motivieren mich, jetzt und gerade hier eine kurze Pause einzulegen. Ich gönne mir ein hausgemachtes Müsli, das ich auf einer Bank vor dem Schaufenster sitzend genieße.

Das „do you read me?" ist ein Fachgeschäft für Magazine und Lektüre der Gegenwart. Ich finde es spannend, in dem besonderen Sortiment zu schmökern und Fachzeitschriften zu entdecken, die ich bisher nicht kannte.

Wie lautet mein Fazit nach dem Bummel durch die Auguststraße? Sie hat sicherlich einige dezente Highlights zu bieten. Doch wenn sie eine Straße ist, die wegen der vielen Galerien in mehreren Reiseführern erwähnt oder sogar als Attraktion eingestuft wird, so ist diese Straße am ehesten für kulturinteressierte Besucher interessant, die die Absicht haben, die Galerien zu betreten. Denn die Auslagen in den Schaufenstern geben nicht viel preis von der wertvollen Kunst, die sich in der Auguststraße in den Räumlichkeiten zahlreicher Galerien versteckt. Das Reingehen lohnt sich sicherlich, das Vorbeilaufen weniger.

Passionskirche
Konzert mit zwei Unbekannten

Soll man die Denke dieser Kirchengemeinde in Kreuzberg vorbildlich und zukunftsweisend nennen? Als die Passionskirche 1992 saniert wurde, hat man sie gleichermaßen für Konzert- und Gemeindeveranstaltungen hergerichtet, Licht- und Tontechnik eingebaut. Wände und Deckengewölbe sind mit schallbrechendem Putz versehen worden, die Fenster erhielten eine Schallschutzverglasung. Seit dem vermietet die Kirchengemeinde die Passionskirche für kulturelle Veranstaltungen. Mittlerweile ist die Passionskirche als Zentrum für Jazzmusik und Weltmusik über Berlin hinaus bekannt geworden und ein beliebter Konzertsaal in Berlin-Kreuzberg. Trotzdem findet nach wie vor jeden Sonntag um 11 Uhr ein Gottesdienst statt.
Die Kirche am Marheinekeplatz gilt als ein typisches Beispiel des wilhelminischen Kirchenbaus. In der Mitte der quadratischen Backstein-Kirche von 1908 ragt ein zentraler Turm in die Höhe. Zusammen mit den vier Ecktürmen erhält der Kirchenbau einen burgähnlichen Charakter.

Um die Kirche betreten zu dürfen, muss ich an diesem Abend dem Security-Mann brav meine Eintrittskarte vorzeigen, die ich soeben an einem Seiteneingang für 19 Euro erstanden habe. Dass das Konzert ausverkauft sein könnte, davor hatte ich keine Angst, denn schließlich finden fast 900 Leute in der Kirche Platz. Das Kircheninnere bietet eine faszinierende Kulisse. Die über hundert Jahre alte Einrichtung, die weitgehend noch aus der Erbauungszeit stammt, ist für eine evangelische Kirche architektonisch recht aufwändig gemacht. Das dunkle Holz und das gewaltige Interieur gleichen eher einer orthodoxen Kirche. Die Bänke und die Empore sind mit Besuchern gut gefüllt.

Passionskirche – Gotteshaus und Konzerthalle

Laura Gibson

Als erste Sängerin tritt Laura Gibson mit ihrer Gitarre ans Mikrofon. Sie ist Ende Zwanzig und kommt aus Portland. Sie singt etwa zehn Lieder, die mich vom Stil her an Katie Melua erinnern, aber wesentlich flacher klingen und vor allem wenig Abwechslung in Stimmlage und Rhythmus bieten. Als Musik-

Grundkurs-Schüler tippe ich auf Folk mit irischem Einschlag. Immer wieder rutscht ein „Huhuhuhu" dazwischen, die Lieder verbreiten für mich eine traurige, herbstliche Stimmung. Aber Respekt vor der jungen Dame, die sich selbst mit der Gitarre begleitet und anschließend selbst am Merchandisingstand ihre CDs und T-Shirts verkauft. Eine richtige Selfmade-Lady, der ich mehr Fröhlichkeit in ihren Songs und alles Gute für ihre weitere Karriere wünsche.

Alela Diane

Als Haupt-Act des Abends erscheint die Amerikanerin Alela Diane im Altarraum. Die Empfehlung des Magazins „tip", das eine Mischung aus Country, Pop, Gospel, Folk und Blues ankündigte, verleitete mich zum Besuch des Konzerts. Obwohl der Vater der Sängerin bei jedem Song die Gitarre wechselt und der Schlagzeuger ständig ein anderes Schlagwerkzeug einsetzt, kommt mir das Repertoire recht eintönig vor. Am interessantesten ist noch der langhaarige Bassist, der einige lustige Einlagen bietet.

Natürlich ist das eine sehr subjektive Meinung. Denn mit der jungen Studentin Christiane aus Berlin sitzt ein ausgesprochener Fan von Alela Diane neben mir. Sie hat das Ticket schon vor einigen Wochen gekauft. Damals ahnte sie noch nicht, dass sie just in dieser Woche ihr Studium als Lebensmittelingeneurin in Mecklenburg-Vorpommern werde beginnen müssen. Sie ist heute deshalb extra zwei Stunden lang mit dem Zug angereist, um das Konzert von Alela Diane miterleben zu können. Sie findet die Lieder toll, weil Alela mit ihren Liedern Landschaften beschreibt und mit ihren lyrischen Texten wunderbare Geschichten erzählt. Ok, räume ich ein, dann liegt es an deinen mangelhaften Englischkenntnissen, Jürgen, dass du diesen Auftritt nicht in vollen Zügen genießen bzw. verstehen kannst. Ein Reinhard Mey-Konzert in Englisch wäre dann vermutlich ebenfalls kein Leckerbissen, obwohl ich ihn toll finde - wenn er deutsch singt.

Eingangs habe ich ja die zukunftsorientierte Haltung der Kirchengemeinde gelobt, die Kirche häufig für Veranstaltungen zu nutzen. Allerdings ist es für mich als Provinzchrist schon gewöhnungsbedürftig, die Besucher mit einer Flasche Bier oder Bionade in den Bänken sitzen zu sehen. Tja, und vor allem: Wer hält schon ein Konzert von einer dreiviertel Stunde ohne ein Getränk aus? Aber meine Sprudelgirls (siehe Kapitel U-Bahn) hätten wenigstens an ihren Plastikflaschen genippt. Doch hier sitzen die Gäste mit echten Glasflaschen in der Hand. Sie ahnen es schon? Eine Flasche fest in der Hand zu halten oder sie so auf den Boden zu stellen, dass man sie nicht umtritt, ist eine übermenschliche Meisterleistung, die nicht alle Konzertbesucher beherrschen. So knallen während des Konzerts mindestens zehn Getränkeflaschen schallend auf die Terrakottafliesen, eine so laut, dass selbst Laura Gibson mitten in ihrem Liedvortrag laut lachen muss.

Nun, eine Passion - ein Leiden und Sterben - ist dieser Abend in der Passionskirche beileibe nicht, auch wenn mein Rücken vom langen Sitzen in der Kirchenbank ein wenig schmerzt und die beiden Sängerinnen nicht ganz meinen Geschmack getroffen haben. Gelohnt hat sich der Besuch in der „Jazzkirche" allemal. Es ist eine weitere Facette, die ich von Berlin kennenlernen durfte und die mich in Sachen Architektur und Berliner Kirchenkonzertkultur bereicherte.

Bergmannstraße
Ein besonderes Stück Kreuzberg

Mit einem Abstecher zum Chamissoplatz

Bergmannstraße –Fahrräder, Fachgeschäfte und einige hübsche Fassaden

Die Bergmannstraße und ihre Umgebung sind eine echte Entdeckung in Berlin. Ich betrete ein Revier in Kreuzberg, das ein
anderes, vielleicht das echte multikulturelle Berlin zeigt. Ich
spüre die Leichtigkeit des Zusammenlebens von Menschen aus
unterschiedlichen Kulturen und Nationen in einem Kiez. Natürlich weiß ich nichts von den Problemen, die es hier schon ge-
geben hat oder im Alltag gibt, mein Besuch ist lediglich eine
Momentaufnahme. Es sind jedoch friedliche Momente. Der
Kiez zeigt sich sehr kinderfreundlich. Am Marheinekeplatz ist
ein Kinderspielplatz vorhanden, der Chamissoplatz ist sogar
komplett als Kinderspielplatz hergerichtet. Am Zugang zu einem großen Anwesen hängt ein Schild „Box-Camp". Auch das
ist ein begrüßenswertes Unterfangen, aufkeimende Aggressio-

nen in geregelte Bahnen mit festen sportlichen, zwischenmenschlichen Regeln zu lenken.

In diesem lebhaften Kiez treffen sich echte Berliner, zugezogene „Berliner" und zahlreiche ausländische Mitbürger auf der Straße. Entsprechend international sind die Läden und Restaurants. Ich empfinde diese Gegend als typischen Berliner Kiez, weil alles da ist, was die Bewohner brauchen: Kleiderläden, eine Reinigung, Obstläden, Handyanbieter, Videothek, Antiquitäten, Bars, Fahrradhändler, ein Gesundheitszentrum, Discounter und Wohnungen. Ich sehe zwar einige Trödelbuden und Second-Hand-Läden, in denen ich heute bei rund 25 Grad sogar einen gebrauchten Pelzmantel erwerben kann. Aber es sind auch Boutiquen und Geschäfte für den anspruchsvollen Käufer vorhanden. Die Kneipen haben Stühle und Tische auf die Bürgersteige gestellt, die Menschen verweilen beiderseits der viel befahrenen Bergmannstraße an den Tischen. Mir fallen die vielen Fahrräder und Mopeds auf, die dort herumfahren bzw. auf den Bürgersteigen geparkt sind. Eine Baustelle mit Lärm und Schutt schließt sich unmittelbar an einen Obststand auf dem Trottoire an.

Nicht jede Ecke sieht wie gebohnert aus. Doch die Bergmannstraße hat manche hübsche Fassade vorzuweisen. Die Bomben des Zweiten Weltkriegs haben diese Gegend teilweise verschont. Mit einigen über hundertjährigen Altbauten im Hintergrund und den passenden Geschäften im Erdgeschoß komme ich mir bisweilen vor wie in einem südeuropäischen Straßenzug. Hier ist keine Kulisse für Touristen aufgebaut, das alltägliche Leben selbst ist das Sehenswerte in der Bergmannstraße.

Die Bergmannstraße wäre für mich die ideale Gegend für eine Fernseh-Soap. Ich frage mich, wieso TV-Anstalten, die noch keine tägliche „Lindenstraße" haben, noch nicht auf die Idee gekommen sind, als Alternative eine Fernsehserie „Bergmannstraße" zu drehen. Ich kann mir gut vorstellen, dass hier alle

Facetten des Berliner Großstadtlebens stattfinden, jeden Tag eine neue spannende Episode.

So, nun aber nochmal der Reihe nach. Als ich vom Mehringdamm in die Bergmannstraße einbiege, beginne ich meine Tour auf der gegenüber liegenden Straßenseite mit dem Shop „Herrlich Männergeschenke". Er hat sich auf originelle und edle Geschenke für Männer spezialisiert, zum Beispiel fürs Kochen, für die Werkstatt, für Hobby und Wellness oder fürs Arbeitszimmer. Ich stöbere in den Regalen des kleinen Ladens und freue mich über einige witzige Produkte, die von den Besitzern sorgfältig zusammengetragen wurden und die ich mir durchaus schenken lassen würde. An den Ansichtskartenständern vor dem Laden lachen zwei Frauen mehrmals laut über die coolen Sprüche auf den Postkarten.

Mit der Strickmodendesignerin Vera Breitenbach, dem Szene-Schuhladen Luccico, dem Shoeting, der Schmuckgalerie Aquamarin, Icke und Friends haben sich einige Modeläden im Kiez etabliert. Dennoch ist die Bergmannstraße keine typische Shoppingmeile für Kleiderguckerinnen. Es ist eher das Gesamtbild, von allem ein bisschen, was den Charakter dieser Straße ausmacht.

Das „Knofi" ist im Kiez bereits eine Institution. Die Inhaberfamilie eröffnete hier 1986 einen türkischen Lebensmittelladen. Mittlerweile ist das „Knofi" eine führende Adresse in Sachen mediterraner und türkischer Feinkost. Die beiden Male, an denen ich an dem Laden mit Bistro und Partyservice vorbeilaufe, sitzen immer einige Leute an den schmalen Holztischen auf dem Bürgersteig und genießen die Leckereien aus dem Laden.

Ein Besuch in der Kaffeerösterei Barcomi's ist ein besonderes Erlebnis, dem in diesem Buch ein eigenes Kapitel gewidmet ist.

Etwa 160 verschiedene Nationalitäten wohnen in Kreuzberg. Viele davon sorgen mit Restaurants, Imbissen und Läden für kulinarische Abwechslung. Ohne Anspruch auf Vollständigkeit habe ich in der Bergmannstraße auf den Speisekarten und in den Läden vietnamesische, mexikanische, österreichische, deutsche, italienische, spanische, türkische, persische, japanische, französische, chinesische und amerikanische Speisen entdeckt.

Die Menschen sind hier wie sie sind. Vor einem Discountmarkt sitzen drei ältere Männer auf der Fensterbank, jeder hat seinen Rollator vor sich geparkt. Einer von ihnen hat seinen Ablagekorb am Rollator mit einer Flasche Asbach und einer Flasche klarem Schnaps befüllt. Jetzt weiß ich endlich, wofür die Ablagekörbe an diesem Hilfsmittel nützlich sein können. Und ob ihm jemand wegen Trunkenheit am Rollator den Schwerbehindertenausweis abnimmt oder die Pflegestufe entzieht, glaube ich auch nicht. Also freie Fahrt für den Promille-Rollator.

Als es ab der Friesenstraße schattiger wird, fällt mir erst auf, wie viele Bäume entlang der Bürgersteige erhalten sind und einen grünen Streifen durch die gesamte Bergmannstraße ziehen. Bald sehe ich, an der Abzweigung Zossener Straße, die Marheinekehalle, deren Besuch ich mir für später aufhebe.

Abstecher zum Chamissoplatz

Da laut Stadtplan ab dem Marheinekeplatz an der restlichen Bergmannstraße nun hauptsächlich Friedhöfe gelegen sind, ändere ich hinter der Markthalle die Richtung und zwar nach rechts in die Heimstraße, die gegenüber der Passionskirche bergan führt. Dort beobachte ich eine Frau mit ihrem schwarzen Minicooper beim Einparken. Obwohl sie hinter dem Auto noch mindestens eineinhalb Meter Platz hat, stößt sie sehr zögerlich zentimeterweiße rückwärts. Als ich auf Höhe des

Fahrzeugs ankomme, deute ich ihr mit weit ausgebreiteten Armen an, dass zwischen ihr und dem dahinter parkenden Auto noch massig Luft ist. Trotzdem zögert sie. Nach dem zweiten Versuch steht der Mini perfekt, was ich ihr mit dem nach oben gestrecktem Daumen signalisiere. Geschafft.

Gründerzeit-Fassaden aus der Zeit ab 1870 in der Arndtstraße

Ich spaziere weiter und biege nach einem kurzen Weg rechts ab in die Arndtstraße. Schon bald zücke ich wieder meinen Fotoapparat. Ich finde diese Straße mit Kopfsteinpflaster, Laternen, fünfstöckigen Häusern aus dem vorletzten Jahrhundert mit sanierten, pastellfarbenen Stuckfassaden und reizenden Balkonen ausgesprochen romantisch. Man bekommt einen Eindruck, wie die Straße um 1900 ausgesehen hat, obwohl die Verhältnisse damals in den Mietskasernen ungleich schlichter waren als heute. Schade eigentlich, dass die parkenden Autos diese Bilderbuchkulisse verderben, mit Pferdekutschen und Hufengetrappel wäre die Märchenwelt perfekt.

„Vielen Dank nochmal fürs Einwinken" ruft mir plötzlich eine Stimme von hinten zu. Ich drehe mich um und sehe die blonde Endvierzigerin, die vorhin tatsächlich die Fahrerin des Mini gewesen sein könnte. „Sie haben mir aber nicht getraut", entgegne ich spontan. Sie lacht. „Ich habe so eine Parkhilfe, die hat ständig gepiepst. Das habe ich schon öfter erlebt, wenn die Bordsteine so extrem hoch sind". „Ja, gut möglich" antworte ich ihr, „aber es war noch eine Menge Platz". „Na ja, es hat ja geklappt", sagt sie im Vorbeigehen, „also, danke nochmal und einen schönen Tag!". Ja, das wünsche ich ihr auch.

Ich laufe weiter vor bis zum Chamissoplatz. Hier befinde ich mich im Zentrum des Chamissokiez, um mich herum eine herrliche Häuserkulisse. Ein Großteil der Häuser, die in der späten Kaiserzeit erbaut wurden, ist noch erhalten und restauriert. Deshalb hat die Gegend in etwa das Ambiente wie Berlin zu Beginn des 20. Jahrhunderts. Neonreklameschilder sind verboten. Kein Wunder also, dass diese Ecke des Öfteren für Filmaufnahmen genutzt wird. Nach einer Runde um den Chamissoplatz, vorbei an einer in die Jahre gekommenen grünen, gusseisernen Wasserpumpe am oberen Platzrand, stehe ich an der Ecke zur Arndtstraße vor dem grünen „Café Achteck". Das rekonstruierte Toilettenhäuschen erinnert an die früheren grünen gusseisernen Bedürfnisanstalten in den Berliner Straßen.

Nach dem spannenden Abstecher zum Chamissoplatz kehre ich auf der Arndtstraße zurück zum Marheinekeplatz. Dort ist es lebendig. Eltern beaufsichtigen ihre Kinder auf dem Spielplatz, Menschen verschiedener Herkunft und jeden Alters plaudern angeregt miteinander.

Kulinarische Verführung: Die Marheinekehalle

Das mit Ziegelsteinen errichtete Gebäude an der Ecke Bergmann-/Zossener Straße war eine von ehemals 14 Markthallen in Berlin. Den Charme früherer Zeiten, wie er in Reiseführern propagiert wird, erkenne ich nicht wirklich. Zu kühl wirkt der helle Estrichboden, zu unnostalgisch erscheinen die modernen Kühltheken. Dennoch ist es eine wirkliche Markthalle. Viele kleine, gepflegte und appetitliche Stände reihen sich aneinander, man bekommt was der Magen begehrt. In den Auslagen entdecke ich zahlreiche Lebensmittel, die in die Kategorie „Hausgemacht", „frisch hergestellt", „eigene Herstellung", „Bio", „fairer Handel", „frisch aus Brandenburg", „Essen aus der Region" und so weiter passen. Dieses Imbissparadies ist offensichtlich ein Kieztreffpunkt.

Obwohl ich gar keinen richtigen Hunger habe, schaffe ich es nicht, dem reichhaltigen Angebot zu widerstehen und die Marheinekehalle ohne einen Imbiss zu verlassen. Ein knuspriges Brötchen mit einer echt leckeren Bulette (Frikadelle), hausgemacht aus Biofleisch, für günstige 2,10 Euro ist meine Wegzehrung, als ich die Halle verlasse.

Auf dem Weg zurück zum Mehringdamm reihen sich Restaurants, Cafés und Bistros aneinander. Das „Kochhaus" hat alles, was die Köchin und der Koch zum Promi-Dinner an Geschirr, Werkzeug und Zutaten benötigt.

An der Ecke Nostitzstraße verleiten mich originelle Berliner Ansichtskarten zu einem Stopp. Die ausgefallenen Motive aus Berlin wecken mein Interesse und locken mich in den Laden namens Ararat. Lange halte ich mich in dem engen Laden zwischen vielen anderen Stöberern auf. Vor allem die umfangreiche Postkartensammlung fasziniert mich. Wer Papier- und Schreibwaren oder besondere Kartonagen mag, dem kann ich das „Ararat" empfehlen.

Vorbei an trödelmarktähnlichen Auslagen erreiche ich den Mehringdamm, gehe rechts herum und gelange an den Sarottihöfen vorbei zur U-Bahn-Station.

Die Hauptstadt Berlin
Warum sie mir so gut gefällt

Eine Reise nach Berlin ist eine Reise für alle Sinne. Ich verlasse für ein paar Tage die eingefahrenen Spuren des Alltags. Das beginnt schon mit dem Flug, der ja für mich als Pfälzer etwas nicht Alltägliches ist. Ob kulturell, architektonisch, geschichtlich, kulinarisch, soziologisch - Berlin ist ganz anders. Hier leben und arbeiten so viele kreative, anders tickende Menschen, dass ich an jeder Straßenecke etwas Neues entdecke. Achten Sie nur mal auf die Namen von Kneipen, wie zum Beispiel „Zur letzten Instanz" (ein Lokal neben einem Gericht) oder „An einem Sonntag im August".

Das spricht für Menschen mit ausgefallenen Ideen, mit Gehirnen, die um die Ecke denken, die Phantasie entwickeln und den Mut haben, ihre Träume auszuleben. Ob ich mit ihnen tauschen möchte? Wahrscheinlich nicht. Aber allein die Erfahrung, solchen Menschen und ihren in die Tat umgesetzten Ideen zu begegnen, macht doch Spaß und erweitert meinen geistigen Horizont. Berlin bringt mich auf andere Gedanken, inspiriert mich, ich versinke in der Stadt. Berlin vertreibt alltägliche Gedanken, weil es mir sekündlich neue Eindrücke bietet. Es hat was von Urlaub, man ist entspannt und das in der größten Stadt Deutschlands.

Ich lasse meinen kleinen (aber liebgewonnenen) Wohnort hinter mir, entfliehe dem überschaubaren sozialen Gefüge eines nordpfälzischen Dorfes, in dem alles seine Ordnung zu haben scheint. Na ja, fast alles. In Berlin kennt dich keiner. Die Stadt ist weltoffen. Ich flaniere durch das Hotel Adlon, beobachte ein Fernsehteam beim Drehen, begegne der schwarzen Limousine eines Ministers oder eines Showstars so selbstverständlich wie wenn ich zu Hause samstags bei Bäcker

Schmidt neben unserem Verbandsgemeindebürgermeister stehe und auf meine Brötchen warte.

Wenn ich in Berlin bin, komme ich mir manchmal vor wie ein Sammler. Ich durchstreife die deutsche Hauptstadt, um Eindrücke, Ansichten, Erlebnisse aufzusaugen. Mit jedem Foto, das ich in meinem Kopf speichere und mit meiner Panasonic fotografiere, verfeinert und vergrößert sich mein persönliches Puzzle-Bild von Berlin.

Ein bunter Mix

Eigentlich ist ganz Berlin ein Puzzle. Nicht nur, dass „Groß-Berlin" 1920 aus ehemals acht eigenständigen Städten und rund 60 Gemeinden zusammengebastelt wurde. Oder dass Menschen aus über 160 Nationen dort leben. Auch die Bürgersteige, zum Beispiel, sind aus Steinplatten, Pflastersteinen, Verbundsteinen, Teer und Schotter gemixt. Überhaupt sind die Gehwege in Berlin ein besonderes Merkmal für mich. Solche großflächigen Steinplatten, oft kombiniert mit kleinen Pflastersteinen, kenne ich nur aus Berlin. Mein Trolly hüpft manchmal wie ein grauer Hase dumpf rollend über die unebenen Bürgersteige hinter mir her.

Man spürt ständig und überall in der Stadt die Verschmelzung von Geschichte und Gegenwart. Alte Kultur neben neuer Kultur, verfallene Gebäude wie das Tacheles werden zu Kultstätten, moderne Architektur wie am Potsdamer Platz steht Wand an Wand mit Jahrhunderte alten Gebäuden. Berlin ist keine Stadt aus einem langfristig geplanten architektonischen Guss, beileibe nicht. Doch Berlin steht zu seiner Vergangenheit, auch architektonisch. In einer Beschreibung der Tourist-Info „Berlin in einem Tag" las ich: „Am besten beginnt man [seine Besichtigungstour] im historischen Stadtzentrum im Bezirk Mitte, dessen wiederhergestellten Gebäude einen Eindruck des preußischen Glanzes vermitteln. Dazu bilden die Bauwerke der DDR-Zeit einen lebendigen Kontrast". Da entschuldigt sich niemand, dass die DDR ihre unschönen Spuren hinterlassen hat, nein, eine solche Beschreibung unterstreicht die Berliner Philosophie „arm, aber sexy". Wir stehen zu dem, wie wir sind und wie wir es geworden sind.

Längst nicht alle, mit denen ich über Berlin spreche, finden unsere Hauptstadt schön. Aber alle finden sie interessant, spannend, abwechslungsreich, faszinierend und einmalig. Seit Jahrhunderten können sich renommierte Architekten in Berlin mit ihren Ideen entfalten, zum Beispiel Karl-Friedrich Schinkel (1818 - Neue Wache) oder Norman Foster (1999 - Reichstag). Jeder Architekt hat seine persönliche Visitenkarte hinterlassen. Gerade das ist Berlin. Kein Stadt- oder Gemeinderat, der dem Bauherrn vorschreibt, welche Farbe das Dach, welche Höhe der Kniestock oder der Gartenzaun haben darf. Der Berliner denkt da anders: „Mach´ mal, aber mach´ etwas Originelles, und dann kieken wir mal, ob es uns jefällt". Und genau deswegen kommen jedes Jahr Millionen Gäste in unsere Bundeshauptstadt, weil sie eben anders ist als alle anderen Städte in Deutschland. Eine Kneipe, wo die Leute nachts um Zwei noch vor der Tür feiern oder eine verschmierte Mauer, wegen der Karl Müller zu Hause wegen Lärmbelästigung oder Sachbeschädigung mit seinem Nachbarn vor Gericht ziehen würde, findet Karl Müller in Berlin klasse. Bemalungen an Häusern, die daheim als eine Verschandelung angesehen werden, nennt man in Berlin Street Art.

Eine Großstadt aus vielen Vierteln
Berlin ist ein Verbund von ursprünglich einmal 23 Bezirken, von denen jeder für sich bis heute eine weitgehende Eigenständigkeit bewahrt hat mit eigenem Bürgermeister, eigenen Einkaufszentren oder sogar einer eigenen Zeitung. Nach einer Fusion im Jahr 2001 gibt es nur noch 12 Bezirke, von denen jeder mehr Einwohner hat als die größte pfälzische Stadt Ludwigshafen (ca. 165.000). Wer oder was in Berlin gerade in ist,

ist schwer zu sagen. Ständig entstehen neue Trends, dann zieht die Szene weiter in ein anderes Viertel. Der Kontrast macht den Reiz der Stadt aus. Kein Mensch kann die deutsche Hauptstadt in einer Woche oder gar an einem Wochenende richtig kennenlernen. Sie können die Stadt noch weitere zehn Mal besuchen und jedes Mal ein anderes Viertel, eine neue Szene oder eine neue verborgene Ecke entdecken und in Ihr persönliches Stadtbild-Puzzle einfügen.

In Berlin gibt es noch den sogenannten Kiez. Das sind Stadtviertel oder Straßenzüge, in denen die Menschen ein gewisses Zusammengehörigkeitsgefühl entwickelt haben und deshalb eine besondere Gruppe bilden. Wenn in einem Reiseführer steht, dass eine Kneipe in der Oranienburger Straße von Menschen aus dem Kiez besucht wird, dann sind damit die Bewohner der umliegenden Straßen gemeint. Dies hat nichts mit dem Rotlichtmilieu zu tun, sondern „Kiez" bedeutet in Berlin einfach nur eine eingegrenzte Lebenswelt innerhalb der Stadt, in der Menschen alles finden, was sie zum Leben brauchen und die sie meist nur selten verlassen.

Berliner Toleranz
„Berlin lässt vieles zu, was anderswo nicht möglich ist", meint die Reisejournalistin Gudrun Maurer. Wenn du in einem Ort lebst, in dem bei allen Häusern die Farbe der Dachziegeln vorgeschrieben ist, in dem es feste Zeiten gibt, in denen du draußen arbeiten darfst und in dem laute Geräusche während der obligatorischen Mittagspause kritisch gesehen werden, und dann nach Berlin kommst, dann betrittst du eine andere Welt, nein, eine fremde Galaxy. Oder könnte sich bei uns jemand vorstellen, wie eine Oma morgens mit Bademantel und Lockenwicklern auf dem Kopf zu Bäcker Schmidt kommt, um ein Donnersberger Landbrot zu kaufen? In Berlin würden sich höchstens die Touristen nach dir umdrehen, ein paar Japaner würden dich fotografieren, aber dem Berliner wär's egal.

Ich habe mich mal je eine halbe Stunde an den Wasserklops vor dem Europacenter gesetzt und auf den Alexanderplatz gestellt und habe die Menschen beobachtet. Was hier an skurrilen Typen an mir vorbei lief, hätte in einer normalen pfälzischen Gemeinde wahrscheinlich für helle Aufregung gesorgt und vermutlich zu einem Sondereinsatz der Feuerwehr geführt, um Häuser und Kinder vor diesen Typen zu schützen. In Berlin ist das normal. Deshalb kommen ja auch so viele Menschen in die Stadt, die sich zu Hause eingeengt, missverstanden oder unterdrückt fühlen. Nicht von ungefähr hat sich in Berlin eine so ausgeprägte Schwulen- und Lesbenszene gebildet, die mit Paraden immer wieder auf sich aufmerksam macht. Das ist Berlin: Die größte Sammlung Deutschlands an außergewöhnlichen Exemplaren der Spezies Mensch. Der Biologe Dr. Alfred Brehm hätte seine Freude daran gehabt. Statt des damals größten Aquariums Europas würde er heute in Berlin vermutlich einen „People Show-Room" eröffnen.

Berlin ist unendlich

Bei jedem Besuch entdecke ich neue, interessante Straßen, Kieze, Geschäfte und Gebäude. Selbst Bekanntes verändert sich schneller als sonstwo. Berlin ist ein Geschichtsbuch. Es gibt hunderte von Häusern, Plätzen, Brücken, Denkmälern oder Straßen, von denen jede(s) einzelne ein eigenes Stück Geschichte erzählt. Man spaziert sozusagen durch die deutsche Geschichte wie durch ein dreidimensionales Geschichtsbuch. Manchmal komme ich mir vor wie in einer gewaltigen Filmkulisse, an jeder Ecke könnte ein Kamerateam stehen und gerade eine Szene für einen Vierteiler im Ersten drehen. Dass an einer Fußgängerampel am Schloss Charlottenburg Jochen Senf alias Ex-Tatort-Kommissar Max Palue neben mir steht und ich eine paar Worte mit ihm wechsle, oder im Zollernhof, dem ZDF-Hauptstadtstudio Unter den Linden, Maybrit Illner an mir vorbeiläuft und wir uns mit einem Lächeln grüßen, ist doch normal, oder? Geschichte, Kultur, Glamour - du begegnest Dingen, Häusern, Menschen, Situationen, Autos, die du sonst nur aus Büchern oder aus dem Fernsehen kennst.

Obwohl großstädtisch, ist Berlin bodenständig. Extravagante, hochnäsige Großstädter trifft man anderswo in Deutschland. In München erkennst du in etwa, wer Einheimischer oder Tourist ist. Wer in Berlin nicht gerade mit vorgehaltener Kamera durch die Straßen zieht, fällt kaum als Tourist auf. Das hängt damit zusammen, dass man schwer einschätzen kann, was der Japaner neben mir in der U-Bahn hier in Berlin eigentlich macht: Ist er Student? Arbeitet er in der Botschaft, in einem Restaurant oder in der IT-Branche? Oder hat er sich als Künstler hier niedergelassen? Wie lange wohnt er schon in Berlin? Der asiatisch aussehende Mann neben mir ist vielleicht einheimischer als andere Bewohner Berlins.

Wenn prominente Ausländer, die eine Zeit lang in Berlin leben, gefragt werden, was ihnen an Berlin gefällt beziehungsweise auffällt, dann antworten viele von ihnen: Die Ruhe. Die Berliner sind gelassen, hier herrscht nicht so viel Hektik wie in anderen Großstädten. Als ich mit meinem Kollegen Rainer Eikel von einer Sitzung zum Hotel gelaufen bin, meinte er: „Du, ich war am Wochenende in London. Dagegen ist Berlin eine richtig ruhige Stadt." Und so empfinde ich das auch. Abgesehen davon, dass der Berliner lieber hupt statt zu bremsen, sind zahlreiche Straßen so großzügig angelegt, dass der Verkehr einem wenig belastet. Außerdem fahre ich in Berlin hauptsächlich Bus, Straßen-, S- oder U-Bahn und bin damit frei von jeglichem Auto- und Parkplatzsuchen-Stress.

Stets im Wandel

Die Hauptstadt pulsiert, keine Stadt (ver-)wandelt sich so rasant wie Berlin. Seit dem Mauerfall wird in Berlin unununterbrochen gebaut. Noch heute kann man kaum ein Foto schießen, auf dem nicht irgendwo im Hintergrund ein Kran zu sehen ist. Ich wundere mich, dass es in der Großstadt immer noch und immer wieder Lücken gibt, um etwas Neues, Modernes, Ausgefallenes zu bauen. Selbst der Palast der Republik existiert nur noch auf Fotos. Ein Praktikum bei den Berliner Baugenehmigungsbehörden müsste doch für einen Mitarbeiter einer beschaulichen pfälzischen Verbandsgemeindeverwaltung ein abenteuerliches und unvergessliches Erlebnis sein.

Alles, was ich mir über Berlin notiere und fotografiere ist nicht für die Ewigkeit. Ein Reiseführer über Berlin ist nach zwei bis drei Jahren überholt, so viel verändert sich in dieser Zeit in der Hauptstadt. Häuser werden abgerissen, neue sprießen aus dem Boden, auf dem Schlossplatz wird für gerade mal gut zwei Jahre eine temporäre Kunsthalle errichtet, ein Hotel, in dem ich zweimal übernachtete, ist eines Tags verschwunden, ein Flughafen soll dichtgemacht werden, dafür wird der Airport Berlin-Brandenburg überdimensional ausgebaut ☺. Berlin wagt sich, trotz leerer Kassen, in der heutigen Zeit im Zentrum ein neues Schloss zu bauen. Das zeigt: Die Berliner experimentieren gerne, die Verwaltung ist offen für neue Ideen, bietet den Menschen Freiräume, um ihre Lebensträume zu verwirklichen. Deshalb ist Berlin Trendsetter. Die ganze Welt schaut fasziniert auf unsere Bundeshauptstadt. Ob Kunst, Kultur, Wissenschaft, Architektur - Berlin ist stets im Aufbruch, im Wandel und deshalb so kreativ und ruhelos.

Berlin ist zweifelsfrei das Zentrum der deutschen Politik, aber auch der deutschen Wirtschaft, der Medien und Journalisten, der freien und der etablierten Kultur. Kein Wunder also, dass es Politiker und Künstler, aber auch Touristen aus aller Welt nach Berlin zieht. Wir können stolz sein auf unsere Bundeshauptstadt. Bonn hätte es nie geschafft, ein gesamtdeutsches Zentrum von internationalem Rang zu werden. Insofern war es richtig, Berlin zur Hauptstadt zu küren. Unser Berlin kann sich ohne weiteres mit den Metropolen der Welt messen. Das ist uns Deutschen oft selbst nicht bewusst. Ein Obama kam damals im Präsidentschaftswahlkampf nicht ohne Hintergedanken nach Berlin. Berlin ist eine Weltstadt, die einen ganz eigenen Charme entfaltet, die spannend und für die Besucher immer wieder neu ist. Deshalb gehört Berlin zum Pflichtprogramm für alle Städtetourer und das am besten spätestens alle fünf Jahre.

Prater-Gaststätte
Klopse am Abend

Bei meinem abendlichen Bummel durch die Kastanienallee hebe ich mir das Gemütlichste bis zum Schluss auf: das Abendessen. Als Pfälzer bevorzuge ich abstammungsgemäß die gut bürgerliche Küche. Diese hoffe ich in der Prater-Gaststätte zu finden. Den lauschigen, geselligen Biergarten am Beginn der Kastanienallee gibt es bereits seit 1852. In Anlehnung an den berühmten Vergnügungspark in Wien bekam er von den Berlinern schon bald den Spitznamen Prater. Neben dem Biergarten gehören zu dem Anwesen ein Theatersaal, die Volksbühne am Prater, und eben die Gaststätte, die sich der hausgemachten Berliner Kost verschrieben haben soll.

Ein überaus freundlicher junger Kellner empfängt mich und zeigt mir die freien Tische, von denen es am diesem Montagabend gegen 22.30 Uhr ausreichend gibt. Ich lasse mich auf der langen Bank am Rande des Raumes nieder, sitze mit dem Rücken zur Wand und habe das Ganze voll im Blick.

Nun erwarten Sie bestimmt eine Beschreibung des Innendesigns? Also, ich befinde mich in einer rustikalen Großraumgaststätte, die mit dem dunklen Nussbaumholz durchaus noch den Touch eines alten Wirtshauses vorweist. Blanke Holztische, blanke Holzstühle, nichts mit Tischdecken oder Stoffservietten. Die etwa zwei Meter hohe dunkle Vertäfelung an den Wänden rundum verstärkt den rustikalen Eindruck. Die Bedienungen sind schwarz gekleidet - mit Schürze. Hier darf die Kellnerin auch mal auffällig rothaarig und an beiden Armen tätowiert sein. Ich bin ja in Berlin und ein paar Zentimeter vom Bauch dürfen gerne zeitweise blank liegen. Trotzdem macht sie einen sympathischen Eindruck. Warum auch nicht?

Es duftet lecker, als die nicht gerade kleinen Teller mit Bratwurst und Schnitzel an mir vorbei getragen werden. Ich entscheide mich für Königsberger Klopse in Kapernsoße mit Kartoffeln, ein durchaus typisches Berliner Essen. Am Nebentisch kommt der Schweinebraten an, eine zünftige Portion.

Eine junge, dunkelblonde Kellnerin bringt mir das frisch gezapfte Praterpils, das sie mir mit „Bitte schön", Blickkontakt und „Sehr zum Wohl" serviert. Aber hallo, das ist perfekter Service. Das hauseigene Pils ist angenehm zu trinken. 0,3 Liter ist heute Abend die richtige Menge. Aber es gibt hier auch den richtigen Schoppen. Für alle Nichtpfälzer: Das ist ein halber Liter, meist in einem Krug.

Um mich herum sind Japaner, Amerikaner, Berliner und deutsche Touris mit Essen und Erzählen beschäftigt. Auf der kleinen Bühne mit den angestrahlten roten Samtvorhängen läuft heute Abend kein Programm. Doch die mächtige Diskokugel an der Decke ist ein unverkennbares Indiz dafür, dass in der Gastwirtschaft außer Hausmannskost sonst noch Einiges geboten wird.

An warmen Sommerabenden sind die Tische vor der Gaststätte auf der breiten Veranda begehrt. Eine rot-weiß gestreifte Markise schützt die Gäste vor Sonne und Regen. Heute, an dem späten Juliabend, ist nur ein Tisch belegt, der Rest sitzt drinnen. Das Publikum ist angenehm durchmischt, jüngere und ältere, deutsche und ausländische Gäste, Männlein und Weiblein, auffällig viele Gruppen aus sechs oder acht Personen. Das

Stimmengewirr in dem geräumigen Saal kann schon mal eine gewisse Lautstärke erreichen. Möglicherweise bilde ich mir das auch nur ein: Aber als sich die Frauenclique am Tisch auf der gegenüber liegenden Seite auflöst, wird es schlagartig ruhiger im Prater.

Das Besteck erhalte ich auf einem Dessertteller mit einfacher Serviette, ein Salz- und ein Pfefferstreuer stehen ebenfalls darauf. Im Brotkörbchen liegen mehrere Stück Baguette-Brot. Irgendwie denke ich spontan an ein pfälzisches Schlachtfest: Der Raum ist gefüllt mit hungrigen Mäulern, das Besteck kommt auf einem schlichten Dessertteller, Pfeffer, Salz und Maggi stehen meist schon auf dem Tisch, nur im Brotkorb würden statt Weißbrot ein paar Scheiben Bauernbrot liegen.

Auf meine Klopse muss ich nicht lange warten. Drei Klopse, sechs Kartoffeln und unzählige Kapern füllen meinen Teller. Es schmeckt. Ich habe genau das bekommen und gegessen, was ich in der Pratergaststätte erwartet habe.

Zwei Bedienungen fragen mich im Vorbeigehen zuvorkommend, ob denn alles recht wäre bei mir. Ich habe nichts zu meckern. Als mein Glas leer ist, werde ich gleich nach Nachschub gefragt. Ich gönne mir noch einen Prater-Radler. Denn das ist das Angenehme in Berlin: Dank S- und U-Bahn muss ich nach einem Restaurantbesuch nicht mehr Auto fahren.

Mein Fazit zum Prater: Ich komme gerne wieder. Der Duft des Schnitzels steckt mir noch in der Nase. Das muss eines Tages probiert werden. Und der Schweinebraten sah ja auch sehr appetitlich aus.

Friedrichstraße
Der lange Weg der Versuchung

Meine Devise für Berlin habe ich Ihnen bereits erläutert: Bequeme Schuhe anziehen, sich ein wenig Zeit nehmen und die Stadt Straße für Straße zu Fuß kennenlernen. Jede Straße erzählt ihre Geschichte und manche Straßen erzählen die ganze Geschichte Berlins, zeigen die Entwicklung unserer Hauptstadt über viele Jahrzehnte und belegen, warum Berlin eine so spannende, überraschende Stadt ist. Beispiel gefällig? Dann kommen Sie mit auf einen Bummel durch die Friedrichstraße.

Sie war um 1900 ein beliebtes Einkaufs- und Vergnügungszentrum Berlins. Doch 1945 haben Kriegsbomben die meisten Häuser zerstört. Da die Mauer in den folgenden Jahrzehnten die Straße in einen Ost- und einen Westteil trennte, verlor sie an Bedeutung. Seit der Wende im Jahr 1989 hat die Friedrichstraße einen explosionsartigen Aufschwung genommen und entwickelte sich schnell wieder zu einer belebten und wichtigen Business- und Einkaufsstraße in Berlins Mitte. Über die gesamte Länge von rund drei Kilometern entstanden zahlreiche moderne Geschäftsgebäude, die die Handschrift international renommierter Architekten tragen. In den Erdgeschoßen haben sich attraktive Einkaufspassagen und elegante Boutiquen eingemietet.

Der in diesem Kapitel beschriebene Teil der Friedrichstraße ist etwa 2.500 Meter lang. Aber die Shopping-, Kultur- und Geschichts-Angebote sind so vielseitig, dass es die längsten 2500 Meter Ihres Lebens werden könnten.

Um Ihnen die Orientierung zu erleichtern, teile ich die Beschreibung in Abschnitte ein. Die Friedrichstraße verläuft senkrecht von Süden nach Norden, so dass es einfach ist, die Einteilung nach einigen Querstraßen vorzunehmen.

An welchem Straßenende ich auch beginne, die Versuchung liegt immer in der Mitte. Also nutzen wir die Chance, dass am Anfang der Tour der Geist noch frisch und der Kopf aufnahmebereit sind, und starten am geschichtsträchtigsten Teil im Süden an der U-Bahn-Station Kochstraße, Ausgang Checkpoint Charlie. Meine Tour verläuft die meiste Zeit auf der rechten, der östlichen Straßenseite Richtung Norden.

Abschnitt ab der Kochstraße

Nach links weist das Straßenschild in die Kochstraße, nach rechts in die Rudi-Dutschke-Straße. Mein Blick fällt direkt auf das Haus am Checkpoint Charlie. Dieser Abschnitt der Friedrichstraße steht ganz im Zeichen der deutsch-deutschen Vergangenheit. Denn der Kontrollpunkt „C" („Checkpoint Charlie") war von 1961 bis November 1989 die einzige Grenzübergangsstelle zwischen der DDR und West-Berlin für Alliierte, Ausländer und Mitarbeiter der Ständigen Vertretung der Bundesrepublik Deutschland. Im Mauermuseum erinnern zahlreiche Exponate an die Ereignisse und die Geschichte rund um die Berliner Mauer. Ausgestellt sind unter anderem Originalobjekte von Flüchtlingen, die deren Fluchtversuche dokumentieren

Rund um den Checkpoint Charlie ist immer viel los. Das Menschenaufkommen belegt, wie groß das Interesse der Touristen aus aller Welt an der Berliner Geschichte ist. Um mich herum erklingen zahlreiche Sprachen von Menschen unterschiedlicher Nationalitäten. Berlin ist eben doch mehr Weltstadt als man ahnt.

Am Seiteneingang des Mauermuseums sind einige Relikte aus der Zeit des Kalten Krieges zu sehen: ein Grenzpfosten, ein Schild und ein Stück Berliner Mauer. Ich bleibe einen Moment stehen. Ein junger Mann aus einer Gruppe von sieben jungen Leuten deutet auf die Objekte und gibt in Spanisch Erklärungen dazu ab. Eine junge Frau schaut gespannt hin, nickt mehrmals, bestätigt das Gehörte mit einem lauten „Aah". Mit dem Handy knipsen sie schnelle Erinnerungsfotos. Fast alle Touristen bleiben an dieser Stelle stehen.

Es lohnt sich, diese Denkmäler einer für Berlin denkwürdigen Epoche direkt vor dem Mauermuseum zu zeigen. Sehr viele Touristen verweilen einen Moment, schauen, machen Fotos und erstaunlich viele wissen über den Grenzpfosten oder das Stück Berliner Mauer etwas zu erzählen. In den fünf Minuten, in denen ich vor dem Eingang der Hausnummer 43 stehe, kann ich über 20 Personen zählen, die die Exponate erkennen und meist auch fotografieren.

Die Flaggen, die an dem mittleren Gebäude wehen, zeigen den Passanten, dass es sich hier um eine ganz besondere Einrichtung handeln muss. Sehen, Staunen, Begreifen, Kaufen lautet das Motto des Museumsshops im Haus am Checkpoint Charlie.

Checkpoint Charlie: Heute zum Glück nur noch Fotokulisse

Ein altes Original-Warnschild („Sie verlassen den amerikanischen Sektor"), Pflastersteine, die den Grenzverlauf markieren, zwei Riesenfotos von einem amerikanischen und einem russischen Soldaten, eine nachgebaute Holzbaracke und ein Stapel Sandsäcke bilden am Ende dieses Straßenabschnitts die Kulisse für eine inszenierte Geschichtslektion. Sie stellen die Situation kurze Zeit nach dem Mauerbau nach, als hier US-Soldaten ihren Posten bezogen. Heute verdienen sich Studenten und Schauspieler ein paar Euro Trinkgeld, in dem sie in historischen Uniformen und mit Fahnen als Statisten für Erinnerungsfotos der Touristen bereitstehen. Mit diesen Fotos wird die Erinnerung an die Teilung Deutschlands millionenfach in der ganzen Welt in den Köpfen der Menschen erhalten bleiben. Und wenn solche Bilder dazu beitragen, ähnliches Unheil zu vermeiden, dann ist jedes Foto seinen Euro wert.

Ab der Zimmerstraße

Die Zimmerstraße hat zwei Bedeutungen. Zum einen bildet sie die Grenze zwischen „Kreuzberg" und „Mitte". Ich verlasse also den Kreuzberg und komme nun in den Bezirk Mitte. Zum andern: So wie heute die Zimmerstraße quer zur Friedrichstraße verläuft, genauso schnitt bis 1989 die Berliner Mauer die Friedrichstraße in zwei Teile. Vom Süden kommend befinde ich mich noch auf ehemals amerikanischem Terrain, nach der Zimmerstraße betrete ich den „sowjetischen Sektor". Ich war gerade ein Jahr alt, als sich hier 1961 sowjetische und amerikanische Panzer gegenüber standen und der Kalte Krieg zu eskalieren drohte. Ich halte einen Moment inne und registriere bewusst, wie in diesem Moment hunderte Menschen aus aller Welt friedlich auf dieser Kreuzung flanieren können.

Eine auf den ersten Blick eher unscheinbare Einrichtung, die jedoch von den Besuchern stark frequentiert wird, ist die Bildergalerie auf der rechten Seite der Friedrichstraße. In Großflächenplakaten mit Texten werden die Entwicklung und einige markante Ereignisse rund um den Grenzübergang Checkpoint Charlie dargestellt.

Ich bin abermals überrascht, wie viele Menschen sich den Fotos und Beschreibungen widmen, sich innerhalb ihrer Reisegruppe damit auseinander setzen und natürlich zahlreiche Fotos machen. Die Bilderwände nehmen den größten Teil dieses Straßenabschnitts ein. Auf der anderen Seite ragt ein runder Bau in die Höhe. Darin ist das Asisi-Panorama ausgestellt. Der Künstler hat im Maßstab 1:1 ein Panorama zur Berliner Mauer erschaffen, das einen fiktiven Novembertag in den 1980er Jahren und damit die Teilung der Stadt darstellt Ehrlicherweise bin ich mir unsicher, ob ich die 10 Euro Eintritt investieren soll. Ich wäge kurz ab und nehme das Panorama auf die Vielleicht-Ein-Anderes-Mal-Liste.

Leider hat sich auf dem Eckgelände eine Budenstadt entwickelt, mit der durch Kitsch und Kommerz die frühere seriöse, nachhaltige Atmosphäre am Checkpoint Charlie beeinträchtigt wird.

Ab der Schützenstraße

Gerne möchte ich nun Ihren Blick auf die modernen, meist sechsstöckigen Büro- und Geschäftshäuser lenken, die in der Friedrichstraße seit dem Mauerfall entstanden sind. Manche Bauherren sollen für die Grundstücke damals 40.000 Mark auf den Tisch geblättert haben - und zwar pro Quadratmeter! Ich zitiere, was ich in einem National Geographic-Reiseführer gelesen habe: „ ... hier beginnen die Blockbauten in schönster Berliner „Sahnetortenmanier". Will heißen: unten Läden, darüber Büros, oben Wohnungen. Diese Aufteilung kann ich an einigen der meist neuzeitlichen Bauten gut erkennen.

Auch wenn die Friedrichstraße in den Reiseführern als die herausragende Einkaufsstraße Berlins betitelt wird, ist das meines Erachtens nicht ganz korrekt. Denn zu einem größeren Teil sind in den Häusern Büros und Geschäftsräume ohne Publikumsverkehr untergebracht. In der Friedrichstraße wird also nicht nur ordentlich Geld ausgegeben, sondern auch ordentlich Geld verdient.

Die Straße und der Bürgersteig sind viel enger als bei anderen Top-Straßen, wie zum Beispiel Ku'damm oder Unter den Linden. Deshalb wirkt die Friedrichstraße geschäftiger, lebhafter, großstädtischer und vor allem lauter. Sie ist wahrlich keine beschauliche Fußgängerzone (Fußgängerzonen gibt es in Berlin sowieso nur selten). Da bleibt man stets aufmerksam. Schließlich wartet an fast jeder Querstraße ein Ampelstopp.

Ab der Kronenstraße

Die linke Seite dieses Abschnitts ist typisch für die Berliner Architektur. Die Chance der Wende hat der Senat nicht genutzt, um ein einheitliches oder wenigstens homogenes Architekturbild aus einem Guss zu schaffen. Nein, die vier Gebäudeteile wurden von vier unterschiedlichen Architekten geplant. Und so sehen sie auch aus. Total unterschiedliche Formen und Materialien machen die Fassaden eher unruhig. Aber das ist die freie Berliner Denke, auch beim Bauen. Wenigstens die Traufhöhen sind angeglichen, ich vermute mal an das Berliner Maß, das, wie ich gelesen habe, für die Traufhöhe 22 Meter betragen soll. Doch das typische Merkmal für Berlin gilt letztendlich auch hier: Historische und moderne Gebäude stehen bunt gemischt nebeneinander, Historie und Moderne sind jederzeit präsent.

Ab der Mohrenstraße

So, nun wird´s für die Shopping-Ladys aus aller Welt endlich spannend. Die Friedrichstadtpassagen verbinden auf der östlichen Seite der Friedrichstraße unterirdisch drei Baublöcke: Quartier 205, Quartier 206 und das Quartier 207 (Galeries Lafayette).

Als erstes folgt „The Q". In der Einkaufspassage befinden sich etwa 40 Fachgeschäfte für Kleider, Schuhe und Taschen, die namhaft, aber dennoch halbwegs erschwinglich sind. Im Außenbereich lockt das Café der bekannten Pralinenmeisterei Leysiffer mit leckeren Sachen rund um Schokolade.

Nach dem Überqueren der Taubenstraße stehe ich bald vor dem sehenswerten Eingang zum Quartier 206. Hier ist Shop-Seeing in einem außergewöhnlichen Ambiente möglich. In der Einkaufspassage haben sich bekannte, internationale Modemarken niedergelassen. Dem entsprechend kaufen hier die schicken Berlinerinnen mit passendem Einkommen ihre edlen Kleider. Im Department-Store wird Designermode teilweise zu reduzierten Preisen angeboten. Das Atrium im Kern des Gebäudes ist architektonisch ein Kleinod und für Fotografen eine Augenweide. Die bunten Fliesen lassen ein schillerndes Gesamtkunstwerk im Art-déco-Stil entstehen, in dem die Menschen in den Ledersesseln geradewegs dazu gehören. Die geschwungene, markante Treppe wirkt wie eine Showtreppe, über die man die Theaterbühne im Untergeschoß betreten kann. Das Interieur finde ich so faszinierend, dass ich fast vergesse, einen Blick in die extravaganten Auslagen der Boutiquen zu werfen. Gut - gekauft habe ich nichts, trotzdem lohnte sich der Besuch dieser Passage absolut.

Meinen Spaziergang setze ich unterirdisch fort, vorbei an einem französischen Buchladen, Richtung Galeries Lafayette. Das fünfstöckige Kaufhaus ist nach dem Vorbild des französischen Stammhauses erbaut worden und ist ein architektonischer und shoppingmäßiger Höhepunkt der Friedrichstraße. Die Außenwände bestehen komplett aus Glas. Im Innern des Gebäudes erstreckt sich ein phänomenaler plexiglasverkleideter Kegel über mehrere Stockwerke, darin ist ein Nachbau des Eifelturms integriert. Die rundum verglaste Konstruktion verführt mich zu dem äußerst schwierigen Versuch, das architektonische Spiel fotografisch festzuhalten.

Die Frauen verlieren sich hier gerne zwischen den Kleiderständern, die in jedem Stockwerk rund um den zentralen Kegel aufgereiht sind. Sie finden dort Kleider von bekannten, aber auch von weniger bekannten und trotzdem begnadeten Designern. Auch aus Berlin. Die Männer vertreiben sich derweil die Zeit in der exquisiten Delikatessenabteilung. Eine weitere Variante wäre, sich in der großen Kosmetikabteilung von einer Kosmetikerin mit einem Peeling im Gesicht verwöhnen zu lassen. Während ich meine Runde um den Kegel drehe, wundere ich mich, warum die Durchsagen für das Personal meist in französischer Sprache erfolgen. Ich denke, die Betreiber möchten damit das französische Flair ihres Kaufhauses betonen.

Ab der Französischen Straße

Auf der gegenüberliegenden Straßenseite folgt ein schönes Ensemble mit schmuckvollen Fassaden. Drei Namen ragen heraus: die bekannte Schneiderei Escada, die aus feinen Stoffen hochwertige, maßgeschneiderte, teure Damenkleider anfertigt. Der bekannte Juwelier René Kern versorgt Berlin mit seinem gehobenen Sortiment an Schmuck und Uhren. Das Bocca di Bacco zählt zu den besten italienischen Restaurants der Stadt und hat viele prominente Gäste.

Ab der Behrenstraße

Der folgende Block wird vom Hotel Westin Grand dominiert. Es wird etwas luftiger, die Straßenflucht ist oder wirkt breiter.

Dadurch wird mir erneut klar, wie eng es in der Friedrichstraße zugeht und wie sie von dem endlosen Straßenverkehr lautstark geprägt wird. Auto ist ein gutes Stichwort: Rechterhand befindet sich das Automobil-Forum mit den Luxuskarossen im Schaufenster, wie der Berliner Friedrichstraße angemessen sind. Es folgt die große Kreuzung mit Unter den Linden.

Ab Unter den Linden

Vor dem Laden „Kunst aus dem Erzgebirge" wirkt ein junger Knabe überrascht, im Juni plötzlich einem Schneemann gegenüber zu stehen. Die beiden sind etwa gleich groß. Nun, mein Junge, wir sind hier in Berlin, da steht auch im Sommer ein Schneemann vor der Tür. Die Mutter ist so fasziniert, dass sich der Junge gleich für ein Foto neben der etwa 1,20 Meter hohen Holzfigur aus dem Erzgebirge postieren muss.

Noch gar nicht so alt ist das Upper-Eastside auf der Ecke Friedrichstraße/Unter den Linden. Es handelt sich um ein Einkaufszentrum mit mehreren bekannten Ketten wie zum Beispiel Zara, Douglas oder Marc O´Polo. Endlich erreiche ich eines meiner Lieblingsgeschäfte in Berlin, das Kulturkaufhaus Dussmann, über das ich Ihnen an anderer Stelle des Buches mehr erzähle.

Ab der Georgenstraße

Die breite Brücke über die Fahrbahn und das geschäftige Treiben weisen auf den Bahnhof Friedrichstraße hin. Hinter der Fassade mit der Klinkerstruktur der 1920er Jahre befindet sich ein Knotenpunkt für den Nah- und Regionalverkehr. Mit dem Bahnhof (1882) entwickelte sich dieser Teil der Friedrichstraße schnell zu einem Geschäftsviertel. Dieser Aufschwung setzte sich fort, als 1923 eine U-Bahn-Station und 1936 die S-Bahn-Station dazu kamen. Das ist Berliner Verkehrsgeschichte.

Nach dem Mauerbau befand sich hier der einzige „Grenzüber-trittbahnhof" mit getrennten, streng kontrollierten Hallen für Ost- und Westverkehr. Über diesen Bahnhof konnten West-bürger für einen Tag nach Ost-Berlin reisen. Ausreisende muss-ten – vielfach unter Tränen - durch die nördlich des Bahnhofs stehende Glashalle aus den 1950er Jahren die DDR verlassen, daher heißt die Halle „Tränenpalast". Sie ist heute Sitz der Ausstellung „Grenz-Erfahrungen – Alltag der deutschen Tei-lung", die an die Abschiedstragödien des Kalten Krieges erin-nert.

Nach der Zugunterführung stoße ich bald wieder auf Kultur. Nach einigen Schritten weist auf der rechten Seite ein Schild auf das traditionsreiche Kabarett „Distel" hin, das sich im vor-deren Gebäude befindet. Es verfügt nach wie vor über ein eigenes Ensemble, das eigene Shows produziert. Doch das Anwesen, das an der Straßenfront mit einer sehenswerten Fassade mit dorischen Halbsäulen und Reliefplatten aufwarten kann, hat noch mehr zu bieten.

Durch die Toreinfahrt komme ich zum Admiralspalast. Er ist wieder mal ein wunderbares Belegexemplar für die Wandel-barkeit und Flexibilität der Berliner. Das Gebäude mit der inte-ressanten Stuckfassade wurde 1911 eröffnet und beherbergte ein Hallenbad, eine Eislaufhalle, Kino, Café und Bar. 1922 wur-de die Eishalle zu einem Operettentheater umgebaut, das ab 1939 „Metropol-Theater" hieß. In den 1930er Jahren befand sich darin eine der bekanntesten Vergnügungsstätten Berlins. Nach dem Zweiten Weltkrieg nutzte die Staatsoper zehn Jahre lang die verbliebenen Räumlichkeiten. 1946 fusionierten hier KPD und Ost-SPD zur SED. Nach einer gründlichen Renovierung hat der Admiralspalast 2006 wieder seine Pforten geöffnet und ist nun ein beliebter Veranstaltungsort für Theater, Konzerte, Shows und Ausstellungen. Ein Besuch des Theaters kann ich nur empfehlen, denn hier erlebte ich noch eine traditionelle

Theater-Atmosphäre. Achten Sie auf die Geschichte mit der „fairen Lady".

Die Spree

Auf der Weidendammbrücke bleibe ich automatisch stehen, so vieles kann man von dort aus sehen. Beim Blick Richtung Osten, also dorthin, wo der Fernsehturm weit in den Himmel ragt, ist die nördliche Spitze der Museumsinsel gut auszumachen. Ich erkenne auf dem Nordzipfel das Bodemuseum mit der gewaltigen, dunklen Kuppel, das wie ein Schiffsbug in die Spree ragt und mich von der Form her ein wenig an das Gebäude der Galeries Lafayette erinnert. Das Geländer dieser Brücke finde ich beachtenswert. Wenn Sie genau hinsehen, entdecken Sie die Erinnerungen, die Liebespaare hier hinterlassen haben.

Auf der gegenüberliegenden Seite fällt der Blick vor allem auf die rechte Uferstraße, den Schiffbauerdamm. Er ist eine Adresse für beliebte Restaurants und Lokale, wie zum Beispiel an der Ecke zur Albrechtstraße die „Ständige Vertretung". Dort trafen sich nach dem Umzug der Bundesregierung vom rheinischen Bonn nach Berlin die ehemaligen Rheinländer auf ein Kölsch oder ein Alt. Heute ist das „StäV" eine gut besuchte Institution für alle Berliner. Seine besondere Atmosphäre ist für einen Absacker bestens geeignet. Im Sommer sind die Sitzplätze am Spreeufer immer voll besetzt, weil man hier mitten in der Stadt gemütlich sitzen und bei mehreren Restaurants ganz gut essen kann.

Schiffbauerdamm? Ich lese den Straßennamen ganz bewusst und interpretiere: der Damm der Schiffbauer. Irgendwann müssen an diesem Teil der Spree Schiffe gebaut und zu Wasser gelassen worden sein. Und tatsächlich, als ich die Straße entlang spaziere, sehe ich an der Spree eine Anlegestelle für Boote und kleine Yachten – mitten in Berlin.

Mein Blick geht immer noch Richtung Schiffbauerdamm. In der zweiten Reihe zeigt sich das Theater „Berliner Ensemble", das an dem Kreis auf dem Turmdach mit der entsprechenden Inschrift unschwer zu erkennen ist. Es wurde bereits 1892 als „Neues Theater am Schiffbauerdamm" erbaut. Ins internationale Rampenlicht trat das Haus 1928 durch die Uraufführung von Bertolt Brechts Dreigroschenoper. 1954 kam Brecht mit seinem „Berliner Ensemble" hierher und machte das Theater weltbekannt. Deshalb lautet die Adresse auch Bertolt-Brecht-Platz 1. Angeblich soll die Theaterkantine vom Hof aus für alle zugänglich sein und Hausmannskost inklusive Theaterluft bieten.

Nun zieht es mich doch weiter über die Brücke, vorbei am Hotel Riverside und einigen Lokalen. Nach dem Queren der Ziegelstraße treffe ich erneut auf Kultur im Doppelpack. Das große gelb-orangene „Q" weist den Weg zum Quatsch-Comedy Club. Der Eingang zur Bühne im Untergeschoß befindet sich in dem etwas zurück versetzten Teil des Friedrichstadtpalasts, wo auch die Eintrittskarten für „Q" und den Friedrichstadtpalast verkauft werden. Freunde herrlicher Stand-up-Comedy kennen den Quatsch-Comedy-Club und seinen Macher, den Comedian Thomas Herrmanns, natürlich aus dem Fernsehen.

Ja, nun stehe ich tatsächlich vor dem bekannten Friedrichstadtpalast. Das Gebäude aus dem Jahre 1984 ist das prominenteste Beispiel der DDR-Postmoderne und einer der Höhepunkte des Plattenbaus. Für die Fassade des Friedrichstadtpalastes hat man eine ganz eigene Ornamentik gefunden. Doch bekannt ist das größte Revuetheater Europas natürlich nicht durch seine Plattenbauweise, sondern durch die aufwändigen Shows mit Livemusik und Artistik im Stile von Paris oder Las Vegas.

Es ist ein Erlebnis wie im Fernsehen, die Balletttänzerinnen in der berühmten Revue-Reihe von Showgirls zu bewundern. Die

Shows mit den eingebauten technischen Überraschungen sind in der Tat beeindruckend. Der große Saal für 1900 Zuschauer ist mit allen technischen Finessen ausgestattet, wie zum Beispiel die „Hebebühne" mit zwölf Metern Durchmesser, die kurzerhand in ein Schwimmbad oder eine Eisfläche verwandelt werden kann. Einen Besuch des Friedrichstadtpalasts kann ich mit gutem Gewissen empfehlen. Nicht ohne Grund fahren vor jeder Vorstellung mehrere Busse mit großen Zuschauergruppen am Eingang vor.

Nach dem Friedrichstadtpalast lasse ich den Bummel langsam ausklingen, halte noch ein wenig Ausschau nach besonderen Läden auf beiden Straßenseiten und erreiche bald die Abzweigung zur Oranienburger Straße und die U-Bahn-Station Oranienburger Tor.

Es war ein langer Spaziergang durch die Friedrichstraße, durch die zahlreichen Passagen und mit den Abstechern links und rechts der Straße. Geschichte hautnah, Großstadtflair, Shopping, Architektur, Kultur, die Spree – mein Kopf und die Foto-SD-Karte sind voll mit unzähligen neuen Eindrücken. Jetzt brauche ich eine kurze Pause, um das alles zu sortieren und zu speichern.

Ballhaus Ost
Mit drei Frauen auf der Matratze

Ja, das mit dem Ballhaus Ost war auch so ein Erlebnis der besonderen Art. Also, das kam so. Ich wohnte im Hotel Zarenhof in der Schönhauser Allee im Prenzlauer Berg. Es war Dezember. Ich hatte mit meiner Nichte Nadine, die damals in Berlin studierte, vereinbart, dass wir uns bei Einbruch der Dunkelheit auf einem gemütlichen Weihnachtsmarkt treffen wollen. Sie schlug vor um 16.30 Uhr auf dem Weihnachtsmarkt vor dem

Schloss Charlottenburg. Ihre Wahl war prima. Der Budenzauber hatte eine feierliche Atmosphäre, das beleuchtete Schloss im Hintergrund bildete eine wunderbare Kulisse. Ich hatte Nadine mein Kommen zugesagt - ohne als Mann aus der nordpfälzischen Provinz zu ahnen, dass zwischen dem U-Bahnhof Eberswalder Straße im Osten und dem U-Bahnhof Sophie-Charlotten-Platz im weiten Westen über 20 Haltestationen liegen und zwischen U-Bahn und Schloss Charlottenburg weitere 900 Meter zu Fuß zurück zu legen sind. Das bedeutete eine dreiviertel Stunde Anreise und die gleiche Zeit zurück. Mit Nadine verbrachte ich eine angenehme und unterhaltsame Zeit auf dem Weihnachtsmarkt.

Ballhaus Ost in der Pappelallee in jüngster Zeit

Aber jetzt komme ich zum Ballhaus Ost zurück. Es wurde dann nämlich 19.30 Uhr, bis ich ins Hotel zurückkam. Schließlich wollte ich nicht mit den Jeans und meinem sportlichen Stadtrucksack in ein Konzert oder eine Theateraufführung gehen. So blieb mir nur wenig Zeit, um mich zu entscheiden, wo ich bis

20 Uhr noch hingehen könnte. Ausnahmsweise hatte ich am Nachmittag bei Hekticket keine reduzierte Eintrittskarte gekauft, weil es nur wenig Auswahl gab und ich die angebotenen Veranstaltungen nicht so prickelnd fand. Mein Favorit wäre nun das Kabarett Distel in der Friedrichstraße gewesen. Allerdings hätte ich wieder mit der U- und S-Bahn fahren müssen ohne zu wissen, ob es für die Abendvorstellung noch Eintrittskarten gab. Da erinnerte ich mich an einen Veranstaltungshinweis im Stadtmagazin „tip", es ging um das Ballhaus Ost. Dieses liegt in der Pappelallee 15. Das war vom Hotel aus gerade um die Ecke und in wenigen Minuten zu Fuß zu erreichen. So führte mich mein Weg mit hastigen Schritten zum Ballhaus Ost. Ankunft 19.55 Uhr.

Zugegeben: Als ich vor dem Haus stand, prangte da zwar in großen Lettern die Bezeichnung Ballhaus Ost. Doch war ich mir nicht sicher, ob ich in dieses Haus reingehen wollte. Das Anwesen machte im Dunkeln einen heruntergekommenen Eindruck, die Hauswände bemalt, eine mit dicken Schichten alter Plakate total verklebte Haustüre, es wirkte extrem alternativ. Ich lief unschlüssig vor dem Haus hin und her. Bis aus dem Nichts eine junge Frau auftauchte. Sie blieb vor dem Haus stehen. Ich fragte sie, ob sie denn dieses Theater kenne und ob man da wirklich reingehen kann. Sie meinte, das sei ein gutes Theater. Sie hätte eine Eintrittskarte geschenkt bekommen, die sie mir günstig anbieten würde - für zehn Euro. Ich ließ kurz den Pro- und Contra-Prozess bei mir ablaufen. Gut, entschied ich mich, bevor ich heute Abend gar nichts Kulturelles unternehme, orientierte ich mich an einer Weisheit meines Schwagers Manfred: Zehn Euro sind ein Schnäppchen, da kann man nichts falsch machen. Außerdem war es mittlerweile zwei Minuten vor Acht. Ich kaufte das Ticket und enterte entschlossen das Ballhaus Ost.

Drinnen wurden die ersten mäßigen Eindrücke von draußen nicht viel besser. Ich betrat einen großen Raum. Es könnte eine alte Turnhalle, ein alter Festsaal gewesen sein. Keine Stühle. Auf der linken Seite waren einige einfache Tribünenklappteile zu einem schlichten. mehrstufigen Zuschauerrang aufgebaut. Es lagen Kissen, alte Schaumstoffauflagen und Matratzen herum. Keine Bühne. Rechts vom Eingang auf normaler Bodenhöhe bauten zwei Männer aus einzelnen Teilen ein Holzhaus auf.

Wo und vor allem wie setzt man sich da hin? Ich sortierte die Lage. In der „zweiten Reihe", schon etwas erhöht, lungerten drei junge Frauen, vermutlich Studentinnen, auf einer sehr langen Matratze, hinter der sogar so etwas wie eine Rückenlehne zu sehen war. Das war weit und breit die bequemste Sitzgelegenheit. Ansonsten blanker Boden oder dünne, harte Kissen. Ich ging auf die Drei zu, deutete auf das große freie Stück der Matratze und bekam das Signal, mich dort einnisten zu dürfen. Damit ihr euch das vorstellen könnt: Ich nahm mir vor, heute Abend in der deutschen Kulturhauptstadt ins Theater zu gehen und jetzt schickte ich mich an, mich mit meinem grauen Anzug - als bestgekleideter Besucher des Hauses - am Boden auf einer alten Matratze einzurichten. Die Beine weit nach vorne gestreckt, wissend, dass diese in dieser Haltung schon bald einschlafen würden. Ich zählte weitere 16 Besucher!

Das Stück trug den Titel „Die helle Nacht des Nichts der Angst". Dem „tip" hatte ich entnommen, dass es um ein Mädchen namens Cécile geht, das den Sommer mit seiner allein erziehenden Mutter in einem Chalet an der Côte d'Azur verbringt. Dort treffen sie auf zwei Männer. Die junge Frau spürt schnell, dass die Begegnung das eingefahrene Glück der Zwei-Frauen-Familie zerstören kann. Als sich ihre Mutter mit einem Mann einlässt, steigt die Angst in ihr auf, fühlt sie sich von ihrer Mutter in Stich gelassen. So geht es in dem Stück um die sich heutzutage stetig wandelnden Familienstrukturen, um Angst, Vertrauen, Abhängigkeiten, das Eindringen von Männern in die Frauenwelt. Cécile beschäftigt sich mit der Frage, ob Angst „ein terroristischer Anschlag auf das Leben oder eine Grundlage für die Existenz des Menschen ist." Auf jeden Fall erweist sich die junge Cécile stets als die stärkere Frau in der Familie.

Wie ich später im Internet nachlas, ist das BALLHAUS OST „die Arbeit einer Gruppe von Künstlern aus bildender Kunst, Tanz, Schauspiel, Wissenschaft, Theater, Bühnenbild und Musik, die im November 2005 ein offenes Haus für alle Gattungen der Künste gegründet haben. Die Vielstimmigkeit des Programms mit weit über zweihundert Veranstaltungen im Jahr, bestehend aus Theater und Tanz, Ausstellungen, Performances, Lesungen, Konzerten und Vorträgen, fördert den Dialog der unterschiedlichen Kunstrichtungen."

Vielleicht interessiert es euch, wie es mir weiter erging? Die Männer bauten und bauten an dem Holzhaus. Bald war mir klar, dass die Vorstellung bereits nahtlos begonnen hatte. Sie waren die männlichen Schauspieler. Zwei Frauen gesellten sich dazu. Sie entpuppten sich als absolut talentierte Schauspielerinnen. Das Quartett spielte eineinhalb Stunden lang ohne Pause mit einer Perfektion und einem Eifer, wie es anderen Akteuren an großen Bühnen kaum besser gelingt. Ich meine, es ist schwieriger, als kleines Ensemble auf Augenhöhe mit 17 Besuchern zu spielen als auf einer großen Bühne vor 800 Leuten mit einem ganzen Stab an Hilfspersonen. Live vor 17 Leuten, vier Schauspieler, auf deren Schultern die gesamte Vorstellung lastet, das verlangt Wille, Disziplin und vor allem Leidenschaft.

Für mich war es eine absolut interessante Erfahrung. Für zehn Euro wurde ich bestens unterhalten. Das Stück hatte Tiefgang und Botschaften. Nachher fühlte ich mich auch ein wenig der alternativen Berliner Szene zugehörig. Ich hatte mal nicht die aufgehübschten, professionellen Stücke der bekannten Berliner Bühnen besucht, sondern Matratzentheater in einer alten

Halle kennen gelernt. Das war´s wert. Später stand ich vor dem Haus und war stolz, den Schritt gewagt zu haben.

PS: Mittlerweile ist das Ballhaus Ost „aufpoliert" worden und bietet sogar Stühle an.

Berliner Typen
Busfahrer und andere Kavaliere

Die Busfahrer in Berlin als Kavaliere zu bezeichnen, da wird mancher Tourist und Einheimischer den Kopf schütteln. Mag sein. Aber wir reden über eine Berufsgruppe, die in dem massiven Verkehr der Hauptstadt täglich mehrere hunderttausend Menschen sicher und annähernd pünktlich zu weit über zweihundert Zielen bringt. Da mag es passieren, dass der Mann oder die Frau am Lenker mal etwas herzhaft rüberkommt. Doch ich habe mehrfach die andere Seite der Busfahrer erlebt.

Busfahrer X9

Ich bin mit dem Bus X9 unterwegs zum Flughafen. An einer der Bushaltestellen sehe ich, wie der Busfahrer aufsteht und lächelnd durch den Gang zur zweiten Bustür eilt. Mit geübten Handgriffen legt er eine Rampe an, damit eine Rollstuhlfahrerin in den Bus aufgenommen werden kann. Zwei jungen Frauen hilft er, den Kinderwagen in den Bus zu heben. Zack-Zack ist die Rampe wieder verstaut und mit immer noch freundlicher Miene eilt er in sein Cockpit zurück. Die Fahrt geht zügig weiter. Keine Spur von Motzigkeit, weil die Frauen ihm zusätzliche Arbeit beschert haben.

Busticket all inclusive
Am frühen Morgen benötige ich im Bus 100 eine Tageskarte. Mir ist bewusst, dass es den Busfahrern viel, viel lieber ist,

wenn sich der Fahrgast sein Ticket an einem BVG-Schalter oder an einem Ticketautomaten besorgt. Ich frage den gemütlich wirkenden Busfahrer, ob ich bei ihm eine Tageskarte erstehen kann. Er nickt nur und fängt an, in sein kleines Fahrkartengerät etwas einzutippen. Währenddessen klopft jemand heftig an die mittlerweile geschlossene Bustür. Er öffnet und meint „Na, junges Fräulein, schon so stürmisch am frühen Morgen?" Das Ticketgerät spuckt derzeit mein Ticket aus. Ich lege das Geld passend auf eine kleine Ablage. Da das Ticket aus einem dünnen Stück Papier besteht, ähnlich einem Kassenbon im Supermarkt, frage ich den Busfahrer, ob ich das Ticket noch im Stempelautomat entwerten muss. Seine schlagfertige Antwort: „Nein, bei dem Preis ist das alles für Sie erledigt. Sie müssen nichts mehr tun". Mal wieder ein wunderbares Beispiel für den spontanen, trockenen Humor der Berliner.

Einstieg Mitte

Als ich eines Nachmittags am Brandenburger Tor bin und mich entscheide, mit dem Bus 100 in die West-City zu meinem Hotel zurückzufahren, sehe ich im letzten Moment, dass die Haltestelle aufgrund einer Umleitung verlegt wurde. Als ich zur nächsten Bushaltestelle am Reichstag spurten will, fährt der Doppeldecker gerade in entgegengesetzter Richtung an mir vorbei. Ich stutze, weil das heute Morgen überhaupt nicht die Fahrtroute war und hetze dem Bus hinterher. Nach etwa hundert Metern hält er an, ich schaffe es noch, den Bus durch die mittlere Tür zu betreten und setze mich Paterre auf einen Einzelsitz unter der vorderen Treppe. Da höre ich den Busfahrer laut brummeln: „Der Einstieg ist zwar vorne, aber watt soll´s". Da ist er wieder, der spezielle Berliner Charme mit seiner menschlichen Ader.

Im Bus 128 war auch was los

Dieser Bus ist einer der Flughafenbusse, der von Tegel zum U-Bahnhof Osloer Straße fährt. Ich bin gerade gelandet und muss zügig zur U-Bahn und von dort zum Bahnhof Hackescher Markt. Rund um mich her reden die Businessmenschen lautstark am Handy von negativer Eigenleistung, neuen Vertriebsprodukten, Projektkosten, Gegenbuchungen oder einer Software, die neu aufgesetzt werden soll.

Der Busfahrer ist extrem freundlich an diesem frühen Morgen. Vier Fahrgäste höre ich laut „Danke" rufen. Bei drei hat er nämlich an der Haltestelle noch auf sie gewartet und die Tür extra nochmal geöffnet. Einen Mann hat er an einer Ampel zusteigen lassen, während der Bus in einem Rückstau stand. Denn die Straßen sind komplett zu. Die Fahrt zum U-Bahnhof Osloer Straße, die sonst circa 20 Minuten dauert, dehnt sich an diesem Morgen im Berufsverkehr auf eine dreiviertel Stunde.

„Wissen se, wie lange ick hier schon auf meinen Bus warte?" poltert die silberhaarige Rentnerin los, als sie den Bus betritt. Der Busfahrer bleibt ganz ruhig. Er erzählt ihr von einem Unfall auf der Autobahn, der gesamte Verkehr drängt sich deshalb durch die Innenstadt. Er greift zum Mikrofon, erklärt, dass alle Straßen dicht sind. „Wenn Sie alle noch ein Stückchen durchrücken, kann ich alle Fahrgäste mitnehmen". Am nächsten Tag ist das Unfallauto in der Berliner Zeitung abgebildet. Die Schlagzeile auf Seite 1 lautet: 500.000 Berliner im Stau wegen diesem kleinen Schrotthaufen.

Als der Bus mal wieder von der Haltestelle losfahren kann, kommt plötzlich ein hektischer Ruf von hinten: „Wir wollen noch aussteigen!!!" „Gerne, bitteschön" antwortet der Fahrer freundlich und öffnet erneut die Tür. Als ich aussteige, rufe ich ihm als menschliche Geste ein lautes „Tschüss" zu, das er ebenso mit einem netten „Tschüss" erwidert. Mal ehrlich: Hätten sie an diesem Tag mit dem Busfahrer tauschen wollen?

Über eine halbe Stunde im Stau mit etwa 150 dicht gedrängt stehenden Personen, die – bis auf die silberhaarige Rentnerin – alle zur Arbeit oder einer Sitzung wollten. Da brauchst du schon gute Nerven.

Die Geduld in Person

Weil die S-Bahn-Linie zwischen Bahnhof Zoo und Friedrichstraße wegen Bauarbeiten gesperrt ist, fahren mehr Menschen mit dem Bus 100 als sonst. Eine Herausforderung für den Fahrer. Es wird bald eng in dem Wagen. Daher die Durchsage des Chauffeurs: „Bitte machen Sie am mittleren Eingang vor der Tür den Platz frei, damit wir weiterfahren können". Nächste Bushaltestelle: „Bitte machen Sie am mittleren Eingang Platz, sonst fährt das Auto nicht". Wir fahren einen Stopp weiter. „Auch an dieser Haltestelle gilt: Bitte machen Sie am mittleren Eingang Platz, sonst fährt die Maschine nicht". Schließlich kommt eine weitere Haltestelle, und wieder eine freundliche Durchsage: „Und auch an dieser Haltestelle gilt noch einmal: Wir können erst fahren, wenn der mittlere Eingangsbereich frei ist". Dann erreichen wir endlich die Endhaltestelle. Alles ist gut. Ich bin während meiner Schulzeit neun Jahre lang zwischen Leimen und Pirmasens mit dem Postbus gependelt. Da gab es einen berüchtigten Postbusfahrer, der in dieser Situation die Fahrgäste wegen Nichtgehorsam zur Schnecke gemacht oder sogar aus dem Bus geworfen hätte. Er hatte lediglich sechs bis acht Touren pro Tag zu fahren auf ruhiger Strecke durch den Pfälzerwald und mit einer überschaubaren Beladung. Umso mehr Respekt zolle ich dem Bus 100-Fahrer, der bei wahnsinnig viel Verkehr mit einem proppe vollen Doppeldecker durch Berlin hetzt und dann noch so die Ruhe bewahrt. Das muss doch auch mal gesagt werden.

Hauptsache spontan!

Früher Morgen. Ich bin spät dran und muss schnell entscheiden, welchen Bus ich nehme, um am schnellsten zur Sitzung zu kommen: TXL oder 128. Vor dem Bus TXL an der Haltestelle 2 frage ich einen Angestellten der BVG, ob die Baustelle auf der S-Bahn-Strecke zwischen Bahnhof Zoo und Friedrichstraße noch besteht. Seine Antwort lautet rasch und klar: Ja.

OK, sage ich, dann dauert's mit dem TXL zu lang, da nehme ich den 128er. Bedanke mich und kehre um Richtung Haltestelle 1. Ich bin gerade wenige Schritte gegangen, höre ich den BVG-ler hinter mir rufen: „Du, Uwe, gibt's eigentlich die Baustelle zwischen Bahnhof Zoo und Friedrichstraße noch?" Die Antwort von Uwe warte ich nicht ab. Grinsend laufe ich weiter. Ich habe mich bereits für den Bus 128 entschieden.

Mit dem 128er möchte ich bis zur U-Bahn-Station Osloer Straße fahren und ab dort den Weg mit der U8 fortsetzen. Da ich wie gesagt an der Zeit knapsen möchte, frage ich zwei Bushaltestellen vor der Osloer Straße eine Rentnerin, die an der Tür auf den Ausstieg wartet, ob der U-Bahnhof Franz-Neumann-Platz weit weg ist von der Bushaltestelle. Wissen Sie, dann könnte ich nämlich die U-Bahn vermutlich schneller erreichen. „Die U-Bahn ist direkt gegenüber der Bushaltestelle", lautet die Antwort. Kurze Zeit später zeigt sie in eine bestimmte Richtung: „Sehen Sie, da drüben!" Tatsächlich erkenne ich über die Autos hinweg den oberen Teil des blauen U-Bahn-Schildes. Als wir ausgestiegen sind und der Bus weg ist, meint sie dann trocken: „Maximal drei Minuten ......". Sie schaut mich an, sieht die Fragezeichen in meinen Augen, ist doch die U-Bahn direkt in Sichtweite. „Maximal drei Minuten, wenn Sie gaaanz langsam laufen. Ansonsten müssen Sie nur über die Kreuzung und sind da." Sagt's, grinst und verschwindet. Ich mag ihn einfach, den trockenen Berliner Humor.

Der Berliner gilt oft als rauh, kautzig oder schroff. Doch ich mag die offene, direkte Art dieser Menschen, die es einfach so rauslassen, wie es gerade im Kopf „drinne" ist.

Apfelkrapfe oder wie?

In der Rosenthaler Straße betrete ich den EDEKA-Supermarkt, um mir gleich vorne an der Backtheke eine Wegzehrung für den Heimflug zu besorgen. Ein junger Mann, höchstens 20, bedient mich.
„Na, was darf's denn sein?"
„Ich hätte gerne eine Apfelkrapfe oder Apfelschnecke - ich weiß ja nicht, wie man hier dazu sagt."
„Det iss een Apfelkuchen. Aber egal, nenn' es wie du willst, Hauptsache es schmeckt dir!"
Er kassiert das Geld und reicht mir die Tüte: „Bitte schön, ick wünsche dir noch einen schönen Tach!"
Er ist fast 30 Jahre jünger als ich und dutzt mich. Doch ich habe damit kein Problem, denn ich spüre die Herzlichkeit, die in diesem kurzen Dialog steckt. Wir sind doch alle Berliner, egal, ob mit Kirschmarmelade oder mit Pudding gefüllt und egal, ob wir eher Apfelkrapfen oder doch lieber Apfelkuchen mögen.

Friseurin

Vor einer Sitzung habe ich noch Zeit und nutze die Gelegenheit, mir im ALEXA schnell die Haare schneiden zu lassen. Die junge Friseurin, erkennbar eine Berlinerin:
„Kämmen Sie die Haare nach vorne?"
"Ja, so lange ich die Platte noch bedecken kann."
„Na, machen wir, aber lange wird das nicht mehr klappen, wa?"

Polizist

Ein erwachsener Schüler, vermutlich auf Abi-Fahrt, spricht am Flughafen Tegel einen Polizisten an:
„Entschuldigen Sie, darf ich Ihnen eine Frage stellen?"
Die Antwort des älteren, kugelbäuchigen Beamten kommt wie aus der Pistole geschossen:
„Sie dürfen mir auch gerne zwei Fragen stellen. Aber jede Antwort kostet einen Euro fuffzig."
Er sieht das Erstaunen in den Augen des Schülers, genießt die Schrecksekunde und befreit ihn dann aus seiner Unsicherheit.
„War nur een Spaß! Sag, was willste denn wissen?"

East-Side-Gallery und Oberbaumbrücke
Zwei Kunstwerke an der Spree

Geschichte und Architektur verschmelzen bei diesem Ziel zu einem Begriff. Denn von der Oberbaumbrücke bis zum Ostbahnhof kann man auf ca. 1,3 km am längsten erhaltenen Teil der einstigen Berliner Mauer entlangspazieren. Nach der Wiedervereinigung bemalten zahlreiche internationale Künstler die Mauer und schufen damit das längste Kunstwerk der Welt: die East-Side-Gallery. Sie gilt als Mahnmal für Frieden und Versöhnung. In unmittelbarer Nähe überspannt die bautechnisch sehenswerte Oberbaumbrücke die Spree. Sie trennte zu DDR-Zeiten den Ost- und Westteil Berlins.

Ich steuere die Mühlenstraße von der S-Bahnstation Warschauer Straße aus an. In der Senke vor mir spitzeln die zwei spitzen Türme der Oberbaumbrücke in den Himmel, die Bestätigung, dass ich auf dem richtigen Weg bin. An der Ampel-Kreuzung vor der Oberbaumbrücke sehe ich rechts in der Mühlenstraße den Beginn der Mauer. Die East-Side-Gallery verläuft auf der dem Fluss zugewandten Straßenseite parallel zur Spree.

Oberbaumbrücke

Bevor ich jedoch die Mauertour starte, schiebe ich einen kurzen Abstecher ein, um mir die Oberbaumbrücke in ihrer vollen Pracht ansehen zu können. Dazu biege ich an der Ampelkreuzung nach links ab in die Stralauer Allee und laufe auf der rechten Straßenseite weiter. Ich suche einen Durchgang zum Spreeufer. Hinter dem Gebäude des Weltmusikkonzerns „Universal Music" entdecke ich einen Torbogen mit der Inschrift „Spreespeicher", durch den ich zum Spreeufer gelange. Von dort habe ich einen tollen Blick auf die Oberbaumbrücke. Sie ist eine der attraktivsten Brücken Berlins und natürlich ein lohnendes Fotomotiv. Ich muss auch nicht lange warten, bis ein gelb leuchtender Zug auf der Brücke erscheint. Mit der U-Bahn auf der Brücke wird der Dokumentationswert des Fotos komplettiert.

Nach links sehe ich das Kunstwerk „Molecule Man" etwa 30 Meter hoch aus der Spree herausragen. Drei übergroße, sich gegenüber stehende Stahlfiguren symbolisieren, dass an dieser Stelle die drei Berliner Bezirke Kreuzberg, Friedrichshain und Treptow aufeinander treffen. Unmittelbar daneben befindet sich das Allianzhochhaus, mit 125 Metern das höchste Bürogebäude Berlins.

Auf dem Rückweg spaziere ich über die Oberbaumbrücke. Von hier aus habe ich einen reizvollen Blick auf die Spree und die Stadt. Der Fluss ist an dieser Stelle etwa 150 Meter breit. Die Brücke von 1896 verbindet die Stadtteile Kreuzberg und Friedrichshain. Sie wurde schon damals mit einer erhöhten Viaduktanlage für den Bahnverkehr konstruiert. Und tatsächlich: 1902 fuhr die erste deutsche U-Bahn über die Oberbaumbrücke.

Ihren Namen hat die Brücke von der Zollstation Oberbaum, die sich seit 1724 an dieser Stelle befand. Mit einem Baum, der über den Fluss gelegt wurde, hielten die Berliner die Schiffe an, um von ihnen einen Zoll zu kassieren. Die Brücke ist im Stil der roten märkischen Backsteingotik und in Anlehnung an ein Stadttor mit Wehrtürmen und Arkaden gestaltet.

1945 hat man die Brücke gesprengt. Da die Spree Friedrichshain (Ost) und Kreuzberg (West) trennte, erfolgte die Inbetriebnahme für den Fußgängerverkehr - unter strengsten Sicherheitsvorkehrungen - erst wieder im Jahre 1972. Nach der Wiedervereinigung hat man die Brücke komplett renoviert. Über die neue Stahlkonstruktion des Mittelteils fährt seit 1995 wieder die U-Bahn.

Zurück zur Mauer

Mit interessanten Eindrücken von der Oberbaumbrücke komme ich zur Mühlenstraße. Ich schlendere gemütlich an der East-Side-Gallery entlang, nehme mir Zeit, die Gemälde zu besichtigen und suche natürlich nach dem berühmten Bruderkuss von Breschnew und Honecker, bei dem sich die Staatschefs der Sowjetunion und der DDR innig begrüßen. Sehr viele Besucher - unverkennbar aus verschiedenen Nationen – sind wie ich mit Inbrunst dabei, die Gemälde zu bestaunen und die schönsten Abschnitte zu fotografieren. Eine junge Japanerin fragt mich, ob ich mit ihrer Kamera ein Bild von ihr vor der Mauer machen könne. Klar, unter Fotografen hilft man sich. Spontan frage ich zurück, ob sie für ein weiteres Foto mit meinem Apparat Model stehen würde. Mit einem zustimmenden Lächeln postiert sie sich zwischen Honecker und Breschnew und ich habe den Eindruck, sie freut sich sogar, einmal Mauer-Model sein zu dürfen.

An der East-Side-Gallery in der Mühlenstraße

Um mich herum vernehme ich ein angeregtes, ständiges Klicken, Menschen stellen sich in immer neuen Formationen vor die Mauer und werden abgelichtet. In der Tat sind an der East-Side-Gallery wunderbare Motive vorzufinden.

Plötzlich meldet sich der Akku meiner Fotokamera ab: Batterie leer. Sch...ade! Die Hälfte der Mauer liegt noch vor mir. Ein kurzes Fluchen. Dann Ärger auf Standby, Überlegen. Meine Rettung könnte das kleine Lokal „EastSideBlick" an der Promenade sein, am Landesteg B. Ich gehe zur SB-Theke, warte kurz, bis ich an der Reihe bin. Das Gespräch mit dem knapp 30-jährigen beginne ich mit der Feststellung, dass ich erstens Durst und zweitens eine blöde Frage habe. In der schlagfertigen Manier des Berliners antwortet er: „Dem Durst kann ich schon mal abhelfen. Und blöde Fragen gibt es nicht." Also frage ich ihn, ob ich während der Zeit, in der in etwas trinke, meinen Akku an der Steckdose aufladen kann. Wie des Öfteren in diesem Buch erwähnt, habe ich in Berlin noch immer Hilfsbereitschaft erlebt. Klar könne ich mich ins Stromnetz einstöpseln, ich müsse nur selbst auf meinen Akku aufpassen. Der Deal war perfekt. Eine große Apfelschorle (immerhin 0,5 Liter für faire 3,40 Euro) gegen eine ½ Stunde Strom. Das passt. Nennt sich wohl eine win-win-Situation. Ich gönne mir an der sonnigen Spree ein frisches Getränk, genieße den Aufenthalt am Wasser und lasse die Steckdose für mich arbeiten. Nach einer dreiviertel Stunde nehme ich mit neuer Energie den restlichen Abschnitt der Mauer in Angriff und finde noch einige ansprechende Motive.

An sonnigen Tagen ist der Bereich zwischen Mauer und Spreeufer ein begehrtes Plätzchen zum Relaxen. Die Berliner pflanzen sich einfach auf die Wiese und genießen das Leben genau dort, wo es bis vor 25 Jahren extrem gefährdet gewesen war. Am Ende der Easy-Side-Gallery weist mir ein Schild den Weg zum Ostbahnhof, einem großen, modernen Bahnhof mit vielen Einkaufs- und Essgelegenheiten. Dort habe ich die Möglichkeit, mit der S-Bahn zur nächsten Tour weiter zu fahren.

Tipi am Kanzleramt

12 Tenöre live in Concert

Es ist mal wieder so ein Hekticket-Tag. Am späten Nachmittag schaue ich bei meinem Lieblings-Ticket-Schalter vorbei und studiere die kurze Liste der heutigen Veranstaltungen, zu denen ich eine vergünstigte Eintrittskarte erwerben kann. Schließlich entscheide ich mich für ein Konzert mit den 12 Tenören im Tipi am Kanzleramt. Ein Ensemble, das mir bis dato unbekannt ist. Dafür habe ich mit dem Tipi schon gute Erfahrungen gemacht. Mit dem Bus 100 erreiche ich die Bushaltestelle am Haus der Kulturen der Welt. Von dort führt ein schmaler Fußweg Richtung Kanzleramt bis an das Kulturzelt.

Ja, was kann man sich unter dem Tipi eigentlich vorstellen? Das ist, wie die Betreiber behaupten, die größte stationäre Zeltbühne Europas, direkt neben dem Bundeskanzleramt. Es hat sich auf die Fahnen geschrieben, seinem Publikum eine intelligente Unterhaltung zu bieten, die gerne auch mal die Künstlerszene der 1920er Jahre wieder aufleben lässt. Daher stehen im Tipi-Zelt echte Könner aus den Bereichen Chansons, Cabaret, Varieté, Tanz oder Musical-Comedy auf dem Programm. Auch Terry Truck, ein begnadeter Pianist und Komponist, ist hier schon aufgetreten. Ihn kenne ich persönlich, weil er viele Jahre lang bei uns in Weitersweiler gewohnt hat und man ihn ab und zu beim Proben an seinem Flügel hören konnte.

Eine junge, hübsche Platzanweiserin im schwarzen Cocktailkleid empfängt mich am Eingang und geleitet mich zu meinem Platz. Kronleuchter tauchen den Innenraum in ein festliches Licht. Das Zelt ist bereits fast voll besetzt. Die Menschen sitzen an kleinen runden Bistrotischen mit weißen Tischdecken, genehmigen sich einen Aperitif oder sind noch beim Essen. Es geht richtig kuschelig zu, die Leute sind eng nebeneinander platziert. Das ist die besondere Atmosphäre dieser Location.

Ich habe ein Ticket für die Preiskategorie III. Das ist die günstigste Kategorie, die auf dem offiziellen Sitzplan kaum zu finden ist. Das bedeutet praktisch: Ein Klappstuhl an der Zeltwand, ganz nah an der Technik. Aber bitte kein Mitleid. Denn: Erstens ist der Klappstuhl mit rotem Samt bezogen und zweitens ist die Sicht auf die Bühne erstaunlich gut, da ich etwas erhöht auf einem Podest sitze. Mein Blick ist direkt auf die Akteure gerichtet, während andere Gäste teilweise quer zur Bühne sitzen oder sich seitlich auf den Stuhl setzen müssen. Was ich nicht wissen konnte – und was mich schließlich auch nicht umbringt – ist das Handicap, dass ich kaum eine Chance habe, vor oder während der Vorstellung in den Genuss des Services – sprich einer Bedienung zu kommen. Das nächste Mal werde ich mir vor dem Konzert im Foyer ein Getränk besorgen.

In der Pause ergattere ich dann doch einen Radler. Er ist schnell gemixt in einem Glas mit voreingeschenktem Bier. Aber das ist zweitrangig, weil es auch in der Pause etwas zu gucken gibt: Denn Starfriseur Udo Walz spaziert vorbei, plaudert mit einigen Gästen und zieht dann in seinen roten Schuhen weiter.

Der Dresscode der Besucher ist multigeschmacksmäßig und so weit gespannt wie das Alter der Gäste. Er reicht von der klassischen Bluejeans mit T-Shirt bis zur eleganten Abendrobe.

Das Programm der zwölf Tenöre passt genial zu der überschaubaren Bühne im Tipi Es entsteht schnell eine familiäre Atmosphäre, die der Stimmung gut tut. Nur drei Mann als musikalische Begleitung: Schlagzeug, Piano und Keyboard. Aber das schmälert die musikalische Qualität keineswegs, da ja die prächtigen Stimmen im Mittelpunkt stehen. In einer gigantischen Konzerthalle würde diese Show längst nicht so dicht, so nah ans Publikum kommen und so warmherzig wirken.

Was mir extrem auffällt: Ich habe selten so viele Paare während der Vorstellung und in der Pause so schmusig gesehen wie bei diesem Konzert. Vor allem die Frauen suchen den Kontakt. Also ihr Männer: Ein Konzert mit den 12 Tenören ist ein echter erotischer Geheimtipp. Ein Besuch im Tipi ist längst kein Geheimtipp mehr, aber jedes Mal ein intensiver Kulturgenuss.

Fasanenstraße
Alte Villen und ein Literaturhaus

Literaturhaus – ein gemütlicher Ort nahe dem Ku´damm

„Architektonisch schöne und vornehme Seitenstraße am Ku´damm mit Villen und repräsentativen Wohnhäusern aus dem 19. und frühen 20. Jahrhundert. Dazwischen einige elegante Läden, Restaurants und Galerien". So steht es in den Reiseführern.

Ohne Zweifel hat die Straße einen gewissen Charme. Das gilt vor allem für das Teilstück zwischen Ku´damm und der Lietzenburger Straße. Die Bürgersteige sind breit, Bäume sorgen für das beruhigende Grün. Ich spaziere in recht ruhiger Umgebung an so manchen Gebäuden mit historischer Fassade vorbei. Aber museumsreif ist die Fasanenstraße dadurch nicht. Denn das, was an weniger Interessantem zwischen dem Sehenswerten steht, zähle ich dazu, was in der Quersumme die Note Zwei bis Drei ergibt.

An der Skulptur im Vorgarten erkenne ich das Käthe-Kollwitz-Museum. In dem Palais von 1897 sind zahlreiche Plakate, Grafiken, Zeichnungen und Plastiken von *Käthe* Kollwitz (1867 – 1945) untergebracht. Die Berliner Künstlerin und ihr Ehemann, ein Arzt, engagierten sich in ihrem Stadtviertel rund um den heutigen Kollwitzplatz für sozial benachteiligte Menschen. Aus persönlichen Erfahrungen heraus setzte sich Käthe Kollwitz in ihren Kunstwerken intensiv mit den Themen Mutterschaft und Krieg auseinander. In dieser Villa hat ihr Werk eine Bleibe gefunden, obwohl sich das Museum meines Erachtens doch weit weg von ihrer tatsächlichen Wirkungsstätte im Prenzlauer Berg befindet.

In direkter Nachbarschaft zu Frau Kollwitz steht eine weitere Villa mit einer wunderbaren Fassade. Natürlich komme ich an einer der LUMAS-Fotogalerie nicht vorbei. Hier in der Fasanenstraße befindet sich eine der drei Berliner Filialen (*siehe Hackesche Höfe*).

Den absoluten Kontrast zu den alten Villen finde ich am nördlichen Ende der Fasanenstraße, an der Ecke zur Hardenbergstraße. Mit dem Ludwig-Erhardt-Haus hat die IHK ein Gebäude errichtet, das nach dem Vorbild eines Gürteltiers konstruiert und Sitz der Börse ist. In der Beschreibung heißt es: „Zugrunde lag die Idee, dem lebendigen, sich täglich ändernden „Organismus" Börse eine adäquate, organische Architekturhülle zu geben. Für mich als Pfälzer gleicht die Konstruktion dem Dürkheimer Fass, nur noch größer und alles in Aluminium. Man könnte auch sagen es gleicht einem silberfarbenen, querliegenden XXXL-Bierfass. Als ich den jungen Mann am Empfang frage, ob ich einen Blick aufs Börsenparkett werfen darf, meint er, es würde sich nicht lohnen, es gäbe nur Gänge und Bürotüren zu sehen. Wenn ich mich selbst überzeugen möchte, würde er mich gerne nach oben lassen. Ich danke ihm für die ehrlichen Worte und ziehe weiter.

Café und Literatur in der Villa

Ein Gebäude, das mein Interesse weckt, ist das Literaturhaus. Es befindet sich noch keine hundert Meter vom emsigen Ku´damm entfernt und strahlt eine spürbare Ruhe und Gelassenheit aus. Die Villa, die sich ein Schiffskapitän 1889 erbauen ließ, hat sich die Optik der Gründerzeit erhalten. Besonders faszinierend finde ich den romantischen Garten, in dem die Cafébesucher im Sommer relaxt ihren Kaffee trinken und in Ruhe plaudern können. Eines Tages schaffe ich es endlich und lege im Literaturhaus eine Pause ein. Das Ambiente im Café wird von dunklen Möbeln geprägt. Die Wände sind meist hell und zumindest an diesem Novembertag mit überdimensionalen Bildern geschmückt. Darüber eine historische, stuckverzierte Decke. Was das Gesamtbild stört sind die im Raum verteilten Plastikstühle. Der Wintergarten ist bei den Gästen scheinbar sehr beliebt. Dort sind alle Tische von einem – wie soll ich sagen – gehobenen Publikum belegt. Angeblich sollen sich in dem Café - heute wie früher - Berliner Literaten treffen. Da ich diese leider nicht kenne, lasse ich diese Aussage einfach mal so stehen.

Die Bedienung ist freundlich, aber nicht herzlich. Aus der überschaubaren Speisekarte wähle ich eine heiße Schokolade. Sie schmeckt auf den ersten Schluck gut, hinterlässt aber einen leicht künstlichen Nachgeschmack. Das lässt mich auf eine fertige Mischung schließen, eher kein echter „Kaba". Dem Käsekuchen kann ich leider auch nur eine Durchschnittsdrei verleihen. Er ist etwas bröselig und nicht sehr käsig. Meine Rechnung lautet 3,60 Euro für den Kuchen, 2,90 Euro für die Schoko ohne Sahne. Insgesamt macht das Ambiente die Abstriche bei der Verköstigung wieder wett. Vielleicht habe ich nur einen schlechten Tag des Bäckers erwischt, weil man sonst nur Gutes von der Küche hört.

Als Dessert gönne ich mir einen Besuch in der Buchhandlung im Keller. Diese ist nicht besonders groß, dennoch verbringe ich eine halbe Stunde dort. Ich finde eine gute Auswahl an historischen Postkarten und Berlinbüchern, die in anderen Buchläden nicht in den Regalen stehen. Auch sonst hat´s eine feine Auswahl an Lesestoff. Schließlich komme ich wieder an die Erdoberfläche, schwenke nach links und strebe nach einem lohnenswerten Abstecher in die Fasanenstraße dem königlichen Kurfürstendamm zu.

Weltrestaurant Markthalle
Besuch bei Herrn Lehmann

Warum ich gerade hier zu Abend essen möchte? Das hat mit dem Buch „Herr Lehmann" von Sven Regener zu tun. In diesem Roman geht es um den Berliner Bierzapfer Frank Lehmann, den alle nur noch Herrn Lehmann nennen, seit er auf die Dreißig zugeht. Die Geschichte spielt im Jahr 1989, kurz vor der Wende, im damals westdeutschen Kreuzberg. Lehmann ist ein Typ, der sich aus allem raus und von seinen Eltern, Frauen und sonstigen Dilemmas fern hält. Lehmann hat für sich alles geregelt, sein emotionsloses Dasein verläuft in festen Bahnen. Bis einige Ereignisse nicht nur die deutsche Geschichte, sondern auch Lehmanns Lebens in Wanken bringen. Der Roman ist köstlich. Es ist eines der wenigen Bücher, das ich zweimal las. Außerdem halte ich den Kinofilm für eine gelungene Adaption des Buches. Kein Film kann so gut sein wie die Fantasie, die man als Leser von einer Geschichte hat. Aber diese Verfilmung mit Christian Ulmen in der Hauptrolle ist in Ordnung.

Einige Szenen des Buches spielen in dem Weltrestaurant Markthalle in Kreuzberg. Durch den Film hat das Lokal eine gewisse Bekanntheit erlangt. Jetzt können Sie mich für verrückt erklären. Aber ich möchte mir diesen Drehort unbedingt anschauen und den im Roman als legendär angepriesenen Schweinebraten probieren. Also bin ich heute Abend unterwegs zur Markthalle.

Das Gebäude ist von weitem zu erkennen an der für Markthallen typischen roten Backsteinfassade. Obwohl es der letzte Tag im September ist, sitzen einige Leute noch draußen auf dem Bürgersteig an den Biergartentischen. Eine weiße Leuchtreklame „Markthalle" weist mir den Weg. Das Ambiente im Gastraum überrascht oder enttäuscht mich keineswegs. Einfaches Holzmobiliar, an den Wänden eine knapp zwei Meter hohe dunkle Holzvertäfelung, ein langer Tresen mit Barhockern, ebenfalls aus dunklem Holz. Auf dem Boden Holzparkett? Nein, so kann man es nicht nennen, ich beschreibe es eher als einen Holzdielenboden. Ich zähle vierzehn Tische, fünf davon sind reserviert.

Die Speisekarte ist überschaubar - was ich übrigens mag. Denn mir ist es lieber, der Koch schreibt nur das auf die Karte, was er wirklich gut oder täglich frisch kochen kann. In diesem Fall heißt das zum Beispiel Schnitzel mit hausgemachtem Kartoffelsalat, hausgemachte Käsespätzle und der berühmte Schweinebraten mit Semmelknödeln und Sauerkraut. Dieses Gericht spielt im Buch und im Film eine besondere Rolle. Das Sauerkraut zum Schweinebraten ist mir als Pfälzer nicht ganz geheuer. Aber alles ist easy: Bei der Bestellung kann ich das Sauerkraut problemlos gegen einen gemischten Salat tauschen. Dazu ein Alsterwasser - kein Radler, denn beim Radler wird in der Markthalle Bier mit Fanta gemischt. Das Essen kommt flott auf den Tisch. Als Appetitanreger erhalte ich Weißbrot mit Quark. Zum Schweinebraten gibt es eine dunkle Soße, der Braten hat sogar teilweise eine knusprige Kruste. Mir schmeckt der Schweinebraten tatsächlich, ich finde ihn lecker.

Die Kellnerin ist, wie soll ich sagen, nicht überschwänglich freundlich, aber auch nicht mürrisch oder so. Wir kommen klar miteinander. Sie hat mich sicherlich sofort als einen Herrn Lehmann-Pilger erkannt. Sie hat alles schnell serviert und es war auch alles korrekt. Von daher darf ich über die junge Frau nicht meckern und auch nicht übers Essen. Für mich hat sich der Ausflug in die Pücklerstraße gelohnt. Meine Neugierde und mein abendlicher Hunger sind gestillt.

Wenige Tage später schaue ich mir zu Hause den Film „Herr Lehmann" nochmal an. Ich kann mich nun noch besser in die Restaurantszenen hinein versetzen und weiß, an welchem Tisch Herr Lehmann mit der Köchin anbändelte und an welchem Tisch er mit seinen Eltern speiste. Insofern war der Besuch in der Markthalle ein kulturelles Abendessen, das ich so nur in Berlin erleben konnte.

Berlin per Bus
Stadttouren mit Chauffeur

Doppeldecker-Busse sind ein typisches Berliner Fortbewegungsmittel. Wer viel von Berlin sehen möchte, dem empfehle ich eine Fahrt mit einem Bus. Du siehst naturgemäß mehr als in der U-Bahn und kannst gerade mal ein paar hundert Meter Fußweg sparen, wenn du während der Shoppingtour kurz einsteigst und an der nächsten Haltestelle wieder aussteigst.

Berliner Doppeldeckerbus in der Tauentzienstraße

Wenn sich eine Tageskarte für die öffentlichen Verkehrsmittel in Berlin lohnt, dann ist es für die Pfadfinder, die Berlin auf eigene Faust erkunden möchten. Besorgen Sie sich an einem Fahrkartenschalter der BVG oder in der Tourist-Info die kostenlosen Faltblätter „BUS 100" und „BUS 200". Die Routen dieser beiden Buslinien führen an markanten Sehenswürdigkeiten Berlins vorbei. Die Fahrt der Linie 100 vom Hardenbergplatz am Bahnhof Zoo (City West) bis zum Alexanderplatz dauert etwa 30 Minuten. Am Alexanderplatz kann man in die Linie 200 umsteigen und mit diesem Bus, der teilweise eine andere Route nutzt, in etwa 25 Minuten in die West-City zum Bahnhof Zoo zurückfahren. Die Haltstellen der Linien 100 und 200 sind an den Bushaltestellenschildern angeschrieben und in den Faltblättern nachzulesen.

In den Doppeldeckern der Linien 100 und 200 genieße ich die erhöhte Aussicht, den Blick über die Autos hinweg. Das Beste ist jedoch, dass ich nach Lust und Laune aus- und einsteigen kann. Das ermöglicht zum Beispiel einen Abstecher zur Siegessäule, zum Schloss Bellevue, zum Berliner Dom oder zum Fernsehturm. Je nach dem, was man sich gerne ansehen möchte und was man in Berlin noch nicht gesehen hat. Wenn ich mir sonst tagsüber nichts vorgenommen habe, kann eine Berlintour mit dem 100er oder 200er schon mal drei bis vier Stunden dauern. Und das Beste daran: Die Tour kostet mich keinen Cent, sie ist in meiner Tageskarte inbegriffen.

Start auf dem Hardenbergplatz am Bahnhof Zoo

An der Haltestelle für den Bus 100 habe ich meinen Standort so geschickt gewählt, dass ich als erster im Oberdeck ankomme und einen Platz in der ersten Reihe ganz rechts ergattere. Um mich herum versammeln sich die Kinder einer Grundschulklasse, im wilden Rennen um die guten Plätze im Fonds des Busses. Ein Mädchen setzt sich keck neben mich. Als sich die Meute platziert und halbwegs beruhigt hat, vergibt die Lehrerin den Auftrag: Ihr meldet euch, wenn ihr etwas Besonderes entdeckt. Sofort posaunt ein Junge heraus: Da vorne, da ist das Mercedes-Hochhaus. Gemeint ist das Europa-Center, dessen Erkennungszeichen der sich drehende Mercedes-Stern auf dem Dach ist.

Obwohl ich mit meinem Sitzplatz direkt an der Scheibe sehr zufrieden bin, muss ich mich an die Perspektive erst gewöhnen. Die hochgehängten, in die Fahrbahn hineinreichenden Ampeln kommen mir jedes Mal verdammt nahe. Von Zeit zu Zeit krachen Äste an den Bus, wenn der Fahrer eng an den rechten Seitenstreifen heranfahren muss. Außerdem wird es da vorne hinter der großen Glasscheibe in der Sonne immer wärmer. Ich merke, die Pole-Position im Doppeldeckerbus hat auch ihre Nachteile.

So fleißig die Mädchen und Jungen nach Sehenswürdigkeiten Ausschau halten und immer wieder Begriffe ins Businnere schreien, so schnell sind sie auch abgelenkt und in andere Gespräche vertieft. So bald einer die Bezeichnung eines Gebäudes von sich lässt, greift der Junge zwei Plätze links neben mir nach seiner Digitalkamera und schießt ein Foto. Nach einiger Zeit befrage ich das junge Fräulein neben mir zu der Exkursion. Ich habe das Vergnügen mit der Klasse 4 a einer Berliner Grundschule. Sie betreiben Heimatkunde als Praxisunterricht. Ihr heutiges Motto lautet: Als Tourist durch Berlin. Das finde ich mutig, als Lehrerin mit fast dreißig Kindern eine Tour durch Berlin zu unternehmen. Daran erkenne ich, dass die Kids in der Bundeshauptstadt eine völlig andere Erlebniswelt gewohnt sind als beispielsweise die Viertklässler in unserer Göllheimer Grundschule. Die Berliner Schüler begegnen am einem Tag so vielen Fremden wie ein vergleichbarer pfälzischer Schüler in einem Jahr - wenn überhaupt.

Trotz des exponierten Sitzplatzes im Doppeldeckerbus komme ich kaum zum Fotografieren. Einerseits wackelt der Bus ganz ordentlich. Andererseits geht alles so schnell, dass es schwierig ist, das gewünschte Motiv vor die Linse zu bekommen. Deshalb ist die Fahrt mit dem Bus 100 nicht geeignet, um in einer halben Stunde viele wichtige Sehenswürdigkeiten zu fotografieren. Vielmehr geht es darum, sich in Ruhe zum Nulltarif die Stadt anzusehen und Eindrücke von Berlin zu sammeln.

Als wir den Reichstag erreichen, fragt meine kleine Nachbarin ihre Mitschüler, wie oft sie schon im Reichstag gewesen sind. Sie selbst hat das Bundestagsgebäude schon drei Mal besucht, einmal mit ihrer Familie, einmal mit Freunden und einmal mit einer Privatführung. Das lässt mich auf eine kulturell-politisch interessierte Familie schließen.

Morgen müssen die Kinder dann in einer Arbeitsgruppe zusammentragen, welche Sehenswürdigkeiten sie während ihrer Expedition durch ihre Heimatstadt entdeckt haben. Das würde mich durchaus interessieren, was bei den jungen Menschen von diesem Tag hängen geblieben ist.

Nun etwas ganz anderes: Der TXL

Bekanntermaßen kommt man vom Flughafen Tegel nur mit einem Taxi oder mit dem Bus in die City bzw. zur nächsten U-Bahn-Station. Ich bevorzuge generell den Bus. Das ist ökologisch und ökonomisch sinnvoller. Ich bin außerdem hautnah an den Menschen, die Berlin touristisch oder beruflich besuchen. Gerade im Berufsverkehr dauert die Bustour kaum länger als die Taxifahrt und ist natürlich extrem günstiger. Vier Buslinien stehen zur Wahl, die verschiedene Routen fahren und daher unterschiedlich lange unterwegs sind.

Ich habe Zeit, es ist früh am Morgen, da ich bereits um 6.55 Uhr in Frankfurt losgeflogen bin. Deshalb wähle ich für die Fahrt in die Innenstadt den Bus TXL. Auf dem Fahrplan an der Bushaltestelle sind die einzelnen Haltepunkte genannt. Auf dieser Strecke kann ich eine gute halbe Stunde lang morgendliche Eindrücke von Berlin sammeln. Spannend finde ich die Vielfalt an Läden und Geschäftsnamen, die während der Fahrt an mir vorbeirauschen. Die Bezeichnungen lassen auf Inhaber aus den unterschiedlichsten Nationen schließen.

Das so oft als Multi-Kulti bezeichnete Leben in Berlin findet auch im Bus um mich herum statt. Denn die Fahrgäste plaudern in Sprachen, die mir nicht alle geläufig sind, die auf eine Herkunft aus der Türkei oder anderen osteuropäischen oder asiatischen Ländern schließen lassen. Einheimische, Geschäftsreisende, Touristen vereinen sich im TXL. Wir schlängeln uns durch den Berufsverkehr, es dauert dann doch etwa vierzig Minuten, bis der Bus in unmittelbarer Nähe des Alexanderplatzes anhält. Von dort bringt mich die S-Bahn in wenigen Minuten zu meinem Tagesziel.

Am Abend fahre ich mit der S-Bahn zum Hauptbahnhof, um von dort den restlichen Weg zum Flughafen Tegel wieder mit dem TXL-Bus zurückzulegen. Über dem Ausgang des Hauptbahnhofs steht ein Schild TXL. Normalerweise fährt der Bus Richtung Tegel am Europaplatz/Invalidenstraße ab. Doch an diesem Abend wurde die Bushaltestelle wegen einer Baustelle kurzerhand auf die andere Bahnhofseite verlegt. Im Dunkeln und im Regen suche ich nach dem Abfahrtspunkt. Eine Berlinerin, die ich anspreche, hilft mir sehr engagiert die Ausweichhaltestelle zu finden, wo bereits einige Leute mit Koffern im Regen stehen.

Der TXL-Bus ist auf der Fahrt zum Flughafen gut gefüllt, es wird eng. Ich stehe sehr nahe bei zwei Frauen so knapp um die Dreißig. Ihre Sprache identifiziert sie als Nachfahren von Wilhelm Tell. Sie diskutieren intensiv und für mich nicht weghörbar über die Umstrukturierung der Filialen einer schweizerischen Unternehmens. Um ihren Ideen visuellen Ausdruck zu verleihen, beginnen sie spontan, auf der beschlagenen Scheibe des Busses Organigramme zu skizzieren. Vor der Dunkelheit kann man die Zeichnungen gut sehen. Auf dem Weg zum Flughafen teilen sie die Führungspositionen der Filialen neu ein. Außerdem sprechen sie über eine bestimmte Kollegin, deren vorausgesagtes Schicksal ich aus Datenschutzgründen besser für mich behalte. In dem TXL-Steh-Meeting geht es um Produkte, Controlling und Deckungsbeiträge.

Schließlich klingelt das Handy der einen Schweizerin. Aus ihren Antworten (und späteren Erläuterungen gegenüber ihrer Kollegin) kann ich folgern, dass sich ihr Freund erkundigt, ob sie das Abendessen schon vorbereitet hätte. Sie erklärt ihm, sie käme heute etwas später nach Hause, weil sie gerade noch in Berlin und dort erst auf dem Weg zum Flughafen sei. Das finde ich lustig: Der Freund sitzt zu Hause am Tisch und klappert mit dem Besteck, während die Freundin noch in Berlin ist und dort

Bildchen an die Fensterscheiben im Bus malt. Das nenne ich Timing in einer Beziehung.

Stars in Concert
Buddy, Marilyn, Michael & Louis

Das Aushängeschild des Estrel-Veranstaltungs-Centers im Süden Berlins sind die Doppelgänger-Shows. Nach eigener Aussage treten die weltbesten Doubles von Madonna, Elvis Presley, Michael Jackson und anderen Superstars auf. Ich kam eher durch Zufall in die Show. Zufall 1: Ich war an einem Montag im Dezember in Berlin. Am Wochenanfang ist die Auswahl an kulturellen Veranstaltungen etwas kleiner, daher stieg die Chance für Estrel, in die engere Auswahl zu kommen. Zufall 2: Ich war, wie so oft, bei Hekticket. An diesem Nachmittag gab es nur für fünf Veranstaltungen verbilligte Eintrittskarten. Trotz bisheriger Skepsis entschied ich mich für Stars in Concert, an diesem Adventabend als Weihnachts-Special.

Von der City-West benötigte ich am Abend fast eine dreiviertel Stunde bis zum Estrel-Festivalzentrum. Meinen Gutschein von Hekticket kann ich in der Hotelhalle an der Rezeption gegen eine Eintrittskarte eintauschen. Pfeile zeigten mir den Fußweg zum Festival-Zentrum.

Ganz für mich alleine bekam ich Tisch 13. Ansonsten saßen die Gäste meist zu viert an einem runden Tisch. Es gab eine kleine Karte mit Getränken und Snacks, die von Kellnerinnen und Kellnern serviert wurden. Auf der Karte stand sogar ein Pfälzer Riesling aus Kallstadt, das 0,25-Liter-Glas für 6,50 Euro. Ich hatte jedoch Lust auf ein Schöfferhofer Weizen und ein Glas geröstete Erdnüsse.

Mein Platz war hervorragend. Nur drei Tische standen noch vor mir, die Bühne war höchstens acht Meter entfernt. Wie ich später nachforschte, hatte ich für meinen Hekticket-Gutschein, für den ich 18,50 Euro bezahlte, einen Platz in der Kategorie 1 erhalten, der regulär 40,80 Euro gekostet hätte. Es war also Glück, dass Tisch 13 kurz vor Vorstellungsbeginn noch frei war und Estrel die Lücke schließen wollte. Die 13 war schon oft eine Glückszahl für mich.

Das war's denn aber auch mit dem ganz großen Glück. Eine Stimme aus dem nirgendwo - also vom Band - kündigte die Show an. Diese Anmoderation erinnerte mich sofort an den Holidaypark im pfälzischen Hassloch. Dort laufen den ganzen Tag über verschiedene Shows, die im Stundentakt wiederholt werden und bei denen die Moderation ebenfalls vom Band kommt. Bei einem Freizeitpark mit einer riesigen Schar an Laufpublikum und bei dem im Tagesticket für etwa 30 Euro alle Attraktionen im Preis inbegriffen sind, kann ich das nachvollziehen. Aber nicht bei einem Show-Event, für das die Leute ordentlich Eintritt bezahlen. Das ist in meinen Augen billig. Auch das Opening, zu dem die vier Musiker die Bühne betraten, kam aus der Konserve. Das ist keine Auszeichnung für einen Live-Musiker.

Rock'n Roll zur Einstimmung

„Buddy Holly" eröffnete die Show, begleitet von der besagten Vier-Mann-Kapelle. Mit seinem Smoking, seinem Outfit und seiner Stimme war der Doppelgänger wirklich sehr nahe am Original. Die tollen Lieder von Buddy sorgten für einen rhythmischen Auftakt. Trotzdem irritierte mich etwas: Auf einer Videowand wurden Ausschnitte aus Filmen und Aufnahmen mit Buddy Holly gezeigt. Der Gesang des Doubles auf der Bühne und des Stars im Film waren so synchron, dass ich zweifelte, ob die Band tatsächlich live spielte. Verstärkt wurden meine Zweifel durch die teilnahmslose Mimik des Bassisten und des Keyboarders. Allerdings brachte es Buddy Holly fertig, die

Rentner im Publikum mit den alten Rock´n Roll-Songs zum Wippen zu bringen. Ich sah, diese Gäste waren auch mal jung und tanzten in den 1950er Jahren zu den Klängen von Buddy Holly.

Danach erschien fast die echte Marilyn Monroe im goldenen Glitzerkleid, mit üppigem Dekolleté und ebenfalls einer originalnahen Stimme. Ihr folgte Michael Jackson mit einer starken Stimme und einer tänzerisch ordentlichen Leistung. Er kam bei den jüngeren Leuten so um die Vierzig gut an. Begleitet wurden die Sänger von vier Tänzerinnen. Diese präsentierten sich sehr vielseitig und professionell. Sie waren, wie im Prospekt angekündigt, abwechslungsreich gekleidet, zeitweise recht sexy. Unter anderem traten noch „Boney M" und „Louis Armstrong" auf die Bühne, Louis mit einer echt guten Stimme.

Nach dem eigentlichen Finale gab es eine Überraschung: Da es der 13. Dezember war, folgte ein viertelstündiges Weihnachtsspecial mit allen Sängerinnen und Sängern sowie zwei Bandmitgliedern am Flügel und Kontrabass. Das klang sehr ordentlich und war eine stimmungsvolle Zugabe.

Nach der Show präsentierten sich die Darsteller am Ausgang und standen geduldig für Erinnerungsfotos und Autogramme bereit.

Wer in Berlin eine echte Show sehen möchte, dem empfehle ich einen Besuch im Friedrichstadtpalast mit Orchester und großem Ballett. Auch kleinere Produktionen, zum Beispiel im Admiralspalast, im Tipi oder im Gripstheater, haben mich mehr begeistert. Bei einer Liveband, die aus vier Musikern besteht, können mich nun mal keine Trompeten oder Geigen verzaubern. In diesem Punkt gleicht „Stars in Concert" eher einer gehobenen Playback-Show, auch wenn ich den Künstlern damit natürlich Unrecht tue, weil diese ja tatsächlich stark sind und sie in einer aufwändigeren Produktion wesentlich besser zur Geltung kämen. Aber das Original kann es halt nur einmal geben und die Doubles geben sich alle Mühe, dem Original-künstler sehr nahe zu kommen.

Bonbonmacherei
Süße Kindheitserinnerungen

Es geschieht zufällig, während meines Trips durch die Oranien-burger Straße. Ich sehe den Eingang zu den Heckmannhöfen und stiefele neugierig in den Gewerbehof. Gleich vorne links hängt das relativ unscheinbare Schild Bonbonmacherei. Dieser Name klingt nach Handwerk, nach süßen Verführungen. Gespannt steige ich in den Kellerladen hinab und betrete den kleinen Verkaufsraum. Links die Bonbonküche, rechts mehrere Regale mit vielen bunten, in Folientütchen abgepackten Bonbons. Und natürlich gibt es die typischen Bonbonbehälter, aus denen man sich seine eigene Mischung zusammenstellen kann.

Ein Mann ist im „Produktionsbereich" aktiv, eine Frau steht hinter der kleinen Verkaufstheke. Ich frage in den Raum hinein, ob ich ein paar Fotos machen darf. Das ist kein Problem. Im Gegenteil. Wir kommen ins Gespräch und der Chef des Hauses bietet mir an, eine neue Mischung anzusetzen, damit ich auch bei der Bonbonherstellung Fotos schießen kann. Spontan fängt er an, den kupfernen Kessel mit Zutaten zu füllen und die Masse zu erhitzen. Dabei muss er regelmäßig mit einem langen hölzernen Kochlöffel rühren, um das Verkleben zu verhindern. Der Bonbonmacher erklärt mir wir die Walzen funktionieren, mit denen er die Masse in verschiedene Formen prägen und kühlen kann.

Wie ich zu Hause im Internet nachlese, haben die Besitzer Katja Kolbe und Hjalmar Stecher extra eine Bonbonlehre ab-solviert, um die Süßigkeiten auf traditionelle Weise herstellen u können. In der Schauküche sind zum Teil noch nostalgische

Maschinen aus dem Jahre 1920 im Einsatz. Daher lautet die Philosophie des Ladens zu Recht: „Wir verkaufen Kindheitserinnerungen, die man sich auf der Zunge zergehen lassen kann".

Hjalmar Stecher beim Anrühren der süßen Bonbonmasse

Schließlich begutachte ich in aller Ruhe das komplette Sortiment und fülle mir eine Tüte mit unterschiedlichen Geschmacksrichtungen. Keine Frage ist das Gewicht am Ende höher als geplant. Aber das macht nichts. Zu Hause und im Büro haben sich alle gefreut und es blieb kein einziges Bonbon übrig.

Mittlerweile war ich den Öfteren in der Bonbonmacherei. Es ist immer ein kurzes, aber nettes Erlebnis, in der kleinen Manufaktur meine eigene Bonbonmischung zusammenzustellen. Neben Himbeere und Waldmeister gehört die Ananas zu meinen Favoriten.

Distel
Kabarett-Theater mit Stachel

Eingang an der Friedrichstraße

Die Eintrittskarte kauft man im Hinterhof an der Kasse des Admiralspalasts. Der Eingang liegt direkt vorne an der Friedrichstraße. Ich meine, ein Mietshaus zu betreten: eine breite, abgenutzte Steintreppe, ein nicht ganz so junger Aufzug, schmale Türen. Ich gehe hoch ins erste Obergeschoß, wo ich in den Vorraum komme der aussieht wie das Wohnzimmer einer großen Wohnung. Eine Garderobe, eine kleine Bar und der Eingang zum Parkett sind hier zu finden. Ich habe eine Eintrittskarte für 20 Euro erwischt. Günstiger ging es nicht, da mindestens zwei Schulklassen anwesend sind und - wie die Kabarettisten in ihr Stück einfließen lassen - die hinteren, günstigsten Plätze beschlagnahmt haben. Ich klettere mit den Schülern ein Stockwerk höher auf den „Rang", dritte Reihe. Das Bühnenbild ist schlicht gehalten, doch mit der Beleuchtung und einem roten Tuch bringen die Dramaturgen Dynamik auf die Bühne.

Ich komme mit meinem Nachbarn ins Gespräch. Er ist in Hamburg geboren, lebt aber seit den 1950er Jahren in Norwegen. Er will von mir wissen, ob die Distel ein gutes politisches Kabarett sei. Da ich ebenfalls zum ersten Mal die Distel besuche, kann ich vor der Vorstellung keine eindeutige Einschätzung abgeben. Ich weiß aus der Internetseite des Distels, dass das Kabaretttheater bereits 1953 in Ost-Berlin gegründet wurde, als Gegengewicht zu den „Stachelschweinen" und den „Insulanern" in West-Berlin, die damals vehement gegen den Osten lästerten. Es zählt zu den dienstältesten Kabaretts in Deutschland und ist weit über Berlin hinaus bekannt. Selbst zu DDR-Zeiten und während der Wende setzte die Distel ihren Stachel ein, um das DDR-Regime zu kritisieren. Wie es sich für eine Distel gehört, hat das Haus eine prägnante Philosophie: *„Manchmal reicht ein kleiner Stachel, um ein dickes Hinterteil ganz schnell zu bewegen. Man muss nur am neuralgischen Punkt piksen!"*

Die Distel hat stets mehrere Programme im Repertoire, die von zwei Ensembles dargeboten werden. Das Spielen im Team ist das Markenzeichen der Distel. Dadurch ist es möglich, Kabarett in verschiedenen Formen darzustellen und mehrstimmigen Gesang zu präsentieren. Begleitet werden die Kabarettisten von Livemusikern. Heute Abend sind es zwei, die in immer anderem Zusammenspiel das Schlagzeug, das Keyboard, die Klarinette, das Piano und das Saxophon bedienen.

Ich bin gespannt, ob das Ensemble seinem Ruf gerecht wird, politische Satire abzuliefern, die stets die aktuelle Situation in Deutschland widerspiegelt. Mein Anspruch ist ohne Zweifel hoch, denn gerade mal zwei Tage vorher hat die Bundestagswahl stattgefunden.

Das Stück heißt „Jenseits von Angela" und steht schon ein halbes Jahr auf dem Programm. Die Bundeskanzlerin ist verschwunden, eine neue Figur für das Amt muss gefunden werden. Als schließlich ein ungewöhnlicher Kandidat aufgetrieben wird und dieser auf das Amt vorbereitet werden soll, wird schnell klar, wie paradox Politik funktioniert.

Den Test hat das Ensemble übrigens bestanden. Die Stimmen für die Regierungskoalition sind noch keine 48 Stunden ausgezählt, da haben die Kabarettisten bereits einige Gags zur Bundestagswahl eingebaut und Texte umgeschrieben.

Zum politischen Kabarett gehören Fakten und Meldungen aus der Politik. Dieser Aspekt wird ebenfalls bestens bedient Allerdings kommen für meinen Geschmack in den Texten zu viele Allgemeinplätze vor, wie zum Beispiel: *Wie kann es sein, dass ein Manager, der eine Bank oder eine Bahn in den Ruin treibt oder wegen Veruntreuung entlassen wird, noch eine Millionenabfindung erhält, während eine Kassiererin wegen einer angeblichen Veruntreuung von drei Euros fristlos gekündigt wird?* Das sind Äußerungen, die in den vergangenen Wochen bereits in mehreren TV-Talkshows gefallen waren. Aber Stopp: Für meinen norwegischen Nachbarn und andere Besucher, die selten Nachrichten sehen, ist es möglicherweise eine neue Erkenntnis.

Um das Programm der Distel verfolgen zu können, sollte man schon über die aktuellen politischen und wirtschaftlichen Entwicklungen in Deutschland informiert sein. Meinem norwegischen Nachbarn kann ich manchmal eine kurze Nachhilfe geben, schließlich hat nicht jeder Norweger eine BILD zu Hause.

Am Ende muss ich fairer Weise erwähnen, dass viele gute und neue Gags vorgetragen wurden. Gemischt mit gekonntem Gesang und einer ansprechenden schauspielerischen Leistung bietet das Ensemble zwei Stunden lang eine kurzweilige Unterhaltung. Deshalb sage ich den Freunden des politischen Kabaretts: Schaut bei der Distel ruhig mal rein, wenn ihr ein paar Tage in Berlin seid.

Übrigens: Was macht Angela Merkel mit ihren alten Kleidern? Sie zieht sie an...

Oranienburger Straße
Das Tag- und das Nachtleben

In Berlin gibt es einige Straßen, die man zweimal durchstreifen muss, um sie in allen Facetten kennen zu lernen. Die Oranienburger ist eine davon. Ein Bummel bei Tag bietet die Chance, höchst unterschiedliche Gebäude und Kultureinrichtungen zu bestaunen oder ausgefallene Geschäfte zu besuchen. Bei Nacht dagegen offenbart die lebhafte Straße ein ganz anderes Gesicht. Doch dazu später mehr, wenn die Kinder im Bett sind. Auf jeden Fall vereint diese Straße alles das, was eine Großstadt ausmacht und konfrontiert mich mit Themen, die mir in so geballter Form in unserer pfälzischen Idylle nicht begegnen:

ausgeflippte Kunst, polizeibewachte Präsenz der Religionen, internationale Küche, Sex, berlinspezifische Kleiderläden, Trubel bis in den frühen Morgen und an Sommerwochenenden unendlich viele Menschen.

Mein Ausgangspunkt ist die U-Bahn-Station Oranienburger Tor. Von dort gelange ich über den Ausgang Friedrichstraße und nach wenigen Metern rechts ab in die Oranienburger Straße.

Als erstes halte ich Ausschau nach dem berüchtigten alternativen Kulturzentrum Tacheles. Hätte ich nicht in mehreren Reiseführern die Beschreibung gelesen und mir die Hausnummer 55 bis 56 gemerkt, wäre ich daran vorbeimarschiert wie an vielen heruntergekommenen Gebäuden in Berlin. Aber hier auf der rechten Straßenseite, das ist es, das Tacheles. Neugierig wage ich mich durch die Toreinfahrt und erkenne sofort, dass der Hof hinter dem Haus genau so chaotisch daher kommt wie das Gebäude selbst. In der Pfalz würde jeder Gemeinderat ein solches Anwesen als Schandfleck bezeichnen und einstimmig auf Abriss plädieren. In Berlin ist es eine Kulturstätte, wenn auch nur für ganz abgefahrene Künstler, die sich hier ein Atelier oder eine Werkstatt eingerichtet haben.

1990 hatten junge Künstler die Ruine der ehemaligen Kaufhauspassage aus dem Jahre 1909 besetzt, um sie vor dem Abriss zu bewahren. Einige von ihnen ließen sich dort nieder und machten das längst baufällige „Gebäude" zu einem Treffpunkt für die autonome Kunstszene. Irgendwann hat man das Haus sogar renoviert und Kinos, Kleinkunstbühnen und ein Café eingerichtet. Trotzdem kann das Tacheles, das sehe ich fast ohne Brille, bautechnisch keine Zukunft haben. Allerdings habe ich gelesen, dass das Gelände in naher Zukunft mit exklusiven Wohnungen, Büros, Geschäften und einem Luxushotel bebaut werden und dann Johannisviertel heißen soll. Na ja, die Künstler werden in Berlin eine neue adäquate Unterkunft besetzen können, da bin ich mir sicher.

Warum wird so ein Anwesen wir das Tacheles mit aller Gewalt erhalten? Vielleicht, weil damit der Verfall des 20. Jahrhunderts quasi zur Schau gestellt wird? Zeigt sich hier der Rebell im Menschen, das Rumpelstilzchen? Niemand möchte wirklich in diesem Gebäude wohnen. Gut, in der Pfalz existieren ja auch über 130 Burgruinen, sie werden ebenfalls „aufgehoben", um an frühere Jahrhunderte zu erinnern und zu demonstrieren, wie der Adel und die Ritter im Mittelalter lebten. Vermutlich erfüllt das Tacheles einen ähnlichen Zweck, nämlich die Aufständler, die autonomen Künstler, die Besetzer weiterleben zu lassen, die in der Nachwendezeit ein Stück Berlin waren. Aber fürchten muss ich mich in der Oranienburger Straße nicht. Sie ist längst zu einer ungefährlichen Geschäftsstraße geworden. Ein Freilichtmuseum. Schaut her, hier war einst das wahre Berlin, hier gab es einst noch die Spezies der Aufmüpfigen.

Geschichte und Architektur

Natürlich ist auch die Oranienburger Straße architektonisch ein Sammelsurium unterschiedlichster Formen und Stile. Ich bemühe mich, die Gebäude zu entdecken, die Geschichte erzählen. Eins davon ist das ehemalige Postfuhramt an der Ecke Tucholskystraße. Der Backsteinbau von 1881 mit seinem mächtigen achteckigen Turm über dem Eingang ist nicht zu übersehen. An der Fassade entdecke ich üppigen Terrakottaschmuck, der Aufgaben und Personen des Post- und Telegraphiewesens darstellen soll. Geschichte vermittelt mir auch eine kleine Gedenktafel am Haus Nr. 67, in dem sich das Lokal „Aufsturz" befindet. Hier wohnte nämlich der Wissenschaftler Alexander von Humboldt von 1843 bis zu seinem Tod im Jahr 1859. Das wuchtige historische Gebäude zur Ecke Monbijoustraße regt meine Phantasie an. In dem ehemaligen Haupttelegraphenamt wurden vor Jahrzehnten sämtliche Fernmeldeverbindungen ins In- und Ausland vermittelt. Ich habe sofort ein Bild vor Augen, wie 80 bis 100 „Fräuleins vom Amt" wie in einem Schwarz-Weiß-Film mit Kopfhörern vor einem verwirrenden Schaltpult sitzen, freundlich mit Anrufern sprechen, Kabel umstöpseln und Gespräche in alle Welt vermitteln.

Eingang zur Telegramm-Annahme im ehemaligen Haupttelegraphenamt

Heckmann-Höfe

Ein Abstecher bringt mich am Haus Nr. 32 in die Heckmann-Höfe. Diese typische Anlage aus der Zeit um 1890 besteht aus mehreren Häusern und Höfen, die die Oranienburger Straße mit der Auguststraße verbinden. Ich mag diese Hinterhöfe, vor allem, wenn sie, wie dieser, bereits restauriert sind. Wie bei den Hackeschen Höfen verband man hier das Arbeiten, Verkaufen und Wohnen miteinander und nutzte so die gesamte Fläche des Grundstücks aus.

Direkt hinter dem Tordurchgang erblicke ich einen Laden, der mich neugierig macht. Es ist die Bonbonmacherei. Das kleine Kellergeschäft ist eine faszinierende Entdeckung, eine Erinnerung an die Kindheit. Logischerweise verlasse ich den Kellerladen nicht ohne eine Tüte handgemachte Bonbons. Mehr darüber im Beitrag „Süße Kindheitserinnerungen".

In den Höfen ist es im Moment ruhig, obwohl die Geschäfte Interessantes anzubieten haben. Die Designerin Barbara Gebhardt verkauft ihre Kollektion mit „qualitativ guten Kleidern für alle Gelegenheiten" in ihrer Boutique NIX. Schließlich sind das Galli-Theater und die Galerie von Susanne Rikus ebenfalls hier beheimatet.

Centrum Judaicum

Das auffälligste Gebäude der Straße ist das jüdische Zentrum mit der prächtigen, goldverzierten Kuppel. Hier befinde ich mich wie so oft mitten in einem Geschichtsbuch. Kapitel 1: Der preußische Ministerpräsident Otto von Bismarck war persönlich anwesend, als die ursprüngliche Synagoge 1866 eingeweiht wurde. Sie war damals die größte deutsche Synagoge überhaupt. Der heute nicht mehr vorhandene Gebetsraum bot 1800 Männern und 1200 Frauen Platz. Kapitel 2: In der Reichsprogromnacht am 9./10. November 1938 verhinderte ein mutiger Reviervorsteher namens Wilhelm Krützfeld eine schlimme Zerstörung der Synagoge. Kapitel 3: Zweiter Weltkrieg. Bei einem Luftangriff am 22. November 1943 wurde die Synagoge dann doch zerstört und brannte aus. 1958 wurde die zerstörte Haupthalle der Synagoge gesprengt. Nur der vordere Teil der

Synagoge blieb stehen. Nach der Renovierung konnte das Centrum Judaicum im Mai 1995 neu eingeweiht werden. Aber eigentlich ist das Gebäude gar keine Synagoge mehr. Es gibt nur noch einen kleinen Gebetsraum. Die restlichen Räume werden als Kultur-, Dokumentations- und Veranstaltungszentrum der jüdischen Gemeinde in Berlin genutzt.

Das Centrum Judaicum wird rund um die Uhr von der Polizei streng bewacht. Doch das finde ich beklemmend, wenn zwischen den Läden und Kneipen plötzlich Polizisten patrouillieren, zum Teil mit Maschinenpistolen. Ähnlich wie in der Großen Hamburger Straße, wo das jüdische Gymnasium einem Gefängnis gleicht, beschäftigt mich die Frage, was es bedeutet, wenn religiöse Einrichtungen mit Waffen geschützt werden müssen. Religionen sind doch eigentlich dafür gedacht, die Menschen zu befreien, Mauern zwischen Menschen einzureißen, Toleranz und Nächstenliebe zu praktizieren. Wo liegt der Fehler im System? Wo und wann hat sich wer so falsch verhalten, dass eine Gemeinschaft streng bewacht werden muss. Gitterzäune leiten die Passanten weiträumig an der ehemaligen Synagoge vorbei. Dabei wäre es doch eher hilfreich, die Tore zu öffnen. Jemand, um den ich einen Bogen machen muss, wird mir fremd. Wahrlich kein Superjob für die Polizisten, die hier sommers wie winters fast schon stupide ihren Dienst schieben müssen. Über die Kosten für die Steuerzahler will ich erst gar nicht nachdenken, höre ich doch immer wieder, dass es in Berlin zu wenig Polizisten gibt und die Stadt bis über beide Ohren verschuldet ist. Doch das ist Berlin.

Ein paar Meter weiter wird es schon wieder lockerer. Denn einfache bunte Holzwegweiser lotsen mich in den Kunsthof. Wie bei den Heckmannhöfen handelt es sich um eine 150 Jahre alte Wohnanlage, in der Wohnen und Arbeiten verknüpft sind. Die Schilder preisen Fashion, Restaurant, Ateliers und

Design-Galleries an. Auch eine Keksbäckerin ist in dem Hof ansässig.

Ab hier im östlichen Teil der Straße zum Hackeschen Markt hin wird es nun geschäftiger. Kleider, Schuhe, Wohnaccessoires, Bücher, Kunstgegenstände sind in den Läden zu entdecken, teilweise auch abseits des Shopping-Mainstreams. Mode von G-Star, Premiata, Brigitte Jägers, Outlet, Retro oder Schuhe von Orlando, Luccico, Riccardo Cartillone mischen sich zwischen Galerien und andere Geschäfte. Ein Hingucker ist das Schaufenster von "maskworld", einem Ladens für Masken. Und ganz am Ende der Straße bietet der Fun Factory-Shop schließlich die Toys für besinnliche Stunden. Erfreulicherweise haben einige Geschäfte und Restaurants jeweils einen eigenen Touch, sind die Bürgersteige nicht mit Souvenirbuden vollgestopft, denn dann würde die Oranienburger eine Art Drosselgasse abgeben. So ist sie zwar eine Touristenstraße, hat sich aber etwas Szenehaftes bewahrt und ist ein typisches Stück Berlin geblieben.

Angelockt von einer Menschenschlange, die sich an der Eisdiele Amorino gebildet hat, bleibe ich automatisch stehen, geselle mich zu den Wartenden und werde eine viertel Stunde später mit einem leckeren und vor allem sehr kunstvoll designten Eis in der Waffel belohnt. Das ist doch der passende Abschluss für einen erkenntnisreichen Bummel durch die Oranienburger Straße.

Und jetzt die Gute-Nacht-Geschichte

An einem Abend, nach dem Besuch des Quatsch-Comedy-Clubs in der Friedrichstraße und tatsächlich auf dem Weg zum Hotel an der Rosenthaler Straße, durchquere ich die Oranienburger Straße ein weiteres Mal. Gerade abends, wenn die unzähligen Kneipen, Bars und Cafés ihre Türen öffnen, Tische und Stühle auf den Bürgersteig stellen, erkennt man am besten die gastronomische Vielfalt der Vergnügungsmeile. Zu Hunderten ziehen dann die Menschen durch die Oranienburger Straße und genießen die internationale Küche. Selbst im November, es mag acht bis zehn Grad sein, sitzen jede Menge Leute an den Tischen im Freien. Überwiegend scheinen es Touristen zu sein. Menschen, die zu Hause bei ihrer Stammkneipe sicherlich nie auf die Idee kämen, sich im November ins Freie zu setzen, um bei dieser Kälte zu plaudern und ein Bier zu trinken. Aber in Berlin findet man das chic. Schließlich sind wir ja in Berlin, um uns von unserer coolen Seite zu zeigen.

Die auffällig gekleideten Damen am Straßenrand sind auf der Jagd nach abenteuerlustigen Kunden. Als allein dahin spazierender Mann habe ich keine Chance, nicht angesprochen zu werden. An diesem Abend passiert es gleich drei Mal. Die Frauen in den engen weißen Hosen und weißen Blousons verteilen sich über die gesamte Länge der Oranienburger Straße bis zum Hackeschen Markt. Vehement stellen sie sich mir in den Weg. Warum soll ich mich nicht mit der Dame unterhalten? Sie ist ein ganz normaler Mensch wie du und ich und macht ihren Job, den sie sich hoffentlich freiwillig ausgesucht hat.

Für die Herren, die demnächst dort unterwegs sind, kann ich schon mal die Fragen und Argumente auflisten, die mir bei allen drei Frauen vorgetragen werden. Na, wo geht´s denn hin? Ins Hotel? Das ist doch langweilig. Da kannst du später immer noch hingehen. Hättest du nicht Lust, mit mir mitzukommen? Wir machen es uns eine halbe Stunde schön gemütlich. Was hält dich davon ab? Das kriegt doch keiner mit. Du isst doch auch nicht jeden Tag dasselbe.

Sie sind alle auf eine charmante Art sehr hartnäckig. Sie versperren mir die ganze Zeit den Weg. Alle drei Damen sind Deutsche, haben hübsche Gesichter und sportliche Figuren. Ich überlege, warum sie diesen unbarmherzigen Job machen, wo sie mit ihrer Argumentationskunst und ihrem Auftreten jedes andere Produkt im Außendienst ebenso gut an den Mann bringen könnten. Da alle Frauen ganz ähnlich gekleidet sind, scheint diese abendliche Szenerie straff organisiert zu sein. Nach dem circa dreimaligen „Ich möchte jetzt gerne weitergehen!" geben die Schönen auf, mit dem Bedauern: „Schade, du verpasst wirklich etwas" und wünschen mir noch einen angenehmen Abend. Ich bin noch keine zehn Meter entfernt, da ist bereits das nächste männliche Opfer in Beschlag genommen.

Theater am Potsdamer Platz
Hinter den Kulissen geht's weiter

Heute geht es zu Udo!

Mein sportlicher Ehrgeiz besteht mal wieder darin, möglichst viel Kultur zum möglichst günstigen Preis zu ergattern. Da es bei Hekticket heute leider keine Prozente auf die Karten für dieses Theater gibt, entscheide ich mich für die günstigste Preiskategorie. Das ist im Theater am Potsdamer Platz der 2. Rang in der obersten Etage. Während ich in anderen Kulturstätten mit meinem kostenbewussten Verhalten schon viele gute Erfahrungen gemacht habe, muss ich in diesem modernen Kulturbau doch einige Abstriche in Kauf nehmen. Bei den hinteren Kulissenwänden ist mir am oberen Rand die Sicht verdeckt. Oftmals kann ich während der Vorstellung über die mobilen Kulissen, die von den Personen in schwarzen Kleidern auf die Bühne geschoben werden, hinweg sehen und beobachte auch, wie sich die Männer leise von der Bühne schleichen.

Das größte Handicap sind jedoch die Lampen an der Decke. Dort sind zig Spots montiert. Dazwischen brennen einige kleine weiße Lampen, vermutlich Sicherheitsleuchten. Diese leuchten während der gesamten Vorstellung und ich muss mich erst daran gewöhnen. Meiner Nachbarin geht es ebenso. Und wenn du im 2. Rang beziehungsweise im 5. Obergeschoß sitzt, überlegst du dir auch in der Pause ganz genau, ob du kurz an die frische Luft gehen willst. Fünf Stockwerke runter und wieder rauf. Trotzdem verbringe ich die Pause auf der großzügigen Fläche vor dem Haupteingang. Clevererweise bieten die Veranstalter sogar draußen in einer Freiluftbar Getränke an.

Eingangsbereich zum Musicaltheater

Dann ist da noch die Sache mit der Höhe. Wer den 2. Rang betritt, sollte sich nur langsam nach vorne bewegen. Denn ähnlich wie bei einer Bergstation in den Alpen geht es hinter dem Balkongeländer steil bergab. Meine Sitznachbarin wurde beim Kauf des Tickets tatsächlich gefragt, ob sie schwindelfrei sei. Die Frage ist nicht weit hergeholt. denn ich blicke in das tiefe Tal der Bühne. Des Öfteren beugen sich die Zuschauer auf den Sitzen vor mir nach vorne, um die Handlung am vorderen Rand der Bühne besser verfolgen zu können. Das blockiert mir zeitweise die Sicht, so steil geht es in den Rängen zu. Einige Besucher in der Reihe hinter mir stehen einfach auf, um über uns alle hinweg auf die Bühne schauen zu können.

So, jetzt werden wir mal wieder positiv. Trotz alledem sitze ich bequem. Mein Sitz hat eine hohe Rückenlehne und bietet mir genügend Beinfreiheit. Der Sound ist vollkommen in Ordnung und gut zu verstehen. Insofern beklage ich mich nicht, für 36 Euro drei Stunden lang in einem Musical zu sein. Aber immerhin: 36 Euro für einen Platz im Gepäcknetz.

Und nun zum Stück

Vor mir auf der tiefen Bühne läuft „Hinter dem Horizont", das viel gefeierte Musical um die Liebesaffäre zwischen Udo Lindenberg und dem Mädchen aus Ostberlin. Ich genieße gute Unterhaltung. Doch das Werk hat für meinen Geschmack einige Schwächen, wie zum Beispiel die Darstellerin der jungen Jessy oder einige Songs, die speziell für das Musical komponiert und zwischen die bekannten Hits montiert wurden. Und wenn man die unverwechselbare Originalstimme von Udo Lindenberg im Ohr hat, ist es für den Hauptdarsteller naturgemäß extrem schwierig, in diesem Musical den Udo zu geben.

Die Band besteht aus nur fünf Musikern, was ich schade finde, denn bei einem Musical freue ich mich normalerweise ganz besonders auf den tollen Live-Sound des Orchesters. Dennoch bin ich nicht enttäuscht. Die Aufführung ist abwechslungsreich, es folgen spannende Kulissenwechsel, die Darsteller sind mit Leidenschaft dabei. Sie erzählen nachvollziehbar die bekannte Story und die Hits von Udo versprühen ja durchaus gute Laune.

Als „alter" Fußballer vergleiche ich ganz gerne die Preise für Kulturveranstaltungen mit einem Bundesligaspiel im Fritz-Walter-Stadion (natürlich noch zu Erstligazeiten ☺). So gesehen habe ich für 36 Euro in einem bequemen Sitz unter zivilisierten Menschen statt 90 Minuten Fußball netto etwa 150 Minuten lang hochkarätige Live-Kultur erlebt - also mehr Leistung als zum vergleichbaren Preis bei einem Bundesligaspiel. Und beim nächsten Mal geh´n wir in den ersten Rang.

Pariser Platz mit Brandenburger Tor
Hier trifft sich die Welt

Es ist für mich das Gebäude, das für mich Berlin darstellt, das ich schon immer sehen, bestaunen, durchschreiten wollte: das Brandenburger Tor. Das Wahrzeichen schlechthin, das ich von der Rückseite der gelben Cent-Münzen kenne, von den Berichten über die Maueröffnung und von den Mega-Partys der deutschen Fußball-Nationalmannschaft.

Das Brandenburger Tor war früher das Symbol des geteilten Berlins, heute ist das alte Stadttor das Symbol für die Wiedervereinigung. Deshalb zieht es alle Berlinbesucher dorthin. Das erkennt man daran, dass zu jeder Tages- und Nachtzeit Menschen aus aller Welt um das Tor herumspazieren, Fotos machen oder einfach nur dastehen und die Atmosphäre dieses besonderen Ortes auf sich wirken lassen. Vor 1989 wäre man bei dieser Meditation glattweg erschossen, na ja, oder wenigstens verhaftet worden, denn das Brandenburger Tor stand damals in der gesperrten Zone. Seit seiner Öffnung im Dezember 1989 zieht es die Menschen massenhaft hierher, nach seiner Grundsanierung steht es seit 2002 wieder prächtig da.

Wahrzeichen des Pariser Platzes: Das Brandenburger Tor

Das Brandenburger Tor befindet sich am Pariser Platz. Er gefällt mir auf Anhieb gut. Die hellen Baumaterialien der Häuser, die gepflegte Grünanlage geben ihm ein Gesicht. Man erkennt eine deutliche Platzarchitektur, ich fühle mich aber keineswegs eingeengt. Die Fläche, so groß wie zwei Fußballplätze, sieht man dem vor 280 Jahren als Exerzierfeld angelegten Areal nämlich gar nicht an. Nach den Zerstörungen im Zweiten Weltkrieg hat man in den 1950ern wenigstens das Brandenburger Tor wieder hergestellt. Allerdings währte die Freude nicht lange. Denn es stand von 1961 bis 1989 im Niemandsland hart an der Mauer zu West-Berlin. Seit dem 22. Dezember 1989 ist das Brandenburger Tor wieder offiziell geöffnet.

Der jüngste Bau am Pariser Platz beherbergt die Amerikanische Botschaft. Der Neubau von 2008 steht an der Stelle, an der einst die Amerikanische Botschaft von 1931 bis 1941 in einem prachtvollen Palais residierte, Die Botschaft links des Tors in der Ecke wirkt auf den ersten Blick gar nicht so pompös, wie ich das bei einer amerikanischen Botschaft erwartet hätte. Doch das Haus zieht sich, wenn man drum herum läuft, dann doch noch ein langes Stück an der Ebertstraße entlang. Eine wirkliche architektonische Meisterleistung ist die Botschaft für meinen Geschmack allerdings nicht. Vermutlich ging bei der Planung Sicherheit vor Schönheit.

Das Gebäude der DZ-Bank (Nr. 3) lehnt sich an die klare preußische Architektur und mit seiner gelblichen Kalksteinfassade an das Brandenburger Tor an. Mich beeindrucken die gewaltige Eingangskuppel und die riesigen quadratischen Fenster. Mir ist bekannt, dass der Innenraum der Bank wie ein gewaltiges Kunstwerk gestaltet ist. Ob ich mir das Atrium einmal ansehen darf? Ich frage den Securitymann am Haupteingang. Gerne, antwortet der freundliche Türsteher. Im Foyer kann ich mich in Ruhe umschauen und ich traue mich auch zu fotografieren, nach Berliner Sitte ohne Blitz. Beim Verlassen des Foyers öffnet mir der zuvorkommende Wächter die Tür und verabschiedet mich mit einem herzlichen Tschüss.

Die Akademie der Künste (Nr. 4) hat hier seit 1902 ihren Sitz. Auffällig ist die großflächige Glasfassade. Ich mache eine kurze Stippvisite in dem Haus, das neben Ausstellungsräumen und zahlreichen Skulpturen eine Bibliothek und ein Café zu bieten hat. Der öffentlich zugängliche Buchladen ist nicht sehr groß, führt aber spezielle Fachbücher wie beispielsweise zu den Bereichen Film oder Architektur. Im Flur hängen Fotos vom Pariser Platz, wie er nach dem Krieg ausgesehen hat.

Das Hotel Adlon prägt natürlich das Gesamtbild des Pariser Platzes ganz entscheidend. Allerdings gehört es Hausnummernmäßig zu der Straße Unter den Linden, die an dieser Stelle die Ostseite des Platzes unterbricht. Das Haus der Französischen Botschaft erkennt man an dem beige geklinkerten Erdgeschoß, dem breiten weißen Mittelteil mit den zweigeschoßigen Fenstern und der überwiegend in Glas gehaltenen Dachetage. Ich überlege, ob die Interpretation mancher Betrachter stimmt, die in dem Bau mit dem hohen Sockel und den Schießscharten gleichenden Fenstern den Nachbau einer Festung sehen. Der Trikolore ist das egal, sie flattert friedlich im Wind über dem Pariser Platz.

Jede Stunde ein anderes Schauspiel

Bei fast jedem Berlinbesuch schaue ich immer wieder gerne am Pariser Platz vorbei, weil sich jedes Mal eine andere Geschichte mit neuen Akteuren abspielt. Heute ist ein heißer Sommertag. Ich mache gerade ein Foto mit dem historischen Straßenschild „Pariser Platz" und dem Brandenburger Tor im Hintergrund. Ein junger Japaner spricht mich in Englisch an und bittet mich, von ihm und seinen drei Freunden ein Gruppenfoto vor dem Brandenburger Tor zu machen. Schön, dass die Japaner stolz auf unser Tor sind. Ein junger, kräftiger Mann im Alter von schätzungsweise 17 Jahren kommt auf mich zu. Er fragt nach dem Wachsfigurenkabinett von Madame Tussaud. Den Weg dorthin kann ich ihm erklären. Zwei Frauen, offensichtlich Mutter und Tochter, bemühen sich, ein Selfie vor dem Brandenburger Tor zu machen. Doch der Arm ist nicht lang genug, um beide Köpfe und den Hintergrund auf ein Bild zu kriegen. Beide gehen gelassen, belustigt mit dem Vorhaben um. Ich sehe ihnen eine Weile zu, biete mich dann als Knipser an, was die beiden gerne annehmen.

Ja, der Pariser Platz ist quasi ein Open-Air-Fotostudio, in dem pro Stunde tausend Bilder mit dem Brandenburger Tor als Kulisse gemacht werden. Und es wird gefilmt, was die Kamera hergibt. Unweit vor mir hat sich eine Gruppe japanischer Touristen um ihren Stadtführer versammelt. Zwei Männer brechen immer wieder aus der Runde aus, um den Platz und die Gebäude zu filmen, auch in meine Richtung. Unfreiwillig werde ich zum Statisten in gleich zwei japanischen Filmen, als der Deutsche mit einer Brezel auf einer Bank am Brandenburger Tor.

Zwei junge Frauen in Kostümen ehemaliger DDR- und Sowjetunion-Soldatinnen verdienen sich zusammen mit anderen Statisten für Fotos ein wenig Geld dazu. Dabei ist auch eine Person im Bärenkostüm. Es sind nahezu 30 Grad heute. Als ich gerade an der Gruppe vorbei laufe, setzen sich eine „Soldatin" und der Bär ab. Im Schatten neben dem Liebermannhaus schlüpft eine junge Frau mit strammer Figur aus dem Bärenkostüm. Das Kostüm und dazu noch die eigenen Kleider: Bei dieser Hitze hat sie einen anstrengenden Job gemacht, um ein paar Euro Trinkgeld zu verdienen. Es ist aber ein ehrlicher Job, wenn man das Geld im Schweiße seines Angesichts verdient. Während sie sich eine kurze Auszeit nimmt, stellen sich zwei „Soldaten" mit einer DDR-Flagge in der Platzmitte in Pose, um sich fotografieren zu lassen. Spontan nutzen mehrere Touristen die Gelegenheit, das gestellte Motiv mit ihrem Fotoapparat oder ihrem Handy „abzuschießen".

Richtung Unter den Linden auf einer Bank spielt und singt eine junge Gitarristin. Sie trägt angenehm zur Unterhaltung der vielen hundert Menschen auf dem Pariser Platz bei. Ich verweile auf der Bank, lausche der Musik und beobachte das Leben um mich herum. Unweit vor mir posiert ein junger Student wie ein Dirigent vor einer Gruppe ausländischer Jugendlicher, die wie ein gemischter Chor im Halbkreis um ihn herum stehen und konzentriert lauschen. Plötzlich fängt eine Blaskapelle an zu spielen und nimmt den gesamten Sound-Raum vor dem Brandenburger Tor für sich in Beschlag. Schnell bildet sich eine Menschentraube um die Musiker.

Ich mische mich unter die Schaulustigen. Begleitet wird die Kapelle von mehreren Frauen in historischen Kostümen, zwei von ihnen verteilen Ansichtskarten. Ich lasse mir eine Karte geben und frage die Dame, was hier gerade passiert. „Wir werben für das Bäderland Bayerische Rhön" sagt sie und deutet auf eine Ansichtskarte mit den Namen der Kurorte, die sich für diese Aktion zusammengeschlossen haben, wie Bad Kissingen und Bad Neustadt. „Und der Mann da vorne, das ist der Bürgermeister von Bad Bocklet". Ich versuche den wichtigen Mann zu identifizieren. „Besuchen Sie uns ruhig einmal. Wir sind eine Gegend, wo man sich in Deutschland gesund machen kann mit Wasser und so. Und Sie können kostenlos mit einem Bus von Ort zu Ort fahren." Das ist Vertrieb mit Leidenschaft am point of sale! Eine Frage habe ich dann doch noch, ich erkundige mich nach dem Namen der Blaskapelle. „Das sind die Steinacher Musikanten". Aha, gut. Ich bedanke mich und verstaue die Postkarte in meinem Rucksack.

In einer halben Stunde wird diese Show vorbei sein und vor dem berühmten Brandenburger Tor wird eine andere Inszenierung stattfinden.

Das andere Gesicht

Am liebsten besuche in den Platz spät abends, wenn es dunkel ist. Das Tor ist hell beleuchtet, die Menschen sind lockerer, denn der Besuch ist nun Kür, kein Pflichtprogramm mehr. Manchmal spielt ein Geiger wunderschöne Melodien, es herrscht eine ganz besondere, ja beinahe andächtige Atmosphäre. Ich sitze auf der Bank, lasse alles auf mich wirken und freue mich, dass sich mein Tag in Berlin hier zum Ende neigt.

Hamburger Bahnhof

Gegenwärtig gibt´s dort Kunst

Die Tour beginnt im modernen Berliner Hauptbahnhof. Dort verlasse ich die S-Bahn, nehme den nördlichen Ausgang zum Europaplatz und laufe halbschräg nach rechts zur Invalidenstraße. Von da ist es ein Katzensprung bis zur Hausnummer 50/51, dem Hamburger Bahnhof.

Tatsächlich fuhren früher hier Züge ein, aber nur vier Jahrzehnte lang bis 1884. Hier war quasi die Endstation für die Züge aus Hamburg. Ab etwa 1904 nutzten die Berliner das Gebäude als Ausstellungshalle, bauten zwei Flügel und eine historische Halle an. Nach Beschädigungen im Zweiten Weltkrieg hat man den *Hamburger Bahnhof* in den 1980er Jahren wieder aufgebaut. Er ist der einzige noch erhaltene historische Bahnhofsbau aus jener Zeit.

Nach der Wende wieder hergerichtet, ist seit 1996 hier ein international anerkanntes „Museum für Gegenwart" untergebracht mit zahlreichen Gemälden, Installationen und Multimedia-Kunstwerken aus dem 20. und 21. Jahrhundert. Darunter eine umfangreiche Dauerleihgabe der Friedrich Christian Flick Collection.

Allein schon der Weg durch die weitläufige Anlage zum Haupteingang sagt meinem Kopf, wir betreten jetzt ein ganz besonderes Haus. Drinnen begegne ich unter anderem Künstlern wie Andy Warhol, Keith Haring, Roy Lichtenstein und Baselitz. Exponate, die ich sonst immer wieder mal als Motive für Puzzles oder Kalender sehe, hängen plötzlich im Original vor mir. Das hat was. Für die Werke von Joseph Beuys wird im Westflügel sogar ein kompletter Raum vorgehalten.

Hamburger Bahnhof – Museum für Gegenwart

In der ehemaligen Bahnhofshalle ist heute eine beeindruckende Sonderausstellung zu sehen mit Werken die aussehen wie
überdimensionale, mit verschiedenen Materialien gefüllte
Seifenblasen. „Cloud Cities" nennt sich die Installation von
Tomás Saraceno. Sie befasst sich mit neuen Lebensräumen in
schwebenden Städten. Junge Besucher haben einen riesen
Spaß daran, eine der XXL-Kugeln zu erklettern.

Ich bin lange unterwegs, immerhin sind 13.000 Quadratmeter
Ausstellungsfläche zu erobern. In den verschiedenen Räumen
und ehemaligen Speditionshallen finde ich eine Fülle unterschiedlichster moderner Kunstwerke. Oft bleibe ich eine Weile
stehen und versuche, die Botschaft und den tieferen Sinn der
teils überdimensionalen Installationen zu verstehen. Meist
wird eine Erläuterung angeboten. Ich verstehe jedoch nicht
jedes Werk, aber faszinierend ist es allemal.

Das Gebäude mit dem enormen Raumangebot ist aus meiner
Sicht eine ideale Location für diese Art Kunst. Nach meinem
Rundgang kann ich mir gut vorstellen, warum der Hamburger
Bahnhof heute weltweit zu den größten und bedeutendsten
öffentlichen Sammlungen für zeitgenössische Kunst gehört.
Wer diese mag oder bereit ist, sich mit außergewöhnlichen

Inspirationen auseinander zu setzen, dem empfehle ich den Besuch im *Hamburger Bahnhof* auf jeden Fall.

Leider ist es an diesem Novembernachmittag noch zu früh und zu hell, um beim Verlassen des Museums an der Fassade die Lichtinstallation von Dan Flavin wirklich gut zu sehen. Dafür ist das museumseigene, „kaffeehausartige Restaurant" geöffnet, das von Sarah Wiener betrieben wird.

Potsdamer Platz
Eine neue Nach-Wende-City

Den besten Tipp, den ich Ihnen zu diesem neuen Stadtviertel geben kann, ist: Versuchen Sie bei Ihrem ersten Besuch erst gar nicht, bei dem Geflecht aus Häusern und Straßen durchzublicken. Bestaunen Sie nur die Architektur, die nach der Wende hier geschaffen wurde, und lassen Sie sich einfach für ein paar Stunden in einen Bestaunen- und Shoppingrausch verfallen.

Bis zur Wende befand sich hier nur Brachland. Denn die Mauer verlief durch dieses Gelände und deshalb lag der Potsdamer Platz im ehemaligen Todesstreifen. Seit 1994 entstand rund um den Potsdamer Platz innerhalb weniger Jahre ein komplett neues und futuristisches Stadtviertel mit Büros, Theatern, Cafés, Kinos und einer großen Einkaufspassage. Architekten aus aller Welt haben sich am Reißbrett ausgetobt und in der Tat einen ganz eigenwilligen Komplex geschaffen, der, wann immer man dort einkehrt, von unzähligen Menschen bevölkert ist - es sind jeden Tag zwischen 70.000 und 100.000 Besucher.

Das neue Stadtviertel besteht aus drei Zentren: dem Sony-Center, der Daimler-Chrysler-City und dem Beisheim-Center. Aber diese Aufteilung sollte uns als Besucher des Viertels erst einmal nicht interessieren. Denn wenn man aus der U- oder S-Bahn-Station „Potsdamer Platz" ans Tageslicht kommt, braucht man einen Moment, um die Eindrücke zu verarbeiten und sich zu orientieren.

Blick vom Potsdamer Platz in die neue City

Wir gehen die Sache jedoch systematisch an und einigen uns darauf, dass der Potsdamer Platz für uns der freie Platz ist, den man betritt, wenn man aus dem U- bzw. S-Bahnhof nach oben kommt. Über die große Ampelkreuzung rollen täglich mehr als zehntausend Fahrzeuge. Dass der Potsdamer Platz bereits vor dem Zweiten Weltkrieg ein ebenso wichtiger Verkehrsknotenpunkt war, daran erinnert die gut erkennbare Nachbildung der ersten Ampel Deutschlands, die damals hier aufgestellt worden war. Besser gesagt ist es ein dunkelgrüner, mindestens fünf Meter hoher Ampelturm.

Vom Potsdamer Platz aus kann man sich gut an den drei markanten Hochhäusern orientieren: Das linke, ganz spitz zulaufende Gebäude mit der gläsernen Fassade und das mittlere rote Backsteinhochhaus fassen die Alte Potsdamer Straße ein.

Zwischen dem Kollhoff-Hochhaus (Mitte) und dem Hochhaus der Deutschen Bahn (rechts) verläuft die Potsdamer Straße.

Auffällig ist auch das Hochhaus des Nobel-Hotels Ritz-Carlton mit der markanten hellen Fassade, das im Chicagoer Art-Deco-Stil errichtet wurde. Der Rundumblick vom Potsdamer Platz aus bestätigt einmal mehr meine Aussage, dass Berlin eine Oase für Architekten ist. Diese Stadt lässt bautechnisch und auch sonst manches zu, was so in anderen Städten nicht denkbar wäre.

Auftakt: Sony-Center

Das erste und wohl größte Highlight am Potsdamer Platz ist das Sony-Center, gleich hinter dem DB-Haus. Wie ein Hans-guck-in-die-Luft stolziere ich beeindruckt um den Brunnen herum und bestaune die spektakuläre Dachkonstruktion. Das aufgefächerte Zeltdach aus Stoffbahnen ist an einem Stahlring befestigt, der auf den umliegenden Gebäuden aufliegt. Das Dach wirkt auf mich wie ein riesiger aufgespannter transparenter Regenschirm. In dem Innenhof können die Menschen das ganze Jahr über auf Korbstühlen unter Palmen „im Freien" sitzen. Erstaunlicherweise sehe ich genauso viele Business-Menschen wie Touristen. In diesem besonderen Ambiente zu verweilen, eine Tasse Kaffee zu schlürfen oder im Brauhaus ein Weizen zu trinken, das ist etwas Besonderes, das man zu Hause nicht erleben kann.

Das Center besteht aus sieben Einzelgebäuden, bei denen vor allem Glas und Stahl verbaut wurden. Büros, teure Wohnungen, Kinos, das "Filmhaus" und die Sony-Europa-Zentrale haben hier ihre Adresse. Kulinarisch hat man die Auswahl zwischen Brauhaus, Bistros, Cafés und Restaurants. Ich besuche natürlich auch den Sony-Style-Store. Auf vier Etagen zeigt Sony seine neuen Technik-Produkte, die von den jungen Besuchern ganz aufgeregt auf Herz und Nieren getestet werden. Ein Mekka für Filmliebhaber ist die Deutsche Kinemathek, ein Museum für Film und Fernsehen.

Panoramapunkt Kolhoff-Tower

Mein Weg führt vom Sony-Center direkt hinüber zum Kollhoff-Tower. Ja, genau der mit den roten Backsteinen. Im höchsten Gebäude (103 m) auf dem so genannten DaimlerChrysler-Gelände befindet sich im 24. Stock auf ca. 100 m Höhe eine Aussichtsplattform. Der schnellste Aufzug Europas bringt mich in 20 Sekunden zum Panoramapunkt. Auf der Etage drehe ich im Freien eine Runde um das Haus. Zum einen genieße ich von dort eine beeindruckende Aussicht über Berlin, vor allem auf die Ostberliner City. Zum anderen bekomme ich aus der Vogelperspektive einen interessanten Eindruck von den gigantischen Gebäuden und Straßen, die seit 1994 rund um den Potsdamer Platz errichtet wurden. Die Potsdamer Straße, die Alte Potsdamer Straße und der in den letzten Jahren komplett umgestaltete Leipziger Platz liegen mir zu Füßen. Ganz in der Nähe ist auch das Kulturforum mit verschiedenen Museen und der berühmten Berliner Philharmonie gelegen. Gratis wird auf dem „Rundweg" die Freiluftausstellung "Berliner Blicke auf den Potsdamer Platz" angeboten, die sich mit der Entwicklung des Potsdamer Platzes befasst.

Das Eintrittsgeld von mittlerweile 6,50 EUR ist kein Pappenstiel. Wenn man jedoch einen halbwegs klaren Himmel erwischt, lohnt sich der Besuch, um eine gute Orientierung von diesem Stadtviertel zu gewinnen.

Vom Aussichtstower kann ich auch das Weinhaus Huth erkennen. Es steht in der Alten Potsdamer Straße. Dieses Geschäftshaus ist das einzige historische Haus (1871) am Potsdamer Platz. Theodor Fontane hat hier schon seinen Wein getrunken. Das Restaurant bietet eine edle Küche. Es soll gut, aber auch recht teuer sein. In diese Kategorie stufe ich die Gäste ein, die zahlreich vor dem Weinhaus unter großflächigen Sonnen-schirmen sitzen und von Kellnerinnen mit weißen langen Schürzen bedient werden.

Gleich hinter dem Weinhaus öffnet sich die Pforte zu den Potsdamer-Platz-Arcaden. Diese moderne, helle, dreistöckige Shopping-Mall hat etwa 120 Geschäfte und Gastronomiebe-triebe anzubieten (u.a. H & M, Esprit, Zara, Benetton, Wöhrl, Hallhuber, Mango, Mexx, Hugendubel, Douglas, Saturn). Direkt über dem Eingang an der Alten Potsdamer Straße ist das „Caffé e Gelato". Viele Berliner behaupten, hier gäbe es das beste Eis Berlins. Auf jeden Fall werden viele ausgefallene Sorten angeboten und appetitlich präsentiert. Ich reihe mich in die Schlange ein und kriege schon bald eine schöne Leckerei.

Nach gut einer Stunde verlasse ich die Mall auf der anderen Seite. Rechts herum gelange ich auf der Eichhornstraße zum Marlene-Dietrich-Platz. Was für ein Name! Klar, dass es an diesem Ort um Kunst gehen muss. Das beginnt schon mit der außergewöhnlichen Gestaltung des Platzes. Dann logiert hier das Theater am Potsdamer Platz (siehe eigenes Kapitel), seit 2000 jedes Jahr im Februar die Heimstätte der Berlinale. In der übrigen Zeit pilgern die Besucher hierher zu den Musicals.

An McDonalds vorbei kehre ich zurück in die Alte Potsdamer Straße und laufe von dort wieder Richtung DB- und Kollhoff-Hochhaus zu der S/U-Bahn-Station am Potsdamer Platz. Was nehme ich mit? In der Tat ist es beeindruckend, wie hier im Niemandsland eine Stadt in der Stadt aus dem Boden ge-stampft wurde. Allerdings herrscht in dem Viertel eine kühle Atmosphäre. Das liegt an den bevorzugten Baumaterialien Stahl und Glas. Aber meines Erachtens auch daran, dass dem Viertel eine Seele fehlt, das Herz einer Stadt, die sich über Jahrhunderte entwickelt hat. Zehntausende Menschen kom-men tagsüber hierher zum Shoppen oder Arbeiten, sind abends aber wieder verschwunden. Der Potsdamer Platz ist alles andere als ein Kiez, in dem sich die Menschen seit Generationen zu Hause fühlen.

Zimt & Zucker
Urgemütlich und lecker

Über das Kaffeehaus am Spreeufer habe ich gelesen, dass es viele hausgemachte Produkte gibt, wie Waffeln, Strudel, Crepes, Milchreis, Kaiserschmarrn, Kuchen und Suppen. Gute Gründe, um das Café am Spreeufer zu besuchen.

Leckere Adresse am Schiffbauerdamm

Der Gastraum ist gut gefüllt, ich sehe zwei freie Tische, die jedoch reserviert sind. Daher geselle mich zu einer Frau Mitte zwanzig, die, wie ich bald erfahre, aus Hamburg stammt und zu Besuch bei einer Freundin ist. Sie wollte sich in der Friedrichstraße mit einem Freund treffen, der kurzfristig absagte. Sie fand dann das Kaffeehaus durch die Umgebungssuche im

Smartphone, ist also auch zum ersten Mal hier. Wir finden die heimelige Atmosphäre beide sehr gemütlich. Seinen besonderen Charme bekommt das Zimt & Zucker durch den bunten Mix aus Möbeln und Couches aus verschiedenen Stilrichtungen und Epochen, die querbeet im Raum verteilt sind.

Der Pfefferminztee meiner hanseatischen Tischnachbarin duftet angenehm über den ganzen Tisch. Die Versuchsanordnung auf ihrem Tablett lässt keinen Zweifel daran, dass der Tee frisch zubereitet ist. Die Brüsseler Waffeln sehen aus wie zu Hause und so gut schmecken sie auch. Ich probiere ein besonderes, Schokoladengetränk mit „original belgischen Callebaut-Schokoladenstückchen". Ich kann unter drei Geschmacksrichtungen wählen, entscheide mich für Vollmilch. Und finde den heißen Schokotrunk extrem lecker.

Mein Radar schweift durch den Gastraum. Ich sehe sehr viele Menschen, die etwas völlig Ungewohntes machen: Sie unterhalten sich. Lediglich an einem Tisch hastet eine Frau mit beiden Daumen über die Minitasten ihres Smartphones. An einem Tisch wird sogar ein Buch gelesen, am Tisch nebenan ist ein Mann in eine Zeitung vertieft. Und alle anderen Gäste reden miteinander. Eine Szenerie, die ich in der heutigen Zeit schon für bemerkenswert halte, findet doch sonst im öffentlichen Raum die Kommunikation überwiegend elektronisch statt. Hektik ist weit entfernt. Diese Entspanntheit überträgt sich auf mein Gemüt. Ich sitze im Zimt & Zucker, schlürfe einen heißen Kakao und mir geht es gut. Das passt. Als ich aufstehe, freuen sich schon die nächsten Besucher auf einen freien Tisch.

In diesem kleinen Kaffeehaus gibt es noch eine Menge Leckereien zu probieren. Also werde ich sicherlich bald mal wiederkommen. Um die Vorfreude zu erhöhen, kann ich mir ab und zu die Speisekarte auf der Homepage ansehen.

Adressen & Links

Hier finden Sie konkrete Angaben zu den in den Reise-Erlebnis-Geschichten erwähnten Straßen und Einrichtungen sowie meine dazugehörigen Favoriten.

Seite 7 - Anna Blume, Kaffeehaus & Floristik

Echt gemütliches Café mit leckerem Kuchen und tollem Frühstücksangebot.

Adresse: Prenzlauer Berg, Kollwitzstraße 83
ÖZ: tgl. 8 – ca. 23 Uhr.
Weg: U2 bis Station Eberswalder Straße oder Senefelderplatz, von dort noch 10 Minuten Fußweg (ca. 800 m). Oder: Tram M2/M10 bis Prenzlauer Allee/Danziger Straße, ca. 5 Minuten zu Fuß.
Internet: cafe-anna-blume.de

Seite 12 - Admiralspalast

Der Zutritt durch den Innenhof und die traditionelle Einrichtung sorgen für eine heimelige Theateratmosphäre. Oft gute Stücke im Programm.

Adresse: Mitte, Friedrichstraße 101
Weg: Anreise mit S1, S2, S25, S5, S7, S75 oder U6 zum Bahnhof Friedrichstraße, Ausgang nach Norden Rg. Spree, nach wenigen Metern auf der rechten Seite.
ÖZ Theaterkasse tgl. 11 – 18 Uhr. Abendkasse 2 Std. vor den Vorstellungen..
Internet: mehr.de/spielstaetten/admiralspalast-berlin

Seite 15 - Gendarmenmarkt

Weltstädtischer, großflächiger Platz mit Konzerthaus, zwei Domen und dem weißen Schillerdenkmal. Steht im Ranking der schönsten deutschen Plätze ganz weit oben.

Lage: Mitte, der Platz wird eingerahmt von der Französischen-, Markgrafen-, Mohren- und Charlottenstraße.
Weg: Anreise mit U6 zu den Stationen Französische Straße oder Stadtmitte. Von dort über Französische Straße oder Mohrenstraße

nach Osten. Die U2 bis Hausvogteiplatz klappt auch.
Internet: gendarmenmarkt.de.

Seite 20 – Bäckerei Wiener Brot

Nicht nur, dass die bekannte Chefin Sarah Wiener ab und zu selbst bedient. Die Backwaren sind himmlisch gut.

Adresse: Mitte, Tucholskystraße 31. zw. August- und Oranienburger Straße. Anreise mit S1, S2, S25 bis Station Oranienburger Straße
ÖZ: Mo. bis Fr. 7 – 19 Uhr, Sa. 8 – 16 Uhr.
Internet: wienerbrot.de.

Seite 21 – Deutscher Bundestag

Es ist ein politisch-kulturelles Erlebnis, den altehrwürdigen Reichstag mit der modernen, begehbaren Kuppel kostenfrei besuchen zu können. Gute Aus- und Einsichten. Allerdings ist derzeit eine vorherige Online-Anmeldung erforderlich.

Adresse: Mitte, Platz der Republik 1
Weg: Anreise mit S1, S2, S25 bis Station Brandenburger Tor. Durch das Brandenburger Tor laufen und dann rechts ca. 400 m bis zum Reichstagsgebäude. Oder mit der U55 (vom Hauptbahnhof) zur U-Bahn-Station Bundestag.
Internet: bundestag.de/besucher

Seite 27 – Nikolaiviertel

Nicht alle Gebäude stammen noch aus der Ur-Zeit Berlins. Dennoch lohnt sich ein Spaziergang durch die Gassen mit Blick in die Jahrhunderte alte Nikolaikirche um zu ahnen, wie der alte Stadtkern einst ausgesehen hat.

Lage: Mitte, am rechten Ufer der Spree, eingerahmt durch Rathausstraße, Spandauer Straße und Mühlendamm.

Weg: U2 bis Station Klosterstraße, Ausgang Nikolaiviertel (Beschreibung siehe Text). Oder: S/U-Bahn bis Alexanderplatz und von dort Richtung Rathaus, weiter auf Rathausstraße bis Abzweigung Poststra-

ße (= Nikolaiviertel).
Internet: berlin-nikolaiviertel.com

Seite 47 – Rathaus

Wenn nicht gerade hoher Besuch im Hause ist, kann man den Sitz des Regierenden Bürgermeisters einfach so betreten und einige Räume, das prächtige Treppenhaus und aktuelle Ausstellungen kostenfrei besichtigen.

Adresse: Mitte, Rathausstraße 15.
Weg: S 5, S7 und U 2, U5, U8 bis Station Alexanderplatz, Ausgang Rathausstraße (Rg. Fernsehturm). Die Busse 100, 200 und TXL halten in der Nähe des Rathauses (H Marienkirche/Spandauer Straße).
ÖZ: Mo. bis Fr. 9 – 18 Uhr (Schließung aus Sicherheitsgründen ist jederzeit möglich).
Internet: berlin.de > Verwaltung-Politik > Rathaus aktuell > Service > Berliner Rathaus

Seite 50 – Hekticket

Meine Empfehlung für Kulturinteressierte, die sich spontan entscheiden können. Ab ca. 14 Uhr bekommt man Eintrittskarten für denselben Abend mit 20 bis 50 % Rabatt. Auf diese Art habe ich so manche mir bis dahin unbekannte Künstler, Aufführungen und Spielstätten kennengelernt.

Adresse: Hekticket am Bahnhof Zoologischer Garten in Charlottenburg, Hardenbergstr. 29 d (im Foyer der Deutschen Bank, am Busbahnhof vor dem Bahnhof Zoo).
ÖZ: Mo. 12 – 20 Uhr, Di. bis Sa. 10 – 20 Uhr, So./FeiT. 14 – 18 Uhr.
Internet: hekticket.de.
Das Ticketbüro in der Karl-Liebknecht-Straße (am Berlin Carré) ist derzeit wegen Umbaumaßnahmen geschlossen. Beachten Sie die Infos auf der Homepage.

Es macht Laune, diese Straße im Prenzlauer Berg zu durchstreifen. Von der modernen Boutique bis zu widerständigen Kiez-Einrichtungen reicht das Spektrum. Viele originelle Namen für Shops und Kneipen.

Lage: Prenzlauer Berg, nahe Kreuzung Schönhauser Allee. Auf dem Stadtplan zw. U-Bahn-Station Eberswalder Straße und U-Bahn-Station Rosenthaler Platz.
Weg: U-Bahnhof Eberswalder Straße → Ausgang Kastanienallee → rechte Treppe → nach ca. 150 m geht die Kastanienallee halbrechts ab.

Nr. 7 - Prater: Berlins ältester, sehr gemütlicher Biergarten mit Selbstbedienung und gut-berlinerischer Gaststätte. 🖥 pratergarten.de.

Nr. 54 - Glücklich am Park: Shoppen und frische Waffeln genießen. Mo. bis Fr. 11 – 20 Uhr, Sa. 10 – 20 Uhr, So. (nur Café) 10 – 20 Uhr. 🖥 kaufdichgluecklich-shop.de.

Nr. 82 – Hotel DIE SCHULE. Man übernachtet in ruhigen Studio-Apartments in ehemaligen Klassenzimmern und die Straßenbahnhaltestelle in ganz nah. 🖥 hotel-die-schule.de

Nr. 97 – Buchbox. Kiezbuchhandlung mit vielseitigem Sortiment und hochkarätigen Lesungen. 🖥 buchboxberlin.de

Nr. 103 - An einem Sonntag im August: Originelles Café mit begehrtem Außenbereich. Frischgezapftes Bier, veganer Burger oder Kaffee und Kuchen – alles geht, Hauptsache, der Kunde kann sich entspannen. 🖥 an-einem-Sonntag-im-august.de

Die wertvollen Exponate aus der Vor- und Frühgeschichte, eine ansprechend renovierte Innenausstattung und natürlich die Begegnung mit der echten Nofrete in der Ägyptischen Sammlung haben mir besonders gefallen.

Lage: Mitte, auf der Museumsinsel, Eingang Bodestraße.
Weg: S5, S7, S75 bis Station Hackescher Markt, Ausgang Burgstra-

ße/Museumsinsel oder Spandauer Brücke, rechts zur Burgstraße und dann – dem blauen Touri-Wegweiser „Berliner Dom / Museumsinsel" folgend - links an der Spree entlang, am Ende der Burgstraße rechts über die Brücke in die Bodestraße. Die Busse 100 und 200 halten am Lustgarten. Auf der Straße Am Lustgarten am Dom vorbei gelangt man zur Bodestraße.

Internet: smb.museum/museen-und-einrichtungen/neues-museum.

Seite 64 – Currywurst

Die Currywurst darf man sich in Berlin nicht entgehen lassen. Hier vier empfehlenswerte Adressen von „Klassikern".

Bier´s Ku´damm 195, Charlottenburg, Kurfürstendamm 195, zwischen Schlüter- und Bleibtreustraße auf der südlichen Straßenseite. Curry-wurst und Champagner? Das gibt´s, glauben Sie mir. *Anreise* mit Bus 109, 110, M19, M29 (Haltestellen Bleibtreustraße oder Olivaerplatz) oder U1 bis Station Uhlandstraße.🖥 berlin.de / restaurants / adres-sen/imbiss/biers-kudamm-195.

Konnopke, Prenzlauer Berg, Schönhauser Allee 44 b (unter der Hoch-bahn), südlich der Kreuzung Eberswalder-/Danziger Straße. Imbiss seit über 80 Jahren. *Anreise* mit U2 bis Station Eberswalder Straße. 🖥 konnopke-imbiss.de

Curry 36, Kreuzberg, Mehringdamm 36. *Anreise* mit U6 bis Station Mehringdamm, Ausgang Yorkstraße. 🖥 curry36.de. *Filiale* am Bahn-hof Zoologischer Garten, Hardenbergplatz 9.

Witty´s Bioland Imbisss, Wilmersdorf, Am Wittenbergplatz, gegen-über dem KaDeWe (Tauentzienstraße). *Anreise* mit U1, U2, U3 bis Station Wittenbergplatz. 🖥 wittys-berlin.de

Seite 71 - Alexanderplatz

Als wichtiger Verkehrsknotenpunkt in Mitte ist der Platz stark frequen-tiert. Eine gute Rundumsicht hat man von der Aussichtsterrasse im 40. Stockwerk des Hotels Park Inn. Ab 12 Uhr gegen Eintritt zugänglich. Mit dem Aufzug zum 37. Stock, dann zu Fuß weiter. Am Rande des Alexanderplatzes ist das ALEXA eine lohnenswerte Adresse zum Shop-

pen. Etwa 180 Geschäfte sind in der Mall im Art-Déco-Stil der 1920er Jahre zu finden.

Nr. 7 - Hotel Park Inn. Ünübersehbar. Internet: parkinn-berlin.de > Mehr > Aussichtsterrasse

Grunerstraße 20 - Einkaufszentrum ALEXA. *Weg*: S/U-Bahn Alexanderplatz, Ausgang Alexanderplatz, nach rechts parallel zu den Gleisen Internet: alexacentre.com

Seite 76 - Barcomi´s

Cynthia Barcomi serviert in ihren Kaffeehäusern herrliche Kuchen im amerikanischen Stil nach eigenen Rezepten. Der Kaffee ist selbst geröstet. Man sitzt gemütlich. Was will man mehr?

Barcomi´s Café und Kaffeerösterei, Kreuzberg, Bergmannstraße 21. *Anreise* mit U6 bis Station Mehringdamm > Ausgang Gneisenaustraße > links in Bergmannstraße. Oder: U7 bis Station Gneisenaustraße.

Barcomi´s Deli, Mitte, Sophienstraße 21, in den Sophie-Gips-Höfen zw. Sophien- und Gipsstraße. *Anreise* mit der S-Bahn bis Bahnhof Hackescher Markt > Rosenthaler Straße > links in Sophienstraße. Oder: U8 bis Station Weinmeisterstraße > Rosenthaler Straße > Sophienstraße.

Internet: barcomis.de

Seite 80 - Oranienstraße

In dieser Straße ist der echte Kreuzberg zu Hause. Die Einwohner sind so multikulti wie das Spektrum an Läden und Kneipen

Lage/Weg: Kreuzberg, der U-Bahnhof Moritzplatz (U8) liegt mitten in der Oranienstraße, der U-Bahnhof Görlitzer Bahnhof (U1) markierte das östliche Ende der Straße. Man kann auch mit der U6 bis „Kochstraße" fahren und über die Rudi-Dutschke-Straße zur Oranienstraße gelangen.

Seite 85 - Grips-Theater

Nach eigener Aussage auf der Homepage versteht sich das GRIPS-Theater als zeitgenössisches und politisches Volkstheater. Seine Geschichten handeln von realen Lebenswelten, die Figuren stehen stellvertretend für die Menschen im Publikum, deren Probleme auf der Bühne verhandelt werden. Ein Paradestück für diese Philosophie ist das Musical „Linie 1", das ich literarisch und musikalisch absolut klasse fand.

Adresse: Tiergarten, Altonaer Straße 22, am Hansaplatz
Weg: U9 bis Station Hansaplatz. Das Theater liegt unmittelbar am Ausgang der U-Bahn-Station.
Internet: grips-theater.de

Seite 89 - Hackescher Markt

Tausende von S-Bahn-Gästen, Shoppingpeople, Stadtbesichtiger auf dem Weg zu den Hackeschen Höfen und feierfreudige Touristen Richtung Oranienburger Straße sorgen für ein reges Treiben auf dem Platz, der für mich sozusagen die Mitte in Mitte darstellt.

Lage: Mitte, zwischen Spree und Alexanderplatz/Fernsehturm. **Weg:** S5, S7, S75 bis Station Hackescher Markt. **Internet**: hackeschermarkt-berlin.de

Seite 91 - Hackesche Höfe

Die sehenswerte Anlage im Stile der Gründerzeit (Errichtung ab 1906) verbindet acht Innenhöfe, die heute wie damals für Läden, kleine Gewerbebetriebe, Gastronomie und Wohnungen genutzt werden. Lassen Sie sich Zeit für einen Bummel durch alle Höfe, denn nach dem ersten Aha-Erlebnis im bunt gekachelten Hof 1 wird es zwar zunehmend ruhiger, aber nicht uninteressanter. Wenn man am Schluss in der Sophienstraße ankommt, einfach nach rechts gehen zurück zur Rosenthaler Straße.

Adresse: Mitte, Rosenthaler Straße 40-41. **Weg:** S5, S7, S75 bis Station Hackescher Markt > über den Hackeschen Markt > rechts halten zum Eingangsgebäude am Beginn der Rosenthaler Straße. **Internet**: hackesche-hoefe.de.

Einige besondere Einrichtungen:

Hof 1:
Variete-Theater 🖥 chamaeleon
Restaurant 🖥 hackescher-hof.de
Uhrenmanufaktur 🖥 askania-berlin.de
Café, Restaurant, Lounge 🖥 oxymoron-berlin.de

Hof 2:
Galerie mit limitierten Fotokunstwerken 🖥 lumas.de
Kulttaschen 🖥 jost-bags.com

Hof 3
Interessanter Shop mit Produkten von Designern, Künstlern und Manufakturen 🖥 promobo.de

Hof 4:
Design-Taschen aus Berlin 🖥 mygretchen.com
Ein Perlen-Paradies 🖥 perlin-berlin.de
Originelle, handwerkliche Schuhe, die gerne bei Modenschauen eingesetzt werden 🖥 trippen.com
Original Ampelmann-Galerie-Shop 🖥 ampelmann.de

Hof 5:
Modedesignerin Astrid Freitag 🖥 freitag-fashion.de

Hof 6:
Fliesen aus der Jahrhundertwende 19./20. Jhdt 🖥 golembaukeramik.de

Hof 7:
Bestes aus Berliner Genuss-Manufakturen 🖥 eatberlinstore.de
Ausgesuchte Spielwaren und Kinderbücher 🖥 levyscontor.de

Hof 8:
Hutdesignerin Cornelia Plotzki 🖥 berliner-hutsalon.de
Berliner Schokoladen, Pralinen, Trüffel und noch viel mehr 🖥 kruck-atelier-cacao.de

Das Theater ist zwar in einem knapp 200 Jahre alten Gebäude zu Hause, der Spielplan ist jedoch alles andere als angestaubt. Auf der Bühne werden zeitgenössische, kritische Performances jenseits des Mainstreams gezeigt. Wer offen ist für eigenwillige Interpretationen wird sich im Gorki gut unterhalten fühlen.

Adresse: Mitte, Am Festungsgraben 2
Lage: Etwas versteckt hinter der Neuen Wache (Unter den Linden 4)
Weg: S-Bahn Hackescher Markt > Ausgang Burgstraße > an der Spree entlang > über die Friedrichsbrücke > durch die Bodestraße und die Straße „Hinter dem Gießhaus" am Gorki-Studio vorbei zur Straße „Am Festungsgraben".
Internet: gorki.de

Mit dem Mauerbau 1961 gehörte eine Seite der Straße plötzlich zur DDR. Diese Teilung Berlins wird über die gesamte Länge der Straße authentisch dargestellt. Ein Stück der Grenzanlage ist noch vorhanden, in zwei Gebäuden findet man zahlreiche Dokumente rund um die Berliner Mauer. Die Bernauer Straße ist der kompetenteste Ort in Berlin, um sich mit der Geschichte der Teilung auseinander zu setzen. Besorgen Sie sich Infomaterial im Besucherzentrum.

Adresse: Dokumentationszentrum Bernauer Straße 111. Besucherzentrum Bernauer Straße 119
ÖZ: Di. bis So. 10 – 18 Uhr
Weg: U8 bis Station Bernauer Straße. Von dort nach links und in den Parkanlagen bergab. Oder: S1, S2, S25 bis Station Nordbahnhof, auf der Gartenstraße nach Norden und dann rechts in die Bernauer Straße.
Internet: berliner-mauer-gedankstaette.de

In der Straße in der Nähe des Hackeschen Markts sind einige Shoppingperlen zu finden und beim genauen Hinsehen ein paar architektonische Besonderheiten.

Weg: U 8 bis Weinmeisterstraße, Ausgang Neue Schönhauser Straße. Man kann aber auch mit der S-Bahn zum Hackeschen Markt fahren und den Bummel an der Abzweigung Rosenthaler Straße beginnen.

Nr. 8 – Ältestes Haus. Erbaut 1770, interessante Fassade, im EG Fashion-Boutiquen.

Nr. 10 – Apotheke. Das Eckgebäude mit der rot-gelben Fassade beherbergt die älteste Apotheke Berlins, deren Ursprung auf das Jahr 1732 zurückgeht. Die historische Inneneinrichtung steht unter Denkmalschutz.

Nr. 13 – 14oz. Für sein Konzept und sein Sortiment ausgezeichneter Fashion-Shop im historischen Volkskaffeehaus von 1891. 🖥 14oz.com

Nr. 15 – YellowKorner. Eine meiner Lieblingsadressen in Mitte. Hochwertige, künstlerische Fotografien in limitierten Auflagen mit freundlicher Beratung. 🖥 yellowkorner.com

Nr. 19 – Made in Berlin. Dieser Vintage-Shop wird häufig gelobt wegen der hochwertigen und speziellen Auswahl an Second-Hand-Mode. 🖥 picknwight.de

Nr. 20 – Kurt-Berndt-Höfe. Für damals typische Gewerbe- und Wohn-Hofanlage von 1912.

Seite 117 - Alte Schönhauser Straße

Wer sich in der Neuen Schönhauser Straße warmgeshoppt hat, kann seine Shoppingtour in der Alten Schönhauser fortsetzen. Auch hier findet sich so manch spannender Laden.

Weg: U8 bis Weinmeisterstraße, Ausgang Alte Schönhauser Straße. U2 bis Rosa-Luxemburg-Platz.

Nr. 16 - Pro Danse. Kleider, Schuhe, Accessoires für Tänzerinnen und Tänzer aller Tanzarten. 🖥 prodanse-shop.de

Nr. 23 - Hundt, Hammer, Stein. Privat geführte Buchhandlung im Kellergeschoß eines denkmalgeschützten Gebäudes. Beim Betreten Kopf einziehen! 🖥 hundthammerstein.de

Nr. 28 - Schönhauser Design. Gebrauchte und neue Designklassiker, u.a. aus Manufakturen und von Berliner Designern. 🖥 schoenhauser-design.de

Seite 119 - Kulturkaufhaus Dussmann

Bei jedem Berlinaufenthalt endet wenigstens ein Tag bei Dussmann. Erstens, weil die Auswahl an Büchern. CDs und DVDs unendlich ist. Zweitens, weil das Kaufhaus bis Mitternacht geöffnet hat und ich in Ruhe durch die Regale stöbern kann.

Weg: S/U-Bahn bis Bahnhof Friedrichstraße. Von dort nach Süden in Richtung Unter den Linden.
ÖZ: Mo. bis Fr. 9 – 24 Uhr, Sa. 9 – 23.30 Uhr.
Internet: kulturkaufhaus.de

Seite 123 - Auguststraße

Drei Dinge sind zur Auguststraße zu sagen: Sie gilt als eine der Galeriemeilen Berlins. Frühere jüdische Einrichtungen werden heute wieder genutzt für Kultur und Gastronomie. Clärchens Ballhaus ist auch nach über 100 Jahren noch ein Renner.

Lage: Mitte, zwischen Friedrichstraße und Rosenthaler Straße.

Weg: U6 bis Oranienburger Tor > Ausgang Oranienburger Straße > an der Apotheke rechts ab in die Oranienburger Straße > nach etwa hundert Metern links in die Auguststraße.

Nr. 24 – Clärchens Ballhaus. Das Tanzlokal wurde 1913 eröffnet und ist für die „Schwoofer" eine Kult-Einrichtung. Man kann aber einfach auch mal Essen gehen (gute Küche ohne Schnick-Schnack) und den Tanzpaaren zusehen. 🖥 ballhaus.de

Nr. 26 – eigen + art. Die international bekannte Galerie präsentiert zeitgenössische Kunst in verschiedenen Kunststilen. 🖥 eigen-art.com

Nr. 28 – do you read me? Die Spezialität ist die besondere Auswahl an Fachmagazinen und Lektüre aus Bereichen wie Kunst, Architektur, Mode etc., auch in Fremdsprachen. 🖥 doyoureadme.de

Nr. 50 – Milchhalle. Ich erwähne sie, weil sie etwas Nostalgisches hat und ich das Müsli auf der Bank auf dem Bürgersteig echt genossen habe. 🖳 milchhalle-berlin.de

Nr. 53 – Restaurant Simon. Leckere italienische-mediterrane Küche, wechselnde und erfreulich überschaubare, immer frische Speisekarte. 🖳 simon-mitte.de

Nr. 63 – Restaurant RUZ. Prima spanisch-mediterrane Küche in rustikalem Ambiente. Am liebsten den gemischten Tapas-Teller ordern, in die Mitte stellen und jeder probiert von allem. 🖳 restaurant-ruz.de

Nr. 69 - KW Institute for Contemporary Art. KUNST-WERKE BERLIN e. V. International anerkannte Einrichtung für zeitgenössische, gerne auch mal progressive Kunst mit Café Bravo im Innenhof. 🖳 kw-berlin.de

Seite 128 - Passionskirche

Kirche, die als Konzert-Location genutzt wird. Man ist ganz nah an den Künstlern und genießt die besondere Kirchenakustik.

Lage: Kreuzberg, Marheinekeplatz 1 (etwa in der Mitte der Bergmannstraße).
Weg: U6 bis Station Mehringdamm > Ausgang Gneisenaustraße > zweite Straße links in Bergmannstraße. **Internet**: akanthus.de

Seite 132 - Bergmannstraße

Eine echte Kiezstraße in Kreuzberg. Sie zeigt das Zusammenleben unterschiedlicher Kulturen und bietet dementsprechend ein spezielles Spektrum an Läden und Kneipen.

Weg: U6 bis Station Mehringdamm, Ausgang Gneisenaustraße, zweite Kreuzung links in Bergmannstraße.

Nr. 2 – Herrlich Männergeschenke. Nomen est omen. Reinschnuppern und sich inspirieren lassen. 🖳 herrlich-berlin.de

Nr. 21 – Barcomi´s. Kaffeehaus (siehe oben). 🖳 barcomis.de

Nr. 98 – Knofi. Eine Institution in Sachen mediterraner und türkischer Feinkost. Laden, Bistro, Bäckerei. 💻 knofi.de

Nr. 99a – Ararat. Außergewöhnliche Auswahl an Postkarten sowie lustige, verrückte Schreib- und Geschenkartikel. 💻 ararat-berlin.de

Marheinekeplatz 15 – Marheineke-Markthalle. Eine der früheren Markthallen Berlins, modernisiert, entlang der Bergmannstraße. 💻 meine-markthalle.de

Seite 146 - Prater-Gaststätte

Das ganze Jahr über gibt es in der Gaststätte hausgemachte Berliner Küche. Im Sommer sitze ich gerne im gemütlichen, ältesten Berliner Biergarten.

Lage: Prenzlauer Berg, Kastanienallee 7 – 9, nahe Schönhauser Allee. Weg: U2 bis Station Eberswalder Straße → Ausgang Kastanienallee → rechte Treppe → nach ca. 150 m geht die Kastanienallee halbrechts ab.
Internet: pratergarten.de

Seite 149 – Friedrichstraße

In dieser Straße findet man auf drei Kilometern Berliner Geschichte, Shopping-Highlights, Kultureinrichtungen, die Spree und großstädtisches Leben. Die Tour beginnt am besten im Süden ab U-Bahnhof Kochstraße, Ausgang Checkpoint Charly.

Nr. 43 - Mauermuseum am Checkpoint Charlie. Befasst sich intensiv mit der Geschichte der Berliner Mauer und dokumentiert die Fluchtversuche. *Anreise:* U6 bis Kochstraße/Checkpoint Charly 💻 mauermuseum.de.

Nr. 70 – The Q. Luxuriöses Shoppingcenter. *Anreise:* U2, U6 bis Stadtmitte

Nr. 71 - Quartier 206. Art- and Fashion-House mit bekannten Markenshops. Unbedingt das (Roll-)Treppenhaus im Art Deco-Stil ansehen. *Anreise:* U2, U6 bis Stadtmitte 💻 q206berlin.de.

Nr. 76 - Galeries Lafayette. Premium-Kaufhaus im Stil des französischen Originals mit toller Architektur. *Anreise*: U6 bis Französische Straße ⌨ galerieslafayette.de

Nr. 90 - Kulturkaufhaus Dussmann (siehe eigene Story)

Nr. 101 – Admiralspalast (siehe eigene Story)

Nr. 101 – Distel (siehe eigene Story)

Nr. 107 – Friedrichstadtpalast. Größtes Revue-Theater Europas. Eine der faszinierenden Shows sollten Sie sich auf jeden Fall mal ansehen. *Anreise*: S/U-Bahnhof Friedrichstraße, von dort Rg. Norden/Spree oder U6 bis Oranienburger Tor. ⌨ palast.berlin.

Nr. 107 – Quatsch Comedy Club. Das Format ist so köstlich, wie man es durch Thomas Hermanns aus dem Fernsehen kennt: Ein Moderator und vier Comedians sorgen für prächtige Unterhaltung. Der Club befindet sich im Souterrain des Friedrichstadtpalasts. ⌨ quatsch-comedy-club.de

Seite 161 – Ballhaus Ost

Das Theater versteht sich als freie, experimentierfreudige Bühne für alle Arten der darstellenden Kunst. Hier kann man bisher unbekannte, aber dennoch talentierte Schauspieler bewundern. Die klassischen Theaterstücke suchst du im Ballhaus Ost allerdings vergebens.

Adresse: *Prenzlauer Berg, Pappelallee 15*
Weg: *U2 bis Station Eberswalder Straße > ab der großen Kreuzung an der Schönhauser Allee verläuft die Pappelallee in nordöstlicher Richtung.*
Internet: ballhausost.de

Seite 172 – East-Side-Gallery und Oberbaumbrücke

Ein mehr als ein Kilometer langes, von internationalen Künstlern bemaltes Stück der Berliner Mauer erscheint als längste Galerie der Welt. Gleich daneben die schönste Brücke Berlins, die Kreuzberg und Friedrichshain verbindet. Zwei wundervolle Fotomotive, die Touristen aus der ganzen Welt anlocken.

Lage: Friedrichshain, Mühlenstraße (verläuft parallel zur Spree). **Weg**: U1, S5, S7, S75 bis Station Warschauer Straße > auf der Warschauer Straße bergab (nach links) bis zum Spreeufer. **Internet**: eastsidegallery-berlin.de

Seite 177 – Tipi am Kanzleramt –

Das Theaterzelt ist eine meiner Lieblingslocations. Hier erlebe ich beste, abwechslungsreiche Unterhaltung in einem einmaligen, künstlernahen Ambiente zu einem vernünftigen Preis. Die Chance, bei Hekticket eine ermäßigte Eintrittskarte zu ergattern, stehen beim Tipi ganz gut.

Adresse: Mitte, Große Querallee
Lage: Das Theaterzelt steht direkt (links) neben dem Kanzleramt.
Weg: Mit dem Bus 100 bis zur Haltestelle Haus der Kulturen in der John-Foster-Dulles-Allee. Rechts am Haus der Kulturen vorbei verläuft die Gr. Querallee. Oder mit U55 bis Station Bundestag oder S/U Brandenburger Tor und zu Fuß am Reichstag vorbei Richtung Kanzleramt.
Internet: tipi-am-kanzleramt.de

Seite 179 – Fasanenstraße

Seit der Wende vom 19. ins 20. Jahrhundert war die Fasanenstraße eine repräsentative Adresse in Westberlin. Mehrere Villen und Bürgerhäuser zeugen noch heute vom ehem. Glanz dieser Seitenstraße des Kurfürstendamms. Interessant finde ich den Abschnitt südlich des Ku´damms, wo man auch einige Galerien und das Käthe-Kollwitz-Museum findet.

Lage: Charlottenburg, Querstraße des Kurfürstendamms
Weg: U1 bis Station Uhlandstraße

Nr. 23 – Literaturhaus. In der historischen Villa geht es um Literatur: Lesungen, Veranstaltungen, kleine, aber interessante Buchhandlung im Keller und das gemütliche Literaturcafé mit ruhiger Terrasse. 🖥 literaturhaus-berlin.de

Seite 182 – Weltrestaurant Markthalle

Schauplatz des Romans „Herr Lehmann" von Sven Regener. Und der Schweinebraten schmeckt tatsächlich so lecker wie im Buch beschrieben.

Lage: Kreuzberg, Pücklerstraße 34.
Weg: U1 Görlitzer Bahnhof > auf der Manteuffelstraße nach Norden, rechts in die Waldemarstraße > links in die Pücklerstraße oder links am Lausitzer Platz entlang (Waldemarstraße) bis zur Pücklerstraße.
Internet: weltrestaurant-markthalle.de

Seite 184 – Berlin per Bus

Wer ein Tagesticket gelöst hat, fährt mit dem Doppeldecker-Bus 100 vom Bahnhof Zoologischer Garten kostenlos bis zum Alexanderplatz (und bei Bedarf mit dem Bus 200 wieder zurück). Günstige Gelegenheit, sich zu orientieren und einige Sehenswürdigkeiten kennen zu lernen. Wer Zeit hat, steigt des Öfteren aus und fährt mit dem nächsten Bus weiter.

Bus 100: Start im Busbahnhof auf dem Hardenbergplatz (direkt am Bahnhof Zoo). Mit der S-Bahn zu Bahnhof Zoo und dort dem Bus-Piktogramm folgen.
Internet: berlin.de/tourismus/stadtrundfahrten > Bus 100

Seite 190 – Stars in Concert

„Stars in Concert" heißt das Programm, bei dem Doppelgänger von berühmten Sängern in dem Congress Centrum auftreten.

Adresse: *Estrel Berlin, Neukölln, Sonnenallee 225*
Weg: *Von der West-City mit der U 9 Richtung Rathaus Steglitz bis zum Bundesplatz. Ab dort mit der S 42 gegen den Uhrzeigersinn bis zur Station Sonnenallee, Ausgang Sonnenallee. Der Weg verläuft unter den Gleisen hindurch zu einer Brücke. Von dort ist das Estrel zu sehen. Oder U7, U8 bis Station Hermannplatz.*
Internet: estrel.com

Seite 193 - Bonbonmacherei Kolbe & Stecher

Das Auge genießt mit, wenn man den gelernten Bonbonmachern bei der Arbeit zusieht und sich anschließend in dem kleinen Kellerladen seine eigene Mischung mit den süßen Kindheitserinnerung zusammenstellt.

Adresse: Mitte, Oranienburger Straße 32, in den Heckmann-Höfen
Weg: S1, S2, S25 bis Oranienburger Straße, von dort Rg. Osten (Fernsehturm) oder S5, S7, S75 bis Hackescher Markt, über den Hackeschen Markt links in die Oranienburger Straße.
ÖZ: Mi. bis Sa. 12 – 19 Uhr, im Juli/August Sommerpause.
Internet: bonbonmacherei.de

Seite 195 – Distel

Das Kabarett-Theater legt seine Worte und Songs in die Wunden der großen Politik. Humorvolle, geistreiche und stets aktuelle Programme mit eigenen Ensembles sind das Markenzeichen, auf das man sich richtig freuen darf.

Adresse: Mitte, Friedrichstraße 101, direkt am S-Bahnhof Friedrichstraße.
Weg: S-Bahnhof Friedrichstraße → Ausgang Friedrichstraße → Richtung Norden /Rg. Spree → nach 50 m auf der rechten Straßenseite.
Internet: distel-berlin.de

Seite 198 – Oranienburger Straße

Sicherlich eine der lebhaftesten, spannendsten Straßen in Berlin Mitte, die viele Gesichter der Stadt zeigt und sich je nach Tages- bzw. Nachtzeit verwandelt. Im östlichen Teil Rg. Hackescher Markt ist Shopping angesagt. Ansonsten findet man viele Restaurants mit internationaler Küche.

Lage: Mitte, zwischen Friedrichstraße und Hackescher Markt..

Weg: U6 bis Station Oranienburger Tor oder S1, S2, S25 bis Bahnhof Oranienburger Straße oder S5, S7, S75 bis Hackescher Markt und von dort über den Platz und dann nach links in die Oranienburger Straße.

Nr. 1 – Amorino. Leckeres Eis in künstlerischer Gestaltung bekommt man ab 12 Uhr mit ein wenig Geduld in dieser Eisboutique. Das Warten lohnt sich. 🖥 amorino.com

Nr. 27 – Kunsthof. Spätklassizistische Anlage (1840 - 1866), typisches Beispiel für die damals in Berlin übliche Verknüpfung von Wohnen zur Straße hin und gewerblicher Nutzung im Hof. Sehenswerte Treppenhäuser.

Nr. 28 – Neue Synagoge und jüdisches Zentrum. Die goldverzierte wuchtige Kuppel ist der Hingucker in der Straße. 🖥 centrumjudaicum.com

Nr. 32 – Heckmannhöfe. Siehe Story Bonbonmacherei.

Nr. 35 – Postfuhramt. Sehenswertes historisches Backsteingebäude (1881) mit achteckigem Turm.

Nr. 73 – Haupttelegraphenamt. Das gewaltige Gebäude (1913) ist ein Stück Alltagsgeschichte, das zeigt, wie wichtig das Telegramm und handvermittelte Telefongespräche vor hundert Jahren noch gewesen sind. Die beiden Postgebäude belegen, dass sich hier im 20. Jhdt. das Kommunikationszentrum Berlins befand.

Seite 206 – Theater am Potsdamer Platz

Modernes Theater, das nicht nur für Musicals, sondern auch für Filmpremieren und Preisverleihungen genutzt wird.

Adresse: Mitte, Marlene-Dietrich-Platz 1
Weg: U2 oder S1, S2, S25 bis Station Potsdamer Platz. Über die Alte Potsdamer Straße zum Marlene-Dietrich-Platz.
Internet: stage-entertainment.de oder theaterampotsdamerplatz.de

Seite 209 - Pariser Platz

Wie für jeden Staatsgast ist der typischste Berliner Platz mit dem Brandenburger Tor ein Pflichtbesuch.

Weg: S1, S2, S25 oder U55 bis zur Station Brandenburger Tor
Nr. 4 - Akademie der Künste. ÖZ: tgl. 10 – 20 Uhr. 🖥 adk.de

Das Museum für Gegenwart gehört zu den bedeutendsten öffentlichen Sammlungen für zeitgenössische Kunst weltweit. Interessante temporäre Ausstellungen bereichern das Angebot in dem ehem. Bahnhofsgebäude. Viel Fläche, viel Kunst, viel zu sehen!

Lage: Mitte, Invalidenstraße 50-51, nahe Hauptbahnhof
Weg: U55 bzw. S5, S7, S75 bis Hauptbahnhof, Ausgang Europaplatz, nach rechts in die Invalidenstraße. Der Bus TXL hält ebenfalls in der Nähe des Museums (Haltestelle am Hauptbahnhof, Invalidenpark).
Internet: smb.museum/museen-und-einrichtungen /hamburger-bahnhof

Nach der Wende neu gebautes Stadtviertel mit imposanten Hochhäusern, Theater, Kino, einer Shopping-Mall und dem auffälligen Sony-Center.

Lage: Tiergarten, südlich des Brandenburger Tors und des Reichstags
Weg: U2 oder S1, S2, S25 bis Station Potsdamer Platz.
Internet: potsdamerplatz.de // potsdamer-platz.net

Potsdamer Platz 1 – Panoramapunkt. Mit dem schnellsten Aufzug Europas geht's in Sekunden hoch zu einer tollen Panorama-Aussicht. 🖳 panoramapunkt.de

Potsdamer Platz/Potsdamer Straße – Sony-Center. Das spektakuläre Zeltdach ist so etwas wie das Erkennungszeichen des Potsdamer Platzes. Kinos, Museen, ein Sony-Shop und einige Restaurants unter „freiem Himmel". 🖳 sonycenter.de

Potsdamer Straße 2 – Filmmuseum. Wissenswertes rund um 100 Jahre Filmgeschichte. 🖳 deutsche-kinemathek.de

Alte Potsdamer Straße 7 – Potsdamer-Platz-Arkaden. Dreistöckige, 180 Meter lange Shopping-Mall. 🖳 potsdamerplatz.de / Shopping

Urgemütliches, charmantes, kleines Kaffeehaus an der Spree mit vielen hausgemachten Leckereien wie Apfelstrudel, Milchreis, Kaiserschmarr´n, Waffeln und originellen Frühstücksvariationen.

Lage: Mitte, Am Schiffbauerdamm 12
Weg: S/U-Bahnhof Friedrichstraße, Rg. Norden zur Spree, nach der Brücke direkt links am Spreeufer entlang. Straßenseite. Der Westausgang des Bahnhofs und die Fußgängerbrücke über die Spree sind eine Abkürzung.
ÖZ: ab 9.30 Uhr bis 21 Uhr.
Internet: zimtundzucker.com.

Der Vortrag zum Buch

Gerne können Sie den Vortrag „Ein Pfälzer entdeckt Berlin" buchen. Darin sehen Sie viele, viele Fotos zu den Geschichten und erfahren noch manches mehr, das nicht im Buche steht. Außerdem erhalten Sie eine kleine Einführung, wie man sich in Berlin schnell zurechtfinden kann. Ich freue mich über Ihre Anfrage. **entdecktberlin@gmx.de**

Leider alles ohne 100 %-ige Garantie!

Berlin lebt, wächst, verändert sich, Kultur-Einrichtungen, Boutiquen, Restaurants ziehen um, werden geschlossen oder umbenannt, Öffnungszeiten sind in Berlin nie in Beton gegossen. Einige Erlebnisse liegen auch schon ein paar Jahre zurück. Daher kann ich leider keine Gewähr für den Inhalt des Buchs übernehmen. Nutzen Sie das Internet, um sich vor einem Besuch einer der genannten Einrichtungen zu vergewissern, ob alles noch beim alten ist. Die in den Erzählungen angegebenen Preise dienen der Orientierung, sie werden sich mittlerweile möglichweise verändert haben.

Quellen und Literatur

Carl-Georg Böhne/Werner Schmidt: Unter den Linden. Ein Spaziergang von Haus zu Haus", Verlag Haude & Spener Berlin, Ausgabe 2000

Gisela Buddée: „Berliner Spaziergänge", in der Reihe „Merian live!", Travel House Media GmbH München, Ausgabe 2005

Arnt Cobbers: „Berlin-Mitte. Der aufregendste Bezirk: Zwischen Tradition und Szene.", Jaron-Verlag Berlin, Ausgabe 2005.

Gudrun Maurer: „Berlin", Michael-Müller-Verlag Erlangen, Ausgabe 2004

Deutscher Bundestag: Einblicke. Ein Rundgang durchs Parlamemtsviertel", Hrsg. Deutscher Bundestag Berlin, Ausgabe 2008

Andrea Schulte-Peevers: „Berlin", lonely planet, Verlag MAIRDUMONT Ostfildern, 4. deutsche Auflage Juli 2013

Jodock: „Berlin in 3 Tagen. Die besten Touren zum Entdecken der Stadt", Jaron Verlag Berlin, Ausgabe 2001

Susanne Kilimann, Rasso Knoller, Christian Nowak: „Berlin", Trescher Verlag Berlin, Ausgabe 2012

Enno Wiese: „Berlin", DuMont Reiseverlag Ostfildern, Ausgabe 2011

Arnt Cobbers: „Die Museen in Berlin", Jaron Verlag Berlin, Ausgabe 2011

Iwanowski: 101 Berin Geheimtipps und Top-Ziele für Entdecker",Iwanowski´s Reisebuchverlag Dormagen, Ausgabe 2011

Gisela Buddée: „Berlin", National Geographic, MAIRDUMONT/Falk-Verlag Ostfildern, Ausgabe 2009

ADAC Reiseführer „Berlin. Potsdam mit Schloss Sanssouci", ADAC Verlag München, Ausgabe 2006

Christine Berger: „Berlin – Reisen mit Insider Tipps" In der Reihe MARCO POLO, MAIRDUMONT Verlag Ostfildern, Ausgabe 2014

Rasso Knoller, Susanne Kilimann: Berlin - Wer wohnt wo?", Via Reise Verlag Klaus Scheddel Berlin, Ausgabe 2014